BKC 강해 주석 18
하박국·스바냐·학개·스가랴·말라기

The Bible Knowledge Commentary

Copyright © 1985 by SP Publications, Inc.
Originally published in English under the title: *Bible Knowledge Commentary OT and NT*
David C. Cook, 4050 Lee Vance View, Colorado Springs, Colorado 80918 U.S.A.
All rights reserved.

This Korean edition copyright © 1988, 2017 by Duranno Ministry
38, Seobinggo-ro 65-gil, Yongsan-gu, Seoul, Republic of Korea

This edition is published by arrangement with David C. Cook.

본 저작물의 한국어판 저작권은 David C. Cook과 독점 계약한 두란노서원이 소유합니다.
신 저작권법에 의거하여 한국 내에서 보호받는 저작물이므로 무단 전재와 무단 복제를 금합니다.

BKC 강해 주석 18

하박국·스바냐·학개·스가랴·말라기

지은이 | 로날드 블루 외 3인   옮긴이 | 김희건
개정2판 1쇄 발행 | 2017. 7. 17

등록번호 | 제1988-000080호
등록된 곳 | 서울특별시 용산구 서빙고로 65길 38
발행처 | 사단법인 두란노서원
영업부 | 2078-3333   FAX 080-749-3705
출판부 | 2078-3332

▌책값은 뒤표지에 있습니다.
ISBN 978-89-531-2915-3 04230
(set) 978-89-531-2540-7 04230

▌독자의 의견을 기다립니다.
tpress@duranno.com   http://www.Duranno.com

▌이 책의 성경 본문은 개역개정판을 사용했습니다.

두란노서원은 바울 사도가 3차 전도여행 때 에베소에서 성령 받은 제자들을 따로 세워 하나님의 말씀으로 양육하던 장소입니다. 사도행전 19장 8~20절의 정신에 따라 첫째 목회자를 돕는 사역과 평신도를 훈련시키는 사역, 둘째 세계선교(TIM)와 문서선교(단행본·잡지) 사역, 셋째 예수문화 및 경배와 찬양 사역, 그리고 가정·상담 사역 등을 감당하고 있습니다. 1980년 12월 22일에 창립된 두란노서원은 주님 오실 때까지 이 사역들을 계속할 것입니다.

BKC 강해 주석 18

하박국·스바냐·학개· 스가랴·말라기

로날드 블루 외 3인 지음 | 김희건 옮김

두란노

CONTENTS

하박국

> 서론 ······ 16
> 개요 ······ 24
> 주해 ······ 28

I. 하나님과의 대화:
하박국은 하나님이 유다를 치리하심을 미리 보았다(1장) ······ 28

    A. 하박국의 고민(1:1~4) ······ 29
    B. 하나님의 계시(1:5~11) ······ 33
    C. 하박국의 의혹(1:12~17) ······ 38

II. 하나님의 심판 선언:
하박국은 하나님이 바벨론을 멸하실 것을 선언했다(2장) ···· 43

    A. 하박국의 기대: "기다리리라"(2:1) ······ 43
    B. 하나님의 훈계: "기록하라"(2:2~5) ······ 44
    C. 하박국의 저주 선언(2:6~20) ······ 48

III. 하나님을 찬송함:
하박국은 하나님의 창조 계획을 찬송했다(3장) ················ 58

　A. 자비를 구하는 하박국의 기도(3:1~2) ····························· 59
　B. 하나님의 엄위를 드러냄(3:3~15) ································· 61
　C. 하박국의 평온한 사역(3:16~19) ································· 71

　참고문헌　75

• 하박국 주석 집필: J. Ronald Blue

스바냐

서론 ·· 78
개요 ·· 84
주해 ·· 88

I. 서론(1:1) ·· 88

II. 여호와의 심판의 날(1:2~3:8) ·· 89

    A. 온 땅에 대한 심판(1:2~3) ·· 90
    B. 유다와 예루살렘에 대한 심판(1:4~2:3) ·· 91
    C. 주변 국가들에 대한 심판(2:4~15) ·· 102
    D. 예루살렘에 대한 심판(3:1~7) ·· 109
    E. 온 땅에 대한 심판(3:8) ·· 112

III. 여호와의 회복의 날(3:9~20) ·· 113

    A. 열방의 회복(3:9~10) ·· 113
    B. 이스라엘의 회복(3:11~20) ·· 114

참고문헌   119

• 스바냐 주석 집필: John D. Hannah

학개

서론 ·· 122
개요 ·· 126
주해 ·· 130

I. 첫째 메시지: 성전을 재건하라는 부르심(1장) ············ 130

A. 표제(1:1) ·· 130
B. 게으름을 책망함(1:2~6) ································ 132
C. 성전을 재건하라는 권면(1:7~8) ····················· 134
D. 백성의 궁핍함을 묘사(1:9~11) ······················· 135
E. 예언적 메시지에 대한 지도자들과 백성의 반응(1:12~15) ········ 136

II. 둘째 메시지:
성전의 미래적 영광에 대한 예언적 약속(2:1~9) ············ 139

A. 표제(2:1~2) ·· 139
B. 성전 재건을 격려하기 위한 하나님의 임재의 약속(2:3~5) ······ 139
C. 성전의 미래적 영광을 선포함(2:6~9) ··············· 141

Ⅲ. 셋째 메시지: 순종의 현재적 축복을 드러냄(2:10~19) ····· 145

    A. 표제(2:10) ··· 145
    B. 부패한 죄의 결과를 보여 주는 의식적 비유(2:11~14) ············ 145
    C. 과거의 징계와 비교되는 현재적 축복의 약속(2:15~19) ········· 146

Ⅳ. 넷째 메시지: 스룹바벨에 관한 메시아적 예언(2:20~23) ··· 148

    A. 표제(2:20~21상) ··· 148
    B. 장차 이방의 왕국들을 전복시키실 것을 선언함(2:21하~22) ···· 148
    C. 다윗 왕국의 회복을 선언함(2:23) ···························· 149

    참고문헌   152

• 학개 주석 집필: F. Duane Lindsey

스가랴

서론 · 156
개요 · 161
주해 · 166

I. 8개의 상징적 환상(1~6장) · 166

A. 환상에 대한 서론(1:1~6) · 166
B. 환상의 전달(1:7~6:8) · 171
C. 환상을 종결짓는 상징적인 행동(6:9~15) · · · · · · · · · · 197

II. 4개의 해설적인 메시지(7~8장) · · · · · · · · · · · · · · · · 200

A. 금식의 질문에 요구된 메시지(7:1~3) · · · · · · · · · · · · 200
B. 여호와의 응답으로 선포된 메시지(7:4~8:23) · · · · · · · 201

III. 2개의 계시적 신탁(9~14장) · · · · · · · · · · · · · · · · · · 207

A. 기름 부음 받은 왕이 배척됨(9~11장) · · · · · · · · · · · · 208
B. 배척된 왕이 보좌에 오름(12~14장) · · · · · · · · · · · · · 221

참고문헌 239

• 스가랴 주석 집필: F. Duane Lindsey

말라기

서론 ·· 242
개요 ·· 248
주해 ·· 254

I. 서론: 말라기의 계시(1:1) ·· 254

II. 첫째 계시: 하나님의 사랑에 응답하라(1:2~5) ·················· 256

    A. 이스라엘에 대한 하나님의 사랑(1:2상) ························· 256
    B. 사랑을 의심하는 이스라엘(1:2중) ································ 257
    C. 하나님의 사랑을 증명하심(1:2하~5) ··························· 258

III. 둘째 계시: 하나님을 공경하라(1:6~2:9) ···························· 261

    A. 불경죄를 책망하심(1:6상) ·· 261
    B. 이스라엘의 반문(1:6하) ··· 263
    C. 하나님의 책망에 대한 증거(1:7~14) ··························· 263
    D. 제사장들에 대한 경고(2:1~9) ····································· 268

Ⅳ. 셋째 계시: 하나님의 계약 백성으로서 진실하라(2:10~16) 271

A. 불성실에 대한 책망(2:10) ································ 271
B. 첫째 증거: 불법한 결혼(2:11~12) ······················ 272
C. 둘째 증거: 이혼(2:13~16상) ······························ 273
D. 성실을 촉구하심(2:16하) ·································· 278

Ⅴ. 넷째 계시: 하나님을 소망하라(2:17~3:6) ·············· 279

A. 낙망의 말을 책망하심(2:17상) ························· 279
B. 이스라엘의 반문(2:17중) ·································· 279
C. 책망의 내용: 하나님의 공의를 바라지 않음(2:17하) ············ 280
D. 하나님의 경고(3:1~5) ······································ 281
E. 하나님에 대한 소망의 근거(3:6) ······················· 284

Ⅵ. 다섯째 계시: 하나님을 순종하라(3:7~12) ········· 285

A. 불순종을 책망함(3:7상) ········· 285
B. 이스라엘의 반문(3:7하) ········· 285
C. 책망의 내용: 도둑질(3:8상) ········· 286
D. 이스라엘의 반복적인 질문(3:8중) ········· 286
E. 책망의 증명(3:8하~9) ········· 287
F. 축복의 약속(3:10~12) ········· 288

Ⅶ. 여섯째 계시: 하나님을 경외하라(3:13~4:3) ········· 290

A. 완악한 말을 책망하심(3:13상) ········· 290
B. 이스라엘의 반문(3:13하) ········· 290
C. 책망의 증명: 악을 정당시함(3:14~15) ········· 290
D. 믿는 자들의 반응(3:16) ········· 292
E. 하나님의 경고와 약속(3:17~4:3) ········· 293

Ⅷ. 결론: 하나님의 오심을 준비하라(4:4~6) ···················· 296

    A. 현재적 준비(4:4) ·· 296
    B. 미래적 준비(4:5~6) ··· 297

참고문헌　300

• 말라기 주석 집필: Craig A. Blaising

תַּרְאֵנִי אָוֶן וְעָמָל תַּבִּיט וְשֹׁד וְחָמָס לְנֶגְדִּי וַיְהִי רִיב וּמָדוֹן יִשָּׂא
אֵלֶיךָ חָמָס וְלֹא תוֹשִׁיעַ הַמַּשָּׂא אֲשֶׁר חָזָה חֲבַקּוּק הַנָּבִיא
עַד־אָנָה יְהוָה שִׁוַּעְתִּי וְלֹא תִשְׁמָע אֶזְעַק

The Bible Knowledge Commentary 18
Habakkuk 서론

서론

인공위성에서 내려다보는 지구는 찬란하게 보일지 모르지만, 먼지 투성이의 땅 위에서는 모든 것이 음산해 보일 것이다. 점점 증가하는 소요와 테러 행위, 끝없는 비극적인 사건들, 전례없는 충격들, 그리고 갈수록 심해지는 오염 문제, 깊이를 더해 가는 시련들, 그리고 미증유 (未曾有)의 긴장들은 인간 세상에 어두운 그림자를 던져 주고 있다. 이 세상은 폭발을 눈앞에 두고 퓨즈(fuse)가 타 내려가는 시한폭탄처럼 불길하고 암울한 모습을 더해 가고 있다.

생각 있는 사람들이 다음과 같은 질문들을 갖게 된 것은 놀라운 일이 아니다. "왜 그토록 압제가 기승을 부리는가?", "이 모든 불의는 왜 사라지지 않는가?", "왜 사악한 사람들이 번성하는가?", "왜 의로운 사람들이 고통을 당하는가?", "왜 하나님이 개입하지 않으시는가?", "어찌하여 하나님은 이 혼돈을 쓸어가지 않으시는가?", "왜?", "왜?", "왜?"

마음을 찌르는 이 질문들은 새로울 것이 없다. 그리스도께서 이 땅을 찾아오시기 수 세기 전에 옛날 이스라엘의 선지자는 이 세상의 광포와 사악함을 둘러보고 하나님께 부르짖었다.

"어찌하여 내게 죄악을 보게 하시며 패역을 눈으로 보게 하시나이까…어찌하여 거짓된 자들을 방관하시며 악인이 자기보다 의로운 사람을 삼키는데도 잠잠하시나이까"(합 1:3, 13).

이 선지자는 인간을 괴롭히는 알 수 없는 이유들을 물었을 뿐만 아니라 그 질문에 대한 응답을 받았다. 우주의 창조자이신 하나님에 의해 주어진 그 응답들이 '하박국서'라는 조그만 책 안에 세밀하게 기록되어 있다.

하박국서는 독특한 책이다. 하박국 선지자는 하나님의 메시지를 백성에게 선포했던 다른 선지자들과 달리, 백성의 상황에 대해 하나님과 더불어 대화를 나누었다. 구약의 선지자들은 대부분 하나님의 심판을 선포했다. 그러나 하박국은 하나님의 심판을 간구했다. 또 이 작은 책은 전형적인 고발과 대조되어, 고뇌하는 선지자와 그의 창조주 사이의 은밀한 대화 내용을 기록한 것이다.

그런데 이 책은 즉석에서 이루어진 하나님과의 면담에 불과한 것이 아니다. 하박국서는 여기서 더 진전한다. 1장에서 하나님과의 대화가 시작되고, 선지자의 불평은 2장에서 "이 묵시를 기록하라"라는 여호와의 명령을 접하게 된다. 하나님의 묵시는 사악한 바벨론에 대해 다섯 차례에 걸쳐 재앙을 선포하시는 애가로 구성되어 있다. 3장은 장엄한 찬송시로, 절정을 이룬다. "왜?"라는 끊임없는 질문은 영원한 존재(하나님)에 의해 충분한 응답을 받는다. 겉으로 드러난 상황은 두려움을 자아내는 것이지만, 여호와를 앙망할 때 신앙심은 견고히 세움을 입는다. 선지자의 불평과 두려움은 신뢰와 믿음 안에서 극복된다. 하박국서의 메시지의 중심은 "의인은 그의 믿음으로 말미암아 살리라"(2:4)라는 것이다.

저자

하박국 선지자에 대해 알려진 것은 거의 없다. 이 책에는 그의 이름과 직업에 대해서만 기록되어 있다. 그의 이름은 뜻을 지니고 있는데, 그 뜻에 대해 추측이 다양하다. 대부분의 학자들은 '하박국'이라는 이름을 히브리 동사 하바끄(חבק)에서 유래한 것으로 추적하는데, 그 뜻은 '손을 모으다', '껴안다'이다.

그런데 이 뜻은 능동적인가, 아니면 수동적인가? 그는 '껴안는 사람'인가, 아니면 '포옹을 받는 사람'인가? 루터(Luther)는 능동적인 의미로 받아들여 하박국 선지자를 자기 백성을 위로하고 세우는 사람으로 보았다. 제롬(Jerome)은 사악한 세상에서 하나님의 정의의 문제를 껴안은 사람으로 하박국을 이해했다. 다른 학자들은 수동적인 의미를 취해 하나님의 자녀이자 사신으로서 하나님에 의해 포옹을 받는 사람으로 하박국을 해석했다.

최근에는 메소포타미아에서 출토된 아카드 문헌에서 함바꾸꾸(חמבקקו)라는 말이 발견되었는데, 그 말은 '정원의 식물'을 의미한다. 그래서 어떤 학자들은 하박국 선지자의 이름이 이스라엘 백성에 대한 앗수르나 바벨론의 영향력을 보여 주는 것이라고 주장하기도 하고, 하박국이 이스라엘 사람과 앗수르인의 소생이라고 주장하기도 한다.

이름의 뜻이 무엇이든 간에, 하박국은 선지자였다. 다른 선지서들의 경우 여러 가지 관련 사항들이 기록되어 있다. 예를 들면, 선지자의 부친의 이름(사 1:1)이나 선지자 당대의 왕들의 이름(호 1:1), 선지자의 고향(암 1:1) 등이다. 그러나 예언서의 제목에서 저자가 '선지자'로 호칭되는 경우는 단지 세 가지뿐이다. 즉 하박국서, 학개서, 스가랴서다. 그러므로 하박국은 포로기 이전의 선지자로 지목될 수 있다.

비록 하박국은 특별하게 선지자로 불리지만, 하박국서는 시편과 지혜 문서의 양식을 닮았다. 하박국서의 마지막 표기에 나오는 "이 노래는 지휘하는 사람을 위하여 내 수금에 맞춘 것이니라"(3:19)라는 말은 하박국이 레위 직분의 음악가였을지도 모른다는 추측을 가능하게 한다. 외경 "벨과 뱀"(Bel and Dragon)에서 하박국은 레위 족속 예수아(Jeshua)의 아들로서, 다니엘이 사자 굴에 두 번째 던져졌을 때 그에게 음식을 갖다 주라는 천사의 명령을 받았다는 환상적인 전설로 전해지고 있다. 사자 굴이 어디에 있는지 모른다고 하박국이 불평하자 천사가 하박국의 머리채를 붙들어 굴의 위치로 옮겨 놓았다고 전해진다.

랍비의 전통에 의하면, 하박국은 열왕기하 4장에서 엘리사가 소생시켰던 수넴 여인의 아들이었다고 한다. 이러한 주장은 하박국의 이름이 의미하는 '포옹하다', '껴안다'라는 뜻과 엘리사가 수넴 여인에게 "네가 아들을 안으리라"(왕하 4:16)라고 했던 말에 근거해서 제기되었다.

이상의 자료와 관련된 모든 추측과 분별을 통해 우리가 안전하게 말할 수 있는 것은, 하박국은 공식적으로 임명된 선지자로서, 성전의 찬양 의식에 관여했다는 것이다. 그는 훌륭한 교육을 받았고, 매우 예민한 사람으로, 선지자이자 시인이라고 할 수 있다. 무엇보다도 그는 하나님의 선별된 선지자로서 구약성경에서 가장 감동적인 책을 쓴 사람이라 할 수 있다.

연대

바벨론에 대한 언급은(1:6), 이 책이 BC 7세기 이전의 기록이었다는 사실을 일반적으로 인정하게 한다. 보다 정확한 연대에 대해서는 의견이 일치하지 않지만 기록 연대에 대한 추측은 대략 세 가지 경우로서, 므낫세의 통치 시기(BC 697~642년), 요시야의 통치 시기(BC 640~609년), 그리고 여호야김의 통치 시기(BC 609~598년)다.

하박국의 예언이 므낫세의 통치 시기의 것이라고 주장하는 사람들은 하박국 1장 5절, "너희의 생전에 내가 한 가지 일을 행할 것이라 누가 너희에게 말할지라도 너희가 믿지 아니하리라"라는 말씀이 바벨론이 세계 강국으로 등장하기 이전 시기라고 말한다. 그렇다면 그 연대는 605년 갈그미스(Carchemish) 전투 이전이나(이 전쟁에서 느부갓네살은 애굽 왕 느고[Neco] 2세를 격퇴하고, 바벨론은 막강한 국가로 대두되어 세계 강국임을 자처하게 된다), BC 612년 바벨론이 니느웨를 전복시켰던 때 이전이라고 할 수 있다.

그런데 하박국의 예언의 성취가(1:5) BC 586년 바벨론에 의한 예루살렘 함락을 의미한다면, 이 책은 므낫세 이전에 기록되지 않았다고 단정적으로 말할 수 있다. 하박국의 예언은 "너희의 생전에"(1:5) 이루어질 것이라고 되어 있는데, 므낫세의 통치 초기에 예언을 들었던 사람들은 예언이 이루어지기 전에 세상을 떠났을 것이다.

므낫세의 후기 통치 시기나 요시야의 치세 때가 옳을 수도 있지만, 하바국의 불평은(1:2~4) 불법과 포악이 기승을 부렸던 유다 역사의 어느 시기임을 지적하고 있다. 므낫세의 통치 후반에 있었던 개혁과(대하 33:15~16), 요시야의 계속된 개혁(대하 34장)은 하박국의 애가의 기록과 어울리지 않는다. 이스라엘을 심판하기 위해 죄악이 가득한 국가를 하나님이 사용하신 데 대한 반동으로 하박국 1장 5절에 언급된 불신앙을 이해하는 것이, 아직 알려지지 않은 나라가 강국으로 부상한 놀라움을 이해하는 것보다 훨씬 쉬울 것이다. 이미 바벨론이 그의 권세로 인해 명성을 얻었던 것은 1장 7~11절에 기록된 하박국의 묘사에 분명히 나타나 있다.

이상에서 볼 때 가장 신빙성 있는 연대는 BC 606~604년으로, 갈그미스 전투에서 바벨론이 승리했을 무렵으로 사료된다.

배경

하박국서는 국제적 위기와 국가적 부패의 시기에 기록되었다. 이 무렵 바벨론은 이미 세계적 강국으로 부상했다. 바벨론이 앗수르를 배반했을 때 유다는 요시야에 의해 주도된 개혁에 반영된 짧은 기간의 평온을 찾았다. 앗수르는 바벨론의 반역을 저지시키기 위해 그들의 힘을 집중하지 않으면 안 되었다. 마침내 바벨론은 앗수르 제국을 파멸시켰고, 이윽고 한때 강국이었던 애굽을 괴멸시켜 나갔다. 새로운 세계 강국이 중동 지역을 지배하게 되었다. 머지않아 바벨론은 유다를 침공해 그 거민들을 포로로 끌고 갈 찰나였다. 임박한 멸망의 전야와 불확실과 공포의 시기에 하박국은 그의 메시지를 기록했다.

국제적 위기가 심각했지만, 더욱 염려가 되는 것은 국가적 부패 현상이었다. 깊은 불안이 유다 내에 감돌았다. 요시야는 훌륭한 왕이었다. 그가 죽자 그의 아들 여호아하스가 왕위를 이었다. 겨우 3개월이 지났을 때 애굽 왕이 유다를 침공해 여호아하스를 폐위시켰고, 그의 동생 여호야김을 왕위에 세웠다. 여호야김은 사악하고, 불경건하고, 반역적이었다(왕하 23:36~24:7; 대하 36:5~8). 여호야김이 왕위에 오른 지 얼마 안 되어 하박국은 그를 둘러싼 부패와 폭력, 탐욕과 싸움과 불의를 한탄하며 그의 애가를 기록했다.

그 모든 부패를 목도하고 "왜 하나님은 아무 일도 하지 않으시는가?"라고 하박국이 불평했던 것은 놀랄 만한 일이 아니다. 점점 증가하는 국제적 위기와 속으로 부패해 가는 세상에서 경건한 남성들과 여성들은 동일한 질문을 하고 있다. "어찌 된 일인가?"

나라가 나라를 대적해 일어나고, 국내적으로는 죄가 범람하고 있다. 세계 열강들은 입으로는 평화를 읊으면서 서로를 향해 정교한 핵무기를 더 많이 배치하기를 꾀하고 있다. 제3차 세계대전이 눈앞에 다가오고 있는 듯 보인다.

상황은 세계적 파멸의 길로 나아가는데, 생각 없는 사람들은 행복한 가락에 도취되어 있다. 한 나라의 도덕적 근간은 개인의 쾌락을 인생 최고의 규율로 여기는 방종한 생활 철학에 의해 잠식되어 가고 있다. 쾌락주의는 기승을 부리고, 가정은 파괴되어 가고 있다. 교회는 시들어 가는데, 범죄는 늘어 간다. 마약, 이혼, 방탕이 번성하고, 고결한 삶이 무시되어 간다. 천박한 행동이 거리에서 춤을 춘다. 신앙심은 매장되었다. "우리는 하나님을 믿노라"(역자 주: 미국 화폐에 새겨진 문구를 말함)라는 문구는 부식해 가는 동전에 새겨진 의미 없는 표어가 되어 버렸다.

이런 위기와 혼돈의 세상에서 하박국은 명쾌하게 그의 메시지를 선포한다. 이 작은 책은 매일매일의 아침 신문처럼 새롭기만 하다.

하박국의 메시지

바벨론 유수(幽囚)를 눈앞에 둔 여호야김의 어두운 치세에 하박국 선지자는 하나님의 백성을 위해서 드물게 보는 희망과 격려의 메시지를 증거하고 있다. 죄가 만연할 때 의심과 혼란이 지배하지만 하나님과의 만남은 그런 의심을 헌신으로, 모든 혼동을 확신으로 변화시킬 수 있다.

하박국서는 하나님과의 질문으로 시작하지만, 하나님께 드리는 중보의 기도로 끝난다. 염려는 예배로 변화된다. 두려움은 신앙으로 바뀐다. 공포는 신뢰가 된다. 자포자기는 희망으로 치료된다. 번민은 찬양 속으로 사라진다. 물음표(?)로 시작되었던 것이 느낌표(!)로 끝난다. "어찌하여?"라는 하박국의 질문에 대한 대답은 "하나님 자신"이었다. "모든 갈등이 왜 존재하는가?"라는 혼돈에 대한 응답은 '누가 만사를 통치하고 있는가?'를 이해함으로 해결된다. 그분은 바로 하나님이시다.

개요

I. 하나님과의 대화: 하박국은 하나님이 유다를 치리하심을 미리 보았다 (1장)

    A. 하박국의 고민(1:1~4)
        1. 하나님은 왜 부르짖음에 무관심하시는가?(1:1~2)
        2. 하나님은 왜 죄와 고통에 무감각하신가?(1:3~4)

    B. 하나님의 계시(1:5~11)
        1. 하나님의 치리의 의도(1:5)
        2. 하나님의 치리의 도구(1:6~11)

    C. 하박국의 의혹(1:12~17)
        1. 왜 하나님은 악한 백성을 사용하시는가?(1:12~13)
        2. 왜 하나님은 불의한 백성을 인정하시는가?(1:14~15)
        3. 왜 하나님은 우상 숭배하는 백성을 벌하지 않으시는가?(1:16~17)

II. 하나님의 심판 선언: 하박국은 하나님이 바벨론을 멸하실 것을 선언했다(2장)

    A. 하박국의 기대: "기다리리라"(2:1)

 B. 하나님의 훈계: "기록하라"(2:2~5)
  1. 하나님의 분명한 계시(2:2)
  2. 하나님의 확고한 계시(2:3)
  3. 하나님의 정죄의 계시(2:4~5)

 C. 하박국의 저주 선언(2:6~20)
  1. 압제에 대한 저주(2:6~8)
  2. 무절제에 대한 저주(2:9~11)
  3. 불의에 대한 저주(2:12~14)
  4. 수치스런 행위에 대한 저주(2:15~17)
  5. 우상 숭배에 대한 저주(2:18~20)

III. 하나님을 찬송함: 하박국은 하나님의 창조 계획을 찬송했다(3장)

 A. 자비를 구하는 하박국의 기도(3:1~2)
 B. 하나님의 엄위를 드러냄(3:3~15)
  1. 하나님의 나타나심(3:3상)
  2. 하나님의 임재(3:3하~7)
  3. 하나님의 행동(3:8~15)
 C. 하박국의 평온한 사역(3:16~19)

תַּרְאֵנִי אָוֶן וְעָמָל תַּבִּיט וְשֹׁד וְחָמָס לְנֶגְדִּי וַיְהִי רִיב וּמָדוֹן יִשָּׂא
אֵלֶיךָ חָמָס וְלֹא תוֹשִׁיעַ הַמַּשָּׂא אֲשֶׁר חָזָה חֲבַקּוּק הַנָּבִיא
עַד־אָנָה יְהוָה שִׁוַּעְתִּי וְלֹא תִשְׁמָע אֶזְעַק

The Bible Knowledge
Commentary 18

Habakkuk
주해

주해

I. 하나님과의 대화: 하박국은 하나님이 유다를 치리하심을 미리 보았다(1장)

선지자는 사악함과 포악함이 통제되지 않고 계속되는 것 같아 곤혹스러웠다. '밀려오는 죄악의 홍수는 끝이 없을 것인가?' 하박국은 이러한 불평을 가지고 하나님께 호소했다: "어찌하여 하나님은 무슨 조치를 취하지 않으십니까?" 하나님이 응답하셨다: "나는 지금 어떤 일을 진행 중이다. 유다는 바벨론에 의해 경책을 받을 것이다."

그러자 선지자는 더욱더 당황했다. 하박국의 고민은 심각한 곤경에까지 처했다. 그러나 그는 하나님께 질문을 계속했다: "어찌하여 주님은 사악한 바벨론 야만인들을 사용해 유다를 심판하려 하십니까?"

A. 하박국의 고민(1:1~4)

1. 하나님은 왜 부르짖음에 무관심하신가?(1:1~2)

1:1 이 책이 '하박국 선지자가 받은 묵시'라고 불리는 것은 당연하다. 선지자 하박국은 그의 기록을 마싸(משא : 짐, 부담)라고 불렀다. 이 히브리어 명사는 '들어 올리다'라는 동사에서 나온 것으로, 여기서는 '들어 올려진 것', 곧 짐을 의미한다.

하박국이 전달한 메시지는 정말 무거운 것이었다. 그러나 마싸(משא)는 항상 부담스러운 메시지만을 가리키지는 않았다. 잠언 30장 1절과 잠언 31장 1절에는 마싸(משא)를 의미하는 'oracle'(NIV)이라는 단어가 '잠언'(개역개정)으로 기록되어 있는데, 여기에도 부담을 주지 않는 말씀으로 사용되었다. 그럼에도 불구하고 '심각한 메시지'라는 말이 어울릴지 모르지만 하박국서에는 그러한 메시지가 담겨 있다.

여기서 이 책의 제목을 보다 더 문자적으로 번역한다면, '하박국 선지자가 보았던 짐'이라고 할 수 있을 것이다. 똑같은 두 개의 히브리어 단어 '짐'과 '보았다'가 이사야 13장 1절에 사용되었다. 선지자들에 대해서 사용되는 '보았다'(하자[הזה])라는 단어는 종종 환상 중에 보는 것을 의미한다(참조. 사 1:1; 2:1; 겔 12:27; 암 1:1; 미 1:1). 하나님으로부터 미래의 비전을 받아들이기 때문에 선지자들은 종종 하나님의 '선견자' (호제[הזה])로 불렸다.

1:2 마침내 화산이 폭발하는 듯한 불평으로 터져 나온 선지자의 깊은 관심사는 두 가지다. 첫째, 그는 왜 하나님이 그토록 냉담하신지 그 이유를 알기 원했다. "왜 하나님은 듣지 않으시는가?" 둘째, 하나님이 왜 그리도 무관심하신지 알기 원했다. "왜 하나님은 돕지 않으시는가?"

하박국의 "어느 때까지리이까"(2절)라는 말은 그의 질문에 대한 하나님의 응답이 지연되는 것에 대한 그의 번민을 보여 준다. 오늘날 많은 그리스도인이 동일한 문제를 안고 있다. 그들은 기도의 응답이 지연되는 것에 대해 의아심을 갖고 있다. 몇몇의 시편 기자들처럼(다윗: 시 13:1~4; 22:1, 11, 19~20; 아삽: 시 74:1~2, 10~11; 고라 자손: 시 88편), 하박국은 하나님께 나아가 그와 그의 백성의 불평을 털어놓았다. 그는 주변에서 기승을 부리고 있는 불의를 묘사한 뒤 질문을 던졌다: "어느 때까지리이까"(2절). "어찌하여 내게 죄악을 보게 하시며 패역을 눈으로 보게 하시나이까"(3절). 그 후 동일한 말을 다시 사용했다: "어찌하여"(1:13, NIV에서는 2회, 개역개정에서는 1회), "언제까지"(2:6).

하박국 선지자는 선견자라기보다는 노래하는 자처럼 소리를 발했다. 이스라엘은 절망스런 재난이 닥쳤을 경우에는 직접 하나님께 도움을 간구하는 일이 예배의 일부를 차지했다. 이스라엘은 편지를 통해 잡지 편집자에게 고충을 털어놓듯 간접적으로 간구하지 않았다. 그들은 예배 도중 하나님께 직접 그들의 간구를 아뢰었다.

하박국이 염려했던 것은 그의 절규가 하나님께 상달되지 못했다는 것뿐 아니라 부패한 행위가 하나님의 간섭을 받지 않는다는 데 있었다. 그는 하나님께 "이 포악을 보십시오!"라고 부르짖었다. 그러나 하나님은 아무것도 하시지 않는 것 같았다. '포악'이라는 거친 단어는 하박국이 주변에서 목도했던 모든 혼돈을 요약한 것이다. 역사의 구겨진 페이지마다 묻어 있는 잉크 자국처럼 '포악'이라는 단어는 하박국서 전체에 뿌려져 있다(1:2~3, 9; 2:17).

2. 하나님은 왜 죄와 고통에 무감각하신가?(1:3~4)

1:3 죄가 넘쳐 흐르는데도, 하나님은 무관심하시고 한가하신 것처럼 보였다. 하박국은 가슴을 가르는 듯한 질문으로 하나님께 비난을 돌렸다. "어찌하여 내게 죄악을 보게 하십니까?" 그리고 나서 더 중대한 질문을 던졌다. "어찌하여 악을 용납하시나이까?"(NIV, 개역개정에는 '패역을 눈으로 보게 하시나이까'로 번역됨) 하나님은 하박국으로 불의를 목도하게 하셨고, 하나님 자신은 바로 그 죄악을 용납하셨다. 심약한 죄인이 사악을 목도하는 것은 고통스러운 일이다. 그러나 의로우신 하나님이 악을 보시고, 그에 대해 아무 일도 하지 않으신다는 사실은 도무지 이해할 수 없는 일이다.

그 형편은 참으로 암울하다. '파괴'와 '강포'가 '투쟁'과 '갈등'과 짝을 이루고 있다(참조, 1:2, 9; 2:17의 '강포'). '파괴'(소드[שׁוֹד]: 멸망을 야기하는 거친 행동)와 '강포'(하마스[חָמָס]: 상대방을 해치기 위한 악의적인 행동)는 종종 함께 나타난다(예, '강포와 탈취': 렘 6:7; 20:8; 겔 45:9; '포악과 겁탈': 암 3:10, 이 단어들은 히브리어 본문 하박국 1장 3절에서는 순서가 도치되어 있다). 하박국은 그 장면을 선명하게 묘사했다.

1:4 그럼에도 불구하고 가장 커다란 비극은 백성이 하나님의 법을 무시하고 있다는 것이다. 하박국은 그 결과를 이렇게 묘사했다: "이러므로 율법이 해이하고"(문자적으로 '냉담하고 침묵하게 되었다'라는 뜻. 역자 주: 영어 본문에 의하면 The Law is paralyzed, 즉 '율법이 마비되었다'라고 되어 있다). 이것은 마치 하나님의 율법이 치명적인 강타를 맞은 것처럼 보이고, 백성의 정의가 고개를 숙이고 불의와 싸우려고 나서지도 않는 것처럼 보인다. 사악함이 마치 도전받지 않아도 되는 승자처럼 보인다.

사악한 인간들이 의인들을 둘러싸고 있었다. 의인들은 갇힌 신세가 되었고, 사악한 사람들이 열쇠를 내던져 버려 의인들이 빠져나올 길이 차단되어 버렸다. 그래서 정의가 굽어졌다('굽어지다'라는 말은 히브리어 아칼[עָקַל]로서, '형체를 알아보지 못하도록 비틀다'라는 동사에서 유래했다. 이 단어는 구약에서 이곳에만 사용되었다). 사악한 사람들이 세력을 잡고, 정의는 비틀어지고 전복되어 불의의 세력에서 벗어나기를 기다리고 있었다. 하박국 시대의 상황은 위태한 상태였다.

B. 하나님의 계시(1:5~11)

비록 하박국은 비탄에 사로잡혀서 의문 형식의 질문으로 물었지만, 하나님은 그의 불평에 응답해 주셨다. 여호와께서는 결코 무관심하시지도 않았고, 무감각하시지도 않았다. 더군다나 하나님은 한가히 계시는 분이 아니셨다. 그분은 벌써부터 범죄하는 유다를 치리하시기 위해 특별한 계획에 착수하셨다. 하나님은 고뇌하는 선지자에게 그 계획들을 계시하셨다.

1. 하나님의 치리의 의도(1:5)

1:5 "너희는 여러 나라를 보고 또 보라"라는 것이 하나님의 응답이었다. 여기서는 화자(話者)가 바뀐다. '보고 또 보다'라는 동사가 2인칭 복수 동사임을 알 수 있다. 하나님은 선지자와 백성 모두에게 말씀하신 것이다. 하박국은 불의를 보지 않을 수 없었던 것에 대해 계속 불평을 늘어놓았다. 그러나 선지자와 백성은 근시안과 같았다. 그들은 결코 멀리 있는 것을 보지 못했다.

하나님은 그들에게 눈앞의 재난에서 눈을 돌려 국제적인 지평선을 바라보도록 지시하셨다. 그들은 세계 여러 나라들과 관련된 '세계관'을 계발시킬 필요가 있었다. 만약 그렇게 한다면, 그들은 극도로 놀라게 될 것이었다. 하박국과 백성에게 바야흐로 계시될 정치적 상황은 그들의 얼을 빼놓고 말 것이었다(여기서 사용된 동사 타마[תָּמַהּ]는 '놀라고 당황해서 아무 소리도 못하는 것'을 의미한다). 사실 하박국은 너무나 놀라서 정신을 차릴 수가 없었다(1:12, 17). 하나님이 이제 막 하시려는 일은 비록 하나님이 그들에게 계시해 주셨어도 그들이 믿기에는 어려운 일들이었다.

2. 하나님의 치리의 도구(1:6~11)

유다의 죄는 하나님께 알려지지 않을 수 없었다. 정의는 죽지도 않았고, 잠들지도 않았다. 치리가 다가오고 있었으며, 바르게 하는 역사가 진행 중이었다. 그러나 놀라운 일은 예산된 치리와 심판이 아니라 그것을 담당하는 역할자들이었다. 즉 믿기 힘든 것은 바르게 하는 역사가 다가온다는 사실이 아니라 그 일을 담당한 자들이었다.

a. 바벨론에 의한 멸망(1:6)

1:6 하나님은 폭탄을 떨어뜨리셨다: "내가…갈대아 사람을 일으켰나니." 사실 유다 땅에는 오랫동안 죄가 번성하고 있었다. 그러나 유다의 죄인들은 야만적인 바벨론에 버금가는 더럽혀진 성도에 불과했다. 그 당시 바벨론은 포악한 나라로 널리 알려진 국가였다. 그 백성은 미리 생각해 보거나 앞을 내다보지도 않고 잔악한 행동을 범했다.

역사적 자료들에 의하면, 바벨론 백성은 잔혹하고 인정사정없는 잔인한 사람들이었다고 한다. 하나님도 그들을 '사납고(마르[מַר]: 지독한, 성품이 지독하고 흉포함) 성급한(문자적으로, '재빠른') 백성'이라고 부르심으로 하박국에게 그 사실을 확인시켜 주셨다. 에스겔도 바벨론을 '강포한 백성'이라고 불렀다(그는 '공포로 휘몰아치다'라는 뜻의 아리스[עריץ]라는 말을 사용했다. 겔 28:7; 30:11; 31:12; 32:12). 그들의 행동은 그들의 성품과 어울렸다. 그들은 온 땅을 휩쓸고 다니면서 약탈하고 빼앗았다. 물론 '온 땅'(NIV, 개역개정에는 '땅이 넓은 곳'으로 번역됨)이라는 말은 그 당시 알려진 대부분의 세계를 의미했다. 왜냐하면 바벨론은 앗수르, 유다, 애굽과 에돔을 포함한 대부분의 나라를 정복했기 때문이다. 유다는 강한 진공청소기 앞에서 조그만 점 하나에 지나지 않았다.

b. 바벨론에 대한 설명(1:7~11)

'갈대아 사람'들로 알려진 바벨론 사람들은 메소포타미아 남쪽에 살았으며, 예레미야서에서는 '오랜 민족'이라고 불렀던(렘 5:15), 옛적부터 있었던 백성이었다. 아브라함도 갈대아 우르에서 가나안으로 이주했다. 하나님은 이 확대되어 가는 야만적인 백성으로부터 한 백성을 부르셨다. 그때 이 백성은 티그리스–유프라테스 강 유역에서 터져 나와 두려운 용암의 흐름처럼 세계를 휩쓸고 퍼져 나갔다. 그들의 고요하고도 초라한 사촌인 유다는 곧 그 물결에 휩쓸리게 되었다.

(1) 바벨론 사람들의 상태
1:7 분명히 바벨론에게는 적수가 없었다. 이 잔인하고 무서운 백성은 스스로가 법이 되었다. 그들은 자신들의 명예를 추구했고, 스스로를 높였다. 그들은 어떤 법률이나 판례도 인정하지 않았고, 자신들만을 인정했다. 그들의 우월감과 권위는 잔혹한 정복에서 비롯했다.

(2) 바벨론 사람들의 민첩성

1:8 하나님은 생생하고 두려운 상상력을 통해, 그들의 원수는 표범보다 빠른 말을 타고, 저녁 이리보다 사나운 백성이라고 묘사하셨다. 표범이나 이리는 모두 사납고, 빠르고, 뛰어난 공격형 동물들이다. 저녁 무렵, 이리들은 굶주림으로 인해 희생물을 향해 빠르게 뛰어든다. 바벨론의 지칠 줄 모르는 정복 속력은 먹이를 향해 날쌔게 덤비는 독수리에 비유되었다. 이 독수리(네세르[נֶשֶׁר])는 팔레스타인에서 종종 볼 수 있는 커다란 독수리의 일종으로, 높은 곳을 선회하다가 먹이를 향해 날쌔게 덤비는 새를 가리키는 것 같다. 예레미야는 그들의 길 앞에 있는 모든 것, 즉 땅과 거민과 동물과 나무와 도시까지도 탐욕스럽게 삼켜 버리는 바벨론에 대해 기록한 적이 있다(참조, 렘 5:17; 애 4:19). 확실히 바벨론은 잔인한 동물과 새처럼 냉혹한 원수였다.

(3) 바벨론 사람들의 성공

1:9 바벨론을 저지시킬 희망은 어디에도 없었다. 그들은 포악한 성향을 가진 민족이었다. 그 국가의 모든 군사력이 침략에 동원되었기에 그들은 저항받지 않고 성공할 수 있었다. 하반 절은 "그 약탈자의 무리는 사막의 바람처럼 쳐들어 간다"(NIV, 개역개정에는 '그들은…사람을 사로잡아 모으기를 모래같이 많이 할 것이요'로 번역됨)라고 되어 있는데, 히브리어에 의하면 세 단어로 구성되어 있고, 이들은 여러 가지로 해석된다. 이 구절의 첫 번째 단어는 다른 곳에서는 나타나지 않으며, 여러 가지 의미를 갖고 있다. 곧 '저항하는 것', '고투하는 것', '진지함', '모아들임', '무리', '군대', '떼' 등을 가리킨다. '사막의 바람'을 가리키는 히브리어는 '동쪽'을 가리키는 단어다. 따라서 여기서 이 단어는 '동쪽

에서 부는 바람'을 뜻한다. 동쪽으로부터 사막을 가로질러 불어오는 거칠고 황폐하게 하는 바람은 종종 식물을 초토화시켰다(참조, 렘 18:17; 겔 17:10; 19:12; 욘 4:8). 이것은 원수가 돌풍처럼 몰아쳐서 모래처럼 포로들을 쌓아 놓는데, 너무나 막대해서 이루 다 헤아릴 수 없다는 비유다.

(4) 바벨론 사람들의 멸시

1:10 바벨론은 자신들의 능력에 도취되어 왕들을 멸시하고, 방백을 조소했다. 포로 된 방백들을 구경거리로 만드는 것은 그들의 습관이었다. 그들의 야만성은 예루살렘의 멸망 후 그들이 시드기야 왕에게 행했던 방법에 잘 나타나 있다. 그들은 시드기야가 보는 앞에서 두 왕자를 죽였고, 그 참혹한 광경이 그의 뇌리에 불로 새겨진 듯이 남게 한 뒤에, 그의 두 눈을 뽑고, 결박해 포로로 바벨론에 끌고 갔다(왕하 25:7).

바벨론 사람들은 그들의 대적들만 비웃은 것이 아니라 모든 견고한 성들(문자적으로, '모든 요새')도 비웃었다. 그들은 그들의 희생자들이 난공불락이라고 생각했던 요새들에 조소를 쏟아부었다. 그들은 성벽을 향해 흙으로 경사로를 쌓고(문자적으로, '흙을 쌓아 올리고') 그 경사로를 따라 쉽게 성을 공격해 견고한 요새를 정복했다. 이런 전쟁 관습은 고대 전투에서 흔히 있었던 일이지만, 공격용 경사로(왕하 19:32. 참조, 겔 4:2)는 바벨론에 의해 더욱더 효과를 보게 되었다.

(5) 바벨론 사람들의 신성모독

1:11 이 구절의 첫 부분은 해석하기가 곤란하다. 흠정역(KJV)에는 "그리고 그의 마음(루아흐[רוּחַ]: 영 또는 바람)이 변해, 그가 지나치리라"

라고 되어 있다. 그 말은 바벨론 사람들이 그들의 마음을 바꾸어, 그들의 한계를 넘어 멸망까지 나아갔다는 뜻이다. 그런데 '마음'(루아흐[רוּחַ])을 주어로 보기는 어렵고, '변하다'라는 동사는 '통과하다'라는 뜻으로 번역하는 편이 나을 것이다. NIV에는 좀 더 적합하게 번역되어, '그리고 그들은 바람처럼(참조, 1:9의 '사막의 바람처럼') 훑어 갔다'라고 되어 있다.

그들의 주된 죄악은 분명한 것이었다. 그들은 자기들의 힘을 자기들의 신으로 생각했고, 자기들의 세력을 자기들의 주인으로 취급했다. 그들에게 있어 "힘은 정의다"라는 말은 "힘은 곧 신이다"라는 말로 바뀌었다. 하나님이 그들의 신성모독을 죄로 선언하신 것은 별로 놀랄 만한 일이 아니다.

C. 하박국의 의혹(1:12~17)

하나님의 놀라운 계시는 하박국을 더욱더 당황하고 난처하게 했다. 유다의 죄와 불법에 대한 하박국의 불평에 대해(1:2~4), 하나님은 그분의 백성의 죄악을 모르고 있지 않다고 말씀하셨다. 심판이 다가오는 중이었다. 바벨론 사람들이 머지않아 범죄한 백성을 포로로 사로잡아 갈 것이었다.

하박국은 몹시 놀랐다. 이 놀람은 하나님이 예견하신 그대로였다(1:5). 그는 여호와께서 사악한 백성을 도구로 사용해 유다를 심판하시려는 데 대해 몹시 당황했다. 하박국은 깊은 우려를 표현했다. 그는 하나님의 계획에 의문을 제기했다.

1. 왜 하나님은 악한 백성을 사용하시는가?(1:12~13)

하나님의 심판이 아무리 극심하게 들려도, 선지자는 하나님의 거룩하심과 진실하심에서 위로와 소망을 찾았다. 혼동의 바다에서, 하박국은 구명선과 같은 하나님의 거룩한 성품에 의존했다. 혼란의 폭풍 속에서, 하박국은 견고한 반석이신 주님을 붙잡았다.

1:12 히브리어에서 "여호와 나의 하나님, 나의 거룩한 이시여 주께서는 만세 전부터 계시지 아니하시니이까"와 같은 질문 형태는 긍정적인 답을 요구한다. 이러한 표현은 질문이라기보다는 선언에 더 가깝다. 살아 계시고 영원하신 하나님 여호와를 향한 선지자의 신뢰는 바벨론 사람들이 자기들의 힘을 자기들의 신으로 삼았던 구절(1:11)과 날카로운 대조를 이루고 있다.

인간적으로 말해서, 바벨론 사람들은 쉽사리 유다 백성을 멸절시킬 수도 있었다. 그러나 선지자는 하나님의 백성이 소멸되는 것과 그로 말미암아 여호와 하나님과의 계약 관계가 파괴되는 것은 도무지 있을 수 없는 일이라 생각했다. 하박국은 다음 두 가지 진리에 따라 결론을 내렸다: (a) 이스라엘과의 계약을 파기하실 수 없는 영원히 불변하시는 여호와(참조, 3:6), (b) 이스라엘에게나 그의 대적에게 있어 죄를 심판하고 용납하지 않는 거룩하시고(참조, 3:3) 의로우신 하나님. 선지자는 올바른 결론을 찾았다: "여호와 나의 하나님, 나의 거룩한 이시여…우리가 사망에 이르지 아니하리이다."

하박국은 여호와께서 바벨론을 지명해 "유다를 심판하라(즉 치리하라)"라고 명하신 것이지, 전멸시키라고 하지 않으신 사실을 회상했다. 그들은 단지 하나님이 이용하시는 심판의 도구일 뿐, 멸절시키는 도구는 아니었다. 선지자는 전능하신 여호와를 '반석'(수르[צוּר])이라 지칭했다. 이 말이 가장 처음 사용된 곳은 신명기 32장 4절로, 여호와의 전능자로서의 견고함과 안전을 가리키는 데 쓰였다.

1:13 하박국의 마음에는 타는 듯한 질문이 남아 있었다. "어찌하여 영원히 탁월하신 여호와, 절대적으로 거룩하신 하나님, 항상 불변하신 반석께서 그처럼 사악한 백성을 사용해 유다를 징계하시는가? 주께서는 눈이 정결하시므로 악을 차마 보지 못하시는 분이 아니신가?" 하박국은 불평을 토로했다. "주께서는 패역을 차마 보지 못하시는 분이 아니신가?"

하박국은 왜 자신이 불의를 보아야 하는지, 앞서 1장 2~4절에 드러낸 생각보다 더 하나님이 왜 방관적이시고 악을 허용하시는지 그 이유를 물었다. 그의 초점이 죄의 문제로부터 통치자 하나님께로 옮겨진 것 같다.

여호와의 성품에 비추어 볼 때, "어찌하여 내게 죄악을 보게 하시며 패역을 눈으로 보게 하시나이까"(1:3)라는 하박국의 질문은 정당해 보였다. 왜 하나님은 사악한 백성으로 더 의로운 사람들을 삼키는 것을 허락하시는가? 그것은 공의가 왜곡된 것처럼 보였다. 비록 유다에게도 죄가 있었지만, 유다의 죄는 바벨론이 지은 죄악에 비하면 왜소하게만 보였다. 하박국은 당혹하지 않을 수 없었다. 확실히 하나님의 외견상의 침묵은 많은 하나님의 백성의 의문이 되어 왔다(참조, 욥 19:7).

2. 왜 하나님은 불의한 백성을 인정하시는가?(1:14~15)

1:14 하박국은 하나님이 사람을 바다의 고기 같게 하시며, 다스리는 자 없는 벌레 같게 하셨다고 말했다. 무력한 고기처럼, 유다 백성은 막강한 침략자들에게 힘없는 희생물이 되었다. 그들은 너무나도 무력해서 스스로를 보호하기 위한 조직 능력도 갖지 못했다. 그들은 아무렇게나 방치된 다스리는 자 없는 벌레와도 같았다.

1:15 사악한 바벨론 사람들이 마치 고기와 같은 사람들을 낚시로 낚으며, 그물로 잡으며, 커다란 투망으로 쓸어 간 것으로 묘사되었다(참조, 1:16). 그 상상력은 생생한 느낌을 준다. 예레미야는 유사한 어부의 비유를 사용했는데, 이것은 포수의 비유와 쌍을 이루고 있다(렘 16:16). 마치 어부가 보호받지 못하는 고기들을 별로 고려하지 않듯이, 바벨론 사람들은 인간의 복락에 대해서 거의 관심이 없었다. 승승장구한 바벨론 원수들은 기뻐하고 즐거워했다. 왜 하나님이 그처럼 노골적인 불의를 용납하시는지 하박국은 이해하기 힘들었다. 그는 딜레마에 빠졌다.

3. 왜 하나님은 우상 숭배하는 백성을 벌하지 않으시는가? (1:16~17)

1:16 바벨론은 낚시와 그물을 통해서 양식과 풍요를 거두어들였다. 그들은 정복을 통해 생필품뿐만 아니라 사치품도 약탈했다. 그래서 이 야만스런 백성은 그들의 번성에 공헌한 수단에 경의를 표했다. 이 원수들은 그들의 그물에 제사하고, 투망 앞에 분향했다('투망'이라는 단어는

구약에서 이곳에서만 사용되었다). 이것은 깊은 뜻을 지니고 있다. 바벨론 사람들은 자기들에게 군사적인 성공을 가져다주는 수단을 경배했다. 이미 하나님은 그들이 자기들의 힘을 자기들의 신으로 삼았다고 선포하셨다(1:11). 여기서 하박국은 그들의 군사적인 힘이 그들에게 경제적인 유익을 가져왔음을 추가했다.

우상 숭배란 생명 없는 대상에게 희생 제사를 드리거나 향을 피우는 자들에게만 제한되지 않는다. 높은 지위나 권세나 재물을 지닌 사람들은 종종 자기들이 바라던 지위를 보장해 주는 사업이나 수단들에 경의를 표한다. 그것들은 그들의 끊임없는 관심사, 심지어 그들의 '신'이 된다.

1:17 선지자는 탐욕스런 바벨론에게 그들의 그물을 떨고는 무자비하게 여러 나라들을 멸망시킬 것인가를 물었다(참조, 2:8, 17). 여기서 묘사된 행동은 외견상 끊임없는 행동을 말한다. 그들이 그물을 떨어서 비우는 것은 다시 계속해서 그물을 채우기 위함이었다. 하나님은 언제 바벨론의 탐욕스런 정복욕을 멈추실 것인가? 그렇게 공개적으로 인간의 힘을 신으로 경배하는데도 하나님은 그들이 권세를 유지하도록 허락하시는가? 하박국은 이해할 수가 없었다.

II. 하나님의 심판 선언: 하박국은 하나님이 바벨론을 멸하실 것을 선언했다(2장)

하박국의 딜레마는 깊어만 갔다. '어찌하여 하나님은 그분의 백성 유다를 심판하시는 도구로 바벨론과 같은 불의한 나라를 사용하시는가?' 하박국은 대담하게 그의 문제를 제기했고, 이제는 하나님의 대답을 기다렸다. 분명히 어떤 합당한 해명이 주어질 것이다.

A. 하박국의 기대: "기다리리라"(2:1)

2:1 다가오는 적의 흔적을 찾기 위해 망대에 서 있는 보초처럼, 하박국은 하나님이 그에게 무엇이라 말씀하시는지 보기 위해 성루에 섰다. 그는 불평을 토했는데, 이제는 가장 빠르고, 가장 분명한 응답을 받아 기다리는 동료에게 통보하기 위해 보초처럼 대기하는 자세를 취했다. '파수하는 곳'(미스메레트[מִשְׁמֶרֶת])과 '성루'(마초르[מָצוֹר])는 그의 몸이 위치한 장소라기보다는 선지자의 대기하는 태도를 가리킨다.

이런 생생한 표현은 하박국이 살던 사회에 흔히 있었다(삼하 18:24; 사 21:6). 선지자, 또는 선견자(seer)는 망군(lookout)처럼 하나님이 말씀하시는 것을 듣기보다는 보기 위해서 기다렸다.

하박국은 이 불평에 대해 하나님이 무엇이라 대답하실지 관심을 갖고 있었다. 아마 하박국의 불평은 하나님과의 대화 속에 들어 있었던 그의 불평을 가리키는 듯하다(1:2~4, 12~17). 그러나 어떤 번역에 따르면, 그 불평(토카하트[תוֹכַחַת]: 시정, 꾸중, 논쟁)이란 하박국에 의한 것이 아니라, 하박국을 향한 것으로 해석된다. 그래서 그 본문을 "내가 책망을 당할 때 어떻게 대답할꼬?"(What to answer when I am rebuked, NIV)로 번역했다.

하박국이 하나님의 대답 속에서 책망을 기대했든 안 했든 간에, 한 가지 사실은 분명하다. 하박국은 열렬하게 하나님의 응답을 기다렸다는 사실이다.

B. 하나님의 훈계: "기록하라"(2:2-5)

과연 하박국은 하나님의 계시의 대변자였다. 그는 하나님의 메시지를 기다렸는데, 자신의 만족만을 위해서가 아니었다. 그는 자기 백성에게 하나님의 메시지를 전달할 자세가 되어 있었다. 하박국은 기다렸고, 하나님은 응답하셨다.

1. 하나님의 분명한 계시(2:2)

2:2 하나님은 불분명하게 말씀하지 않으신다. 그분은 분명하고 명확하게 말씀하신다. 여호와께서 하박국에게 말씀하셨다: "너는 이 묵시를 기록하여 판에 명백히 새기되 달려가면서도 읽을 수 있게 하라." 계시(문자적으로, '환상')는 판에 기록되어야 했다. 그 이유는 하나님의 말씀이 보존되기 위해서였고, 더욱 중요한 것은 다른 사람들에게 전달되기

위해서였다. 즉 전달자가 그것을 지니고 달려갈 수 있도록 하기 위함이었다. 이 본문은 어떤 사람에게는 잘못 해석되어서 전달자가 '달려가면서도 읽을 수 있게 하라'라는 뜻으로 번역되었다(역자 주: 우리말성경에는 이렇게 번역되었다). 그러나 본뜻은 전달자가 그것을 읽고, 다른 사람들에게 뛰어가서 그 소식을 전하도록 하라는 것이다.

2. 하나님의 확고한 계시(2:3)

2:3 모든 예언적인 계시는 어느 정도의 인내를 요구한다. 사람들은 계시가 성취될 때를 기다리지 않으면 안 된다. 하박국을 향한 하나님의 말씀은 확신을 불러일으키는 것이었다. 즉 계시는 정해진 때가 있다는 것이다. 예언은 미래의 목표를 가리킨다(문자적으로, 마치 주자가 결승점을 향하듯이 '목표를 향해 헐떡인다'라는 뜻이다). 그 목표가 가리키는 것은 사악한 바벨론의 다가오는 멸망뿐 아니라 환란의 마지막 때에 큰 성 바벨론의 몰락과 함께 성취되는 메시아의 심판을 의미하기도 한다(계 17~18장).

한 가지 분명한 것은 하나님의 계시는 결코 거짓되지 않다는 것이다. 비록 그 성취가 지연되는 것처럼 보이지만, 하나님의 완전한 계획을 따라 성취될 것이다. 유대에 살고 있어서 바벨론의 두려운 침략과 포로 됨을 곧 겪게 될 사람들에게 하나님의 약속을 확인시켜 주는 이 말은 매우 커다란 위로가 되었을 것이다. 야만적인 탈취자(바벨론)들은 하나님의 정해진 때에 하나님의 심판을 당하게 될 것이다.

히브리서의 저자는 핍박받는 성도들이 그 핍박을 잘 감당하도록 호소하기 위해 이 구절을 언급했다(히 10:37). 그는 하박국서 본문에 나타난 메시아의 도래를 강조했다. 왕 중 왕께서 완전한 의로 이 땅을 통치하실 날이 다가오고 있다는 것이다.

3. 하나님의 정죄의 계시(2:4~5)

2:4 두려운 심판의 서곡에서 하박국은 하나님의 계시를 기록하도록 명령받았고, 하나님은 바벨론의 정직하지 못한 마음을 정죄하는 계시를 주셨다. 즉 그들은 교만했다(역자 주: 히브리어 아팔[עֻפְּלָה]은 구약에서 이곳에만 사용되었다). 배를 잔뜩 부풀리고 과시한 우화 속의 두꺼비처럼, 이 교만한 백성은 멸망을 향해 뛰어갔다. 그들은 사악한 욕망으로 가득 차 있었다. 그들의 소욕은 의롭지 못했다.

그때 여호와께서 선포하신 것은 "의인은 그의 믿음으로 말미암아 살리라"라는 현저히 비교가 되는 말씀이었다(여기서 '믿음'은 '견고함', 또는 '진실함'을 가리킨다. 히브리어로는 에무나[אֱמוּנָה]다). 하나님의 윤리적인 교훈에 충성스럽게 남아 있으며, 여호와 앞에 겸손하고, 의로운 이스라엘 백성은 하나님의 풍성한 생명을 즐겼다. '산다'(to live)라는 말은 안전하고, 보호받고, 충만한 삶을 즐김으로 하나님의 축복을 경험하는 것을 의미한다. 이와 반대로 겉으로는 승리에 취해 있지만 교만하고 패역한 바벨론은 멸망할 것이다. 진실함(faithfulness)과 믿음(faith)은 서로 연관되어 있다. 하나님을 신뢰하는 사람은 그분을 의지하는 사람이요, 하나님께 진실한 사람이다.

"의인은 그의 믿음으로 말미암아 살리라"라는 구절은 그을음 더미에서 다이아몬드처럼 빛을 발한다. 바벨론을 향한 하나님의 혹독한 정죄의 한가운데에는 신약성경에서 3회나 인용된 하나님의 호의에 대한 분명한 계시가 들어 있다(롬 1:17; 갈 3:11; 히 10:38). 신약성경에서 인용된 내용 중에 '살리라'(will live)라는 말은 하박국서에서보다 더 포괄적인 뜻을 지니고 있다. 신약성경에서 이 구절들은 구원과 영생을 즐기는 것을 의미한다. 자기 의존적이고 자만심이 가득한 불의한 사람들과 달리, 의인은 하나님을 의지하고 하나님께 진실한 사람들로 나타난다.

2:5 바벨론의 사악함에 대한 일반적 묘사는 점점 더 구체적이 되었다. 그들은 술에 취해 있었다(또한 그들은 다른 사람이 취하도록 술을 사용했다. 참조, 2:15). 바벨론 사람들은 술에 인이 박인 사람들이라고 전해져 있다. 예를 들면, 바벨론은 벨사살과 그의 방백들이 흥청거리는 연회를 즐기는 동안 정복되었다(단 5장). 포도주의 망령됨에 대해 잠언 23장 31~32절에 묘사되어 있다: "포도주는 붉고 잔에서 번쩍이며 순하게 내려가나니 너는 그것을 보지도 말지어다 그것이 마침내 뱀같이 물 것이요 독사같이 쏠 것이며."

하나님이 그들을 향해 정죄를 계속하실 때 전형적인 바벨론 사람들은 교만하며(야히르[יָהִיר], 이 말은 이곳과 잠언 21장 24절에만 나타난다) 가만히 있지 않는다고 말씀하셨다. 이 교만하고 쉴 줄 모르는 백성은 무덤처럼 욕심이 컸다. 죽음과 무덤은 모든 인생이 그 안에 들어올 때까지 만족할 줄 모르는 것처럼, 바벨론은 모든 백성을 포로로 취하기를 원했다(참조, 1:17). 불길한 괴물처럼 무덤은 나라들을 삼킨다. 마찬가지로 바벨론은 만족할 줄 모르는 턱을 벌리고 모든 민족을 삼키고자 했다. 그러나 이 사악한 나라는 심판을 피할 수 없을 것이다. 하나님의 심판이 마침내 그 위에 떨어질 것이다.

C. 하박국의 저주 선언(2:6~20)

하나님이 하박국에게 하신 말씀에 나타난 바벨론의 멸망은 각각 3절로 구성된 5개 문단의 저주의 노래를 통해 보다 구체적으로 공고되었다(6, 9, 12, 15, 19절에 "화 있을진저"라는 말이 나온다). 바벨론에 의해 정복되고 약탈되었던 모든 나라가 때가 되면 그들의 정복자의 멸망을 목도하고, 조롱과 비웃음의 노래를 함께 부를 것이다. 하박국은 조롱하는 노래, 또는 저주의 노래를 기록했다.

NIV에서 "그 무리가 그를 조롱하지 않겠느냐?"(6절)로 번역된 것은 문자적으로, '그 무리가 그를 거스려서 조롱의 노래를 부르지 않겠느냐?'라는 뜻이다. 그 노래(마샬[bṿm])는 시적 구성의 형태를 띤 것으로, 병행(Parallelism)의 기법이 시 구성의 주 원리다. 그중에는 비유, 잠언, 칭송 시, 또는 여기에 기록된 슬픔이 담긴 애가와 같은 비탄의 시가 있다. 5회에 걸쳐 저주가 나온다.

1. 압제에 대한 저주(2:6~8)

2:6 "화 있을진저"라는 저주의 탄성은 어떤 죄로 인해 다가오는 심판을 전망할 때나 재난에 직면해서(참조, 사 3:11; 5:11; 10:5) 터져 나오는 비탄의 소리다. 저주의 탄성은 선지자들에 의해 자주 사용되었다(이사야서 22회, 예레미야서와 예레미야애가서 10회, 에스겔서 7회, 소선지서 14회).

첫 번째 저주는 바벨론을 비양심적인 전당포 주인에 비교하는데, 그 이유는 엄청난 폭리를 받고 돈을 빌려주었기 때문이다. 그들은 자신들의 전리품을 위해 잔인한 방법으로 열방의 재물을 거두어들였다. 그것은 거의 도둑질에 가까웠다. 그렇게 취해진 귀중품들은 침략자들의 소유가 아니었다. 언제까지 이러한 일이 계속될 것인가? 언제까지 이 못된 침략자들이 불의한 약탈을 계속하도록 허용될 것인가?(유다의 강포에 대해서도 하박국은 "어느 때까지리이까"라고 하며 항변했다. 참조, 1:2).

2:7 6절에서의 질문은 두 개의 다른 질문들에 의해 대답되었다: "너를 억누를 자들이 갑자기 일어나지 않겠느냐." 괴롭힘을 받은 나라들이 보복을 위해 홀연히 일어날 것이다. '억누를 자들'(개역한글에는 '물 자들')이 예기치 않은 때에 반격을 가할 것이다. 그들은 빼앗긴 재물을 다시 물어 갈 뿐 아니라, 그들의 침략자들을 때려눕힐 것이다. "너를 괴롭힐 자들이 깨어나지 않겠느냐"(역자 주: NIV에는 "will they not wake up and make you tremble?", 즉 "그들이 깨어나서 너를 떨게 하지 않겠느냐?"로 번역되어 있다). 그 떨림은 손을 흔드는 것과 같지는 않을 것이다. 폭풍우와 같은 세력으로, 마치 강력한 바람이 나뭇잎과 가지들을 뒤흔들 듯이 사악한 바벨론은 떨림을 겪게 될 것이다. 바벨론은 그들, 곧 바벨론이 제물로 삼았던 나라들의 제물이 될 것이다. 점령자요, 탈취자였던 바벨론은 이제 도리어 점령당하고 탈취를 당할 것이다.

2:8 노략자가 노략을 받을 것이다. 왜냐하면 약탈당했던 나라들이 갑자기 일어나서 약탈을 감행할 것이기 때문이다. 바벨론의 압제를 받았

으나 멸망하지 않은 나라들, 아직 살아남은 백성이 그 공격을 주도할 것이다. 부메랑은 되돌아온다. 바벨론의 위협과 비인간적인 행동은 그들의 정수리를 되받아칠 것이다. 그들은 심은 것을 거두게 될 것이다(잠 22:8; 갈 6:7). 그들은 무자비하게 사람의 피를 흘렸고, 토지와 성읍들을 앞뒤 가리지 않고 노략했다(참조, 1:17; 2:17). 피(blood)는 문자적으로 복수 형태(bloods)로 되어 있다. 12절의 '피 흘림'(bloodshed, 개역개정에는 '피'로 번역됨)과 17절의 '피'(blood)는 모두 복수 형태(bloods)다. 이제 바벨론은 그들의 죄악으로 인해 형벌을 받게 될 것이다(참조, 1:12).

2. 무절제에 대한 저주(2:9~11)

2:9 바벨론은 불의한 소득으로 인해 범죄했을 뿐 아니라(6~8절), 자신들의 세력 강화를 위해 약탈을 일삼았다. 그들은 스스로의 영광을 추구했다. 마치 높은 산 위에 둥지를 만들어서 침입자들이 접근하지 못하게 하는 독수리처럼, 바벨론은 그들의 제국이 모든 침해에서 자유롭기를 추구했다: "파멸의 손아귀에서 벗어나기 위해"(NIV). 이 정복자들은 낮게 펼쳐진 계곡에서 시작해서 불의한 소득을 이용해 높이 솟은 세계 제국을 세우고자 했다.

2:10 바벨론은 스스로를 높이기 위해 다른 나라를 짓밟았다. 그들의 건설 계획에는 다른 나라들의 파괴(문자적으로, '잘라 냄')가 포함되어 있었다(참조, 1:17의 '여러 나라', 2:5의 '여러 나라', 여러 민족', 2:8의 '여러 나라'). 그러나 그 자신을 안전하게 하기 위해 다른 나라를 멸망시

키려는 계획은 실패했다. 고문으로 파리한 사람들과 뻣뻣한 해골로 지어진 집은 거주하기에 너무 으스스하다. 기념비를 세우기 위한 난동으로, 그들은 결국 그들 자신의 부끄러운(참조, 16절의 '수치') 무덤을 세우게 되었다. 죽음은 그들의 마땅한 분깃이었다.

2:11 결국 사형선고를 가져올 재판에 흥미로운 증인들이 있는데, 곧 담의 돌과 집의 들보다. 비록 모든 대적이 멸절된다 해도, 이 돌들과 나무들은 바벨론의 탐욕스럽고 잔인한 행적들을 고발할 것이다. 이들 바벨론인은 이 건물 재료를 이용해 그들 제국의 힘과 영광을 삼고자 했다. 가옥과 궁전을 건축하는 데 소요되는 돌과 재목들은 약탈과 불의를 통해 획득되었다.

높이 세워진 둥지는 그 높은 자리에서 파괴될 것이고, 사치스러운 궁전은 건축자들의 죽음을 증명할 것이다. 교만하고 방만한 건설 계획은 결국 사악한 바벨론에 대한 하나님의 임박한 심판의 증거가 되어 버렸다.

3. 불의에 대한 저주(2:12~14)

2:12 첫 번째 저주에서 언급된 약탈(6~8절)과, 두 번째 저주에서 언급된 교만은 세 번째 저주에서 계시된 죄로 물든 패역으로 확대된다(12~14절). 바벨론의 막대한 건설 계획을 위한 돌들과 재목들이 여기서 노래를 부르는 것처럼 보인다: "피로 성읍을 건설하며 불의로 성을 건축하는 자에게 화 있을진저"(12절). 바벨론 제국의 도성들은 노예가 된 백성의 피와 땀으로 건축되었다. 살인과 피 흘림과 압제와 독재가

이 건설 계획에 사용된 도구였다. '피 흘림'으로 번역된 단어는 히브리 명사의 복수 형태이며, 항상 살인의 죄를 상징한다(참조, 8절, 17절의 '피').

2:13 각 연의 첫째 구절에서 저주와 함께 소개되는 죄들은 그 뒤를 따르는 두 개의 구절에서 더욱 상세히 폭로된다. 그런데 여기서 관심의 초점이 만군의 여호와와 탐욕스런 장면을 통찰해 판단하시는 그분의 평가로 전향된다. 그것은 5연에 걸친 긴장 속에 나타난 반가운 휴식과 같다. 지극히 높으신 하나님, 우주의 주재께서 선언하신 것은 그들의 야망에 찬 모든 행사가 결국 무위로 돌아간다는 것이었다: "민족들이 불탈 것으로 수고하는 것과 나라들이 헛된 일로 피곤하게 되는 것이 만군의 여호와께로 말미암음이 아니냐"(참조, 렘 51:58).

그들이 주의 깊게 다듬어 놓은 돌은 제단으로 사용될 것이고, 장식을 해 조각한 나무는 바벨론을 잿더미로 만들어 버릴 거대한 희생의 불을 위한 불쏘시개가 될 것이다. 하박국은 열방이 헛되이 힘을 소진하고 있음을 추가했다. 바벨론이든 다른 나라이든지 상관없이, 그들의 모든 노력이 피 흘림과 죄악으로 이루어진 것이라면 쓰레기와 다름없다.

2:14 반면 물이 바다를 덮음같이, 어느 날 여호와의 영광을 인정하는 것이 세상에 가득하게 될 것이다. 거만한 바벨론 백성의 전 세대가 속한 피곤한 땅은 조그만 불을 던지다가 결국 지구의 한구석에서 잿더미로 종말을 보게 되었다. 그러나 하나님의 영원한 영광은 전 세계를 가득 채울 것이다.

이 구절은 이사야 11장 9절의 약간 수정된 선언에 기초한다(하나님의 영광으로 충만한 땅은 민 14:21; 시 72:19; 사 6:3에도 나타났다). 이사야는 메시아 왕국에 대한 묘사를 끝마칠 때 "여호와를 아는 지식이 세상에 충만할 것임이니라"(사 11:9)라고 기록했다. 하박국은 세상이 여호와의 영광을 아는 지식으로 가득하리라고 말했다. 이사야는 메시아 왕국의 본질을 이야기했고, 하박국은 그 왕국의 수립을 취급했다. 이사야는 사실을 제공했고, 하박국은 행동을 제시했다. 하나님은 미래에 바벨론을 내던지고 심판하실 것이며(계 17~18장), 바벨론으로 예표된 모든 불경건한 세력을 심판하실 것이다(계 19:19). 하나님의 영광(마 24:30)과 위엄(살후 1:9)이 천년왕국 시대에 분명히 드러날 것이고, 온 땅에서 인정될 것이다.

메시아가 그분의 왕국에서 통치하실 때 여호와의 지식이 세계적으로 파급될 것이다(참조, 렘 31:34). 그 지식은 매우 광범위하고 풍성하기 때문에 마치 물이 바다를 덮음같이 될 것이다. 뾰족한 불의의 암석과 진흙투성이인 죄의 갈대는 하나님의 의의 부드러운 표면으로 덮이게 될 것이다.

4. 수치스런 행위에 대한 저주(2:15~17)

2:15 네 번째 저주는 바벨론의 야만스런 행동의 비열한 장면으로 향한다. 여기서는 정복자 바벨론의 종속국에 대한 비인간적이고 수치스런 행동에 초점이 모아진다. 그들은 그들의 이웃에게 술을 주어 취하게 만드는 술꾼으로 묘사되고 있다. 그리하여 어떤 비열한 탐욕을 채우고 그 희생물로 수치에 이르게 하려는 사람으로 묘사되었다.

이처럼 바벨론은 그들의 패역과 술 취함에 육욕의 죄를 더했다. 그런 행동은 하나님에 의해 엄하게 정죄를 당했다(창 9:21~25). '술 부대에서 술을 쏟아붓는 것'(pouring it from the wineskin, NIV, 개역개정에는 '자기의 분노를 더하여 그에게 취하게 하고'로 번역됨)은 분노를 쏟는 것과 연관이 있다. 다시 말하면, 바벨론은 포도주만 쏟아부은 것이 아니었다. 그들은 술과 함께 '분노'를 섞었는데, 이는 '열'과 관계된 말로, 격렬한 욕정을 상징한다. 증오와 열정은 함께 쏟아진다. 유혹을 받고, 더 많은 경우 힘으로 굴복된 열방들은 바벨론의 유독한 혼합주에 참여해 술주정뱅이처럼 쓰러져서 수치와 굴종 가운데 엎드러졌다.

2:16 술 취해 쓰러진 희생물들의 수치를 만족한 듯이 바라보던 그들은 언젠가 부끄러움이 가득할 것이다(참조, 10절의 '욕을 부르며'). 그들의 영광은 그들의 수치였다. 바벨론의 도착된 영광은 하나님의 탁월한 영광과 날카롭게 대조되었다(14절). 바벨론은 영광과는 멀리 떨어져 수치 가운데서 흥청거리다가 이윽고 술을 마시고 취해 쓰러지고, 할례 받지 않은 사람들처럼 수치를 드러낼 것이다. 할례 받지 못했다는 것은 유대인들에게는 경멸의 대상을 의미했다. 바벨론은 다른 국가가 술을 마시고 부끄러움이 노출되도록 교사했다(15절). 그 후에 입장이 바뀌어서(7절), 그들도 취해서 부끄러움을 드러낼 것이다.

그들이 마시지 않으면 안 되는 잔은 하나님의 오른손에서 난 것으로, 하나님의 심판을 상징한다(참조, 사 51:17~23; 렘 25:15~17; 애 4:21). 하나님의 심판을 들이마심으로 바벨론은 수치로 뒤덮일 것이다.

첫 문장에 나오는 '수치'와 마지막 문장의 '욕'은 유사한 히브리어의 번역이지만, 두 번째 용어가 더 강한 뜻으로 쓰였다(구약에서 이곳에만 사용되었다). 그것은 극도의 경멸을 상징한다. 한때 영광스러운 바벨론은 수치스럽고 멸시받는 주정꾼으로 묘사되었다.

2:17 바벨론이 비참한 치욕에 이르게 된 이유는 레바논에 강포를 행했기 때문이다(참조, 1:9). 이스라엘 북쪽에 위치한 레바논은 풍부한 백향목과 야생동물로 유명했다. 레바논은 바벨론의 건물을 짓기 위한 재목을 위해 무절제한 도벌을 당해야 했고, 숲속에 사는 동물들도 잔인한 살육을 당했다. 삼림에 대한 강포는 바벨론에 압박을 가져왔고, 생각 없는 수렵과 동물들의 살상은 바벨론을 두렵게 했다.

그런데 가장 준엄한 심판은 사람의 피를 흘린 것으로, 바벨론은 이미 두 차례에 걸쳐 이러한 죄로 인해 책망받았다(2:8, 12). 그들은 삼림을 파괴하고, 산을 황폐하게 했을 뿐 아니라, 토지와 성읍과 그 안에 사는 사람들을 파멸시켰다(8절). 하나님의 피조물과 하나님의 창조에 대한 모욕적 행위는 바벨론으로 하여금 확연히 드러난 세계적인 영광에서 영구한 수치로 몰락하게 할 것이다. 하나님의 광대한 심판은 바벨론을 뒤덮고 말 것이다.

5. 우상 숭배에 대한 저주(2:18~20)

2:18 마지막 연은 음울하고 불길한 저주로 시작하지 않는다(19절에 "화 있을진저"라는 말이 나온다). 그 대신 이 절은 깊숙이 찌르는 질문, "새긴 우상은 그 새겨 만든 자에게 무엇이 유익하겠느냐"로 시작한다. 그에 대한 대답은 명백하다. '우상'(문자적으로, '새겨진 형상'으로, 나무나 돌을 다듬어서 만든 것)과 '형상'(문자적으로, '부어 만든 것'으로, 쇠를 부어서 거짓 신의 형상으로 만들어 놓은 것)은 아무 유익도 주지

못한다. 그런 물건들이 어떤 형태를 갖든지, 또는 아무리 아름다운 모습을 갖고 있어도 그것은 여전히 나무 조각이고, 쇳조각일 뿐이다. 그런 우상을 신뢰하는 것은 거짓을 가르치는 물건을 신뢰하는 것이다. 왜냐하면 백성이 그런 것이 도움을 줄 것으로 생각하면서 속고 미혹되었기 때문이다. 그러나 우상과 형상은 생명이 없는 것이다. 우상 숭배자가 스스로 만들어 놓은 것이기 때문에 그들을 도울 수 없다(참조, 19절).

깎아 놓은 것이든, 부어 만든 것이든 우상과 형상은 말하지 못하는 것들이다. 그들이 말한 것이라고 전해지는 명령은 모두 명백한 거짓이다. 우상은 말할 수 없기 때문이다.

2:19 하나님은 간교한 우상 숭배의 죄를 정죄하셨다: "나무에게 깨라 하며 말하지 못하는 돌에게 일어나라 하는 자에게 화 있을진저." 나무 조각이나 차디찬 돌 앞에 서서 "일어나라", "깨라" 외치는 것은 얼마나 어리석은 일인가! 그 장면은 엘리야에 의해 모욕당한 바알 선지자들과 같다(왕상 18:26~29).

비록 금이나 은에 새길지라도 생기가 없는 물건으로부터는 어떤 도움이나 지도력도 얻을 수 없다(참조, 사 40:19). 그것들은 호흡이나 영이 없고, 따라서 생명도 없다(참조, 창 2:7). 이사야는 바벨론 사람들이 무수한 우상들을 신뢰하는 것 때문에 종종 그들을 비웃었다. 그것들은 단지 인간이 만든 것에 지나지 않다(사 41:7; 44:9~20; 45:16, 20; 46:1~2, 6~7. 참조, 렘 10:8~16). 우상들은 말할 수 없고, 살아서 움직이지 못하고, 지도할 수 없고, 숨 쉴 수 없는 것이므로 무가치하다. 그래서 창조주 하나님보다 인간이 새겨 만든 것들을 숭배하는 우상 숭배는 하나님의 저주를 받고, 정죄를 받는다.

2:20 이 연의 마지막 구절은 독특하다. 4회에 걸친 "화 있을진저" 구절들에서, 매번 끝나는 구절은 히브리어 '왜냐하면'(키[כִּי])으로 시작했다(8, 11, 14, 17절, 개역개정에는 생략됨). 그런데 20절은 '그러나'로 시작한다. 그 대조가 눈에 띄고, 그 절정은 놀랍다: "그러나 여호와는 성전에 계시다"(개역개정에는 '오직 여호와는 그 성전에 계시니'로 번역됨).

말도 할 수 없고 인간이 새긴 우상으로부터 관심의 초점이 살아 계신 여호와, 지존하시고, 영원하시고(참조, 1:12; 3:6), 거룩하신(참조, 1:12; 3:3) 하나님께로 옮겨 갔다. 그분은 성전, 곧 하늘에서 우주를 통치하시는 주권자이시다(참조, 시 11:4; 18:6, 9; 미 1:2~3). "깨라", "일어나라"라고 외치는 대신, 온 땅은 고요한 경외감으로 서서 그분 앞에서 경배하지 않으면 안 된다. 히브리어 하사(הַ֥ס)는 '쉿'(hush: 소리를 내지 말라는 뜻으로 급하게 내는 소리)을 의미한다(습 1:7에는 '잠잠할지어다', 슥 2:13에는 '잠잠하라'로 사용됨).

하박국에게 있어 그 메시지는 분명했다. "불평을 그치라! 의심을 그치라!" 하나님은 죄에 대해서 무관심하지 않으시다. 그분은 고난에 무관심하지 않으시다. 그분은 가만히 계시는 분도 아니고 무감각하시지도 않다. 그분은 만사를 통치하신다. 그분의 완전한 때에, 여호와께서는 거룩한 목적을 성취하실 것이다. 하박국은 하나님의 개입을 기대하는 침묵 속에서 겸손히 그분 앞에 서서 잠잠해야 했다.

하박국에 의해 기록된 음울한 애가의 마지막 구절에서, 하박국 3장에 나오는 경배의 노래와의 연결점을 찾을 수 있다.

Ⅲ. 하나님을 찬송함: 하박국은 하나님의 창조 계획을 찬송했다(3장)

자기 나라의 방자한 죄로 인해 불평하고 고민하던 하박국은 하나님이 이미 유다를 심판할 도구, 즉 바벨론을 준비하셨음을 알고 놀라움에 사로잡혔다. 하박국은 충격을 받았다. 그는 자신의 난처한 심정을 하나님께 아뢰었고, 응답을 기다렸다. 그 응답은 애가의 형태로 나타났으며, 하박국은 그것을 기록하라는 지시를 받았다. 바벨론을 멸망시키시려는 하나님의 의로운 계획을 알고 난 하박국은 겸손한 경배심으로 머리를 조아렸다. 그리하여 그의 장엄한 기도와 찬양의 시가 뒤따랐다.

3장은 하박국이 훨씬 후에 기록한 별도의 부분이라고 주장하는 것과 달리, 하박국서의 최고 절정이다. 어떤 사람들은 3장이 다른 저자에 의해 기록되었거나, 하박국이라고 불리는 다른 사람이나, 하박국의 이름을 가장한 다른 사람의 저작이라고 주장하기도 한다.

3장의 문체의 변화나 별도의 제목에 관한 논쟁에도 불구하고, 이 장은 하박국서의 흐름과 잘 일치한다. 1장의 대화체에서 2장의 애가로의 전환이 강조점의 변화를 지적하는 것처럼, 새로운 문체는 새로운 주제에 어울린다. 2장 1절의 '성루'가 1장의 흐름의 변화를 암시하듯이, 3장 1절의 제목은 변화에 있어 분명한 단절을 보여 준다.

하박국서에 관한 사해 사본의 주석이 쿰란에서 발견되었을 때(그곳에는 1장과 2장만 들어 있었다), 3장은 별도의 저작이라고 주장하던 학자들이 개가를 불렀다. 그러나 그 문제는 그렇게 쉽게 양보될 수 없었다. 옛날의 주석가가 자신의 의도에 부합한 부분만 사용했을 가능성도 있다. 이 사해 사본은 3장이 원래 없었다는 증거가 될 수 없다. 보다 더 합리적인 것은 하박국서의 주제의 일치성을 찾는 것이라 할 수 있다. 3장은 후기에 쓴 것이 아니라 찬양의 절정이다. 그것은 고난의 계곡에서 시작된 여행의 산꼭대기 목표 지점과 같다.

A. 자비를 구하는 하박국의 기도(3:1~2)

3:1 2장 시작에서 하박국은 하나님의 응답을 기다리며, 자신이 한 불평에 대해 하나님께 어떻게 대답할지를 생각하는 위치에 있었다(2:1). 그리고 나서 그는 하나님의 긴 응답을 기록했다(2:2~20). 이제 여기서 하박국은 하나님께 그의 응답을 표했다. 그것은 항변이 아니었다. 그것은 "하박국의 기도"라는 간단한 제목이 지적하는 대로 찬양의 기도다.

이 서두는 여러 시편의 서두와 유사한데, 그곳에도 내용과 저자와 노래의 시적 특징들이 기록되어 있다(참조, 시 16편; 30편; 45편; 88편; 102편; 142편). 하박국은 본서의 서론에서처럼(1:1), 자신을 선지자로 인식했다.

'시기오놋'이란 말은 다소 불명확하다. 히브리 어원상, 시편 7편 제목에 나오는 단어의 복수 형태인데, 그곳에서는 '식가욘'이라는, 형태가 약간 다른 모습으로 기록되어 있다. 그것은 '앞뒤로 움직이다'라는 뜻을 가진 동사와 관련되어 있다. 그래서 어떤 사람들은 이것이 승리나 환희의 노래로 사용된 경우에는 불규칙한 박자의 노래이거나, 비가(悲歌), 또는 변주 형식의 비탄의 노래에 사용된 불규칙한 박자일 것이라고 생각한다. 이 말의 히브리 동사의 어근은 '범법하다', '실수하다'라는 뜻을 지니고 있지만, 노래의 내용을 의미하는 것 같지는 않다. 노래의 주제는 바벨론과 유다의 범죄나 방황과 연관된 것이 아니라, 하나님의 위엄이기 때문이다. 그러므로 '시기오놋'이라는 말은 음악적, 의식적(儀式的) 중요성을 지닌 것으로 생각하는 편이 보다 더 합리적일 것이다. 또 다른 음악적 기호가 하박국 3장 마지막에 나타난다. 아마 노래는 성전 예배의 일부분이었던 것 같다.

3:2 하박국은 유다를 치리하고 바벨론을 멸하시려는 하나님의 계획을 들었다. 하나님의 계획은 그를 경외심으로 가득 채웠다. 하나님의 뜻은 인간의 이해를 초월하고, 하나님의 탁월함은 인간의 지각을 초월한다. 그가 들은 것(문자적으로, '여호와여 내가 주께 대한 소문을 들었나이다')에 대한 하박국의 반응은 하나님을 경외하는 것이었다(문자적으로, '나는 놀랐나이다').

그러자 선지자는 두 가지 간구를 드렸다. 그는 하나님의 능력이 새롭게 나타날 것과("주의 일을 이 수년 내에 부흥하게 하옵소서") 하나님의 풍성한 용서가 나타날 것을 간구했다. 능력과 자비를 함께 간구했다. 이 부분은 그의 전체 기도에서 유일하게 나타난 간구다.

부흥, 또는 하나님의 개입의 재현을 바라는 첫 번째 요청은 두 번씩이나 '때'와 관련되어 있다: '우리 날'(in our day)과 '우리 때'(in our time, 개역개정에는 '수년 내'로 번역됨)(문자적으로, 양쪽 모두 '연중에'[in the midst of the years]). 선지자는 즉각적인 성취를 바랐던 것처럼 보인다. 하나님은 물론 그것을 벌써부터 약속하셨다.

하박국의 두 번째 요청은 첫 번째 요청에서 발전된 것이다. 이 심판의 행위(노하심. 참조, 3:8, 12) 가운데 하박국은 자비를 간구했다.

그는 두 가지 간구를 올린 후에, 기도라기보다는 찬양의 시로 간주될 수 있는 내용을 기록했다(3:3~19). 그곳에서 하박국은 하나님의 백성을 애굽에서 끌어내어 광야를 통해 약속된 땅으로 인도하신 여호와께서 행하신 놀라운 일을 회상했다. 그러한 역사를 회상할 때 하박국은 하나님이 바벨론으로부터 그분의 백성을 구원하실 수 있음을 확신했다.

B. 하나님의 엄위를 드러냄(3:3~15)

1장에서 하나님과 더불어 전화통화와 같은 대화를 나눈 하박국은 2장에서는 폐쇄회로 텔레비전(CCTV)을 통한 대화를 나누었다. 귀를 통한 대화(1장)는 하박국이 위치한 성루(2:1)에서 눈에 보이는 증거로 고양되었다. 그러다가 갑작스럽게 하박국은 그가 먼 곳에서 대담하게 이야기를 나누었던 바로 그 창조자의 존전으로 끌려 들어가게 되었다. 말하자면 하박국은 지존하신 하나님과 얼굴을 맞대고 서 있게 되었다(참조, 욥 42:5).

1. 하나님의 나타나심(3:3상)

3:3상 하나님은 그분의 계약을 수립하기 위해 시내 산에서 하나님의 백성에게 내려오신 것처럼, 또한 하나님의 백성을 해방시키고 그들과의 언약을 재확인하시기 위해 오실 것이다. 하박국은 예전에 하나님이 시내 산에서 강림하신 사실을 기록했다: "하나님이 데만에서부터 오시

며 거룩한 자가 바란 산에서부터 오시는도다"(역자 주: '데만', '바란'은 하나님이 모세를 통해 이스라엘 백성에게 십계명을 주신 장소와 관련된 듯하다. 참조, 1:12). 모세는 여호와의 나타나심이 '세일 산과 바란 산으로부터' 번쩍이는 빛과도 같다고 말한 적이 있다(신 33:2).

데만은 에돔에 있는 사막의 오아시스이지만 사해 남쪽 전 지역을 가리킨다고 말할 수 있다. 세일은 모세에 의해 사용된 지명으로, 데만으로 일컬어진 산악 지역을 가리키는 시적인 명칭이다. 바란은 남쪽으로는 시내 반도와 북쪽으로는 가데스 바네아 사이의 산악 지역으로, 고르(Ghor) 계곡 건너 에돔 서쪽에 위치해 있다.

하나님이 모세에게 나타나신 것은 유다 남쪽 지역인 반면, 바벨론이 북쪽으로 침입한 것은 어떤 의미가 있는 듯하다. 더욱이 하나님이 자기 백성을 애굽에서 인도해 약속된 땅으로 들이실 때 많은 이적을 행하신 곳이 남쪽 지역이었다.

보통 '하나님'으로 사용된 용어는 복수 형태의 엘로힘(אֱלֹהִים)인데, 이 구절에는 단수 형태의 엘로아(אֱלוֹהַּ)가 사용되었다. 아마 그 이유는 거룩한 구속자, 거룩한 하나님의 본질적인 일체성을 강조하기 위함일 것이다.

또 다른 음악적인 기호, '셀라'는 노래 가운데 '정지'를 가리키는 것으로 보인다(참조, 3:3, 9, 13. NIV에는 이 말이 "난외"에 표기된 반면, 다른 성경에서는 성구 사이에 기록되어 있다). 셀라가 사용된 다른 성경은 시편으로서, 71회 기록되었다. 그 말이 근거한 히브리 동사는 '기뻐하다', '들어 올리다'라는 뜻을 지니고 있다. 그것은 (a) 더 높은 음으로 올라가기 위한 정지, (b) 노래의 내용을 반추하고 여호와를 찬양으로 높이기 위한 정지, (c) 트럼펫과 같은 악기를 연주하려고 들어 올리기 위한 정지를 의미할지도 모른다. 그 의미가 본래 무엇이든지, 3절 중간에 정지, 또는 휴식이 의도된 것은 명백하다.

2. 하나님의 임재(3:3하~7)

3:3하 시내 산에서 하나님은 남쪽 산악 지역으로부터 몰아쳐 내려오는 천둥 소리처럼 두렵게 임하셨다. 그분의 영광이 하늘을 뒤덮었을 때 태양과 달빛조차도 그 영광에 가려 창백해 보였다. 하나님의 휘황찬란한 영광이 하늘을 가득 채웠을 뿐만 아니라, 그분의 찬양이 땅을 뒤덮었다. 여기서 '찬양'이란 인간의 반응을 가리키는 것이 아니라, 하나님의 영광의 실재를 가리킨다. 하나님의 계시는 하늘과 땅의 가장 구석진 곳까지 꿰뚫는다.

3:4 하박국은 하나님의 영광을 해돋이(sunrise)에 비유함으로 하나님의 나타나심이 점차 발전적인 성격을 지니고 있음을 지적했다. 하늘은 감추어진 햇살로 엷은 빛을 띠다가, 불덩어리가 지평선 위에 나타나면서 땅덩어리가 밝아지고, 마침내는 모든 것이 밝고 영광스러운 빛으로 충만해진다. 햇살이 아침 하늘을 가로질러 비쳐 오듯이, 하나님의 손으로부터 빛이 비쳐 온다. 하나님이 다가오심에 따라 모든 것을 밝히 비추는 빛의 근원이 드러나는데, 그것은 바로 여호와의 손이다. 빛의 광선이 태양에서부터 퍼져 나오듯이, 영광의 광채가 하나님으로부터 흘러나온다.

 사람들은 종종 해돋이 장면을 그릴 때 해 주변에 선이 퍼져 나가도록 표시하는데, 그것은 빛이 퍼져 나가는 장면을 묘사하는 효과적인 방법이라고 할 수 있다. 재미있게도, '빛을 발산하다'라는 히브리 동사는 히브리 명사 '뿔'(horn)과 관련되어 있으며, 이 말은 모세가 시내 산에서 내려왔을 때 그의 얼굴을 묘사하는 데 사용되었다: "그의 얼굴 피부에 광채가 났다"(문자적으로, '그의 얼굴은 빛의 광선을 발했다', 출 34:29~30, 35). 이것은 미켈란젤로의 유명한 "모세 상"에 돋아난 이상스런 뿔을 설명해 준다.

하나님의 빛은 밖으로 드러나는 동시에 안으로 은폐되기도 한다. 그 빛은 하나님의 영광을 드러내나, 반면 그분의 능력을 가린다. 지구의 땅덩어리를 축복으로 부어 주는 빛과 따스함이 순식간에 지구를 태워 버릴 수 있는 불덩어리로부터 온다는 사실은 잊어버리기 쉽다. 그처럼 하나님의 능력은 그분의 영광 안에 숨겨 있다. 그분의 계시는 그분을 바라보는 자들로 소멸되지 않도록 제한되어 있다.

3:5 하나님은 그분의 능력을 충분히 행사하실 수 있다. 그분은 자신을 대적하는 자들에게 두려움을 드러내는 하나님이시다. 하박국은 하나님이 지나가실 때 온역(개역개정에는 '역병'으로 번역됨)이 그 앞에서 행하며 불덩이(문자적으로, '이글거리는 뜨거움', 또는 '불의 발산')가 그의 발 밑에서 나오는 것을 보았다. 하나님은 원하시기만 하면, 온역(출 7:14~11:10, 애굽에 내린 10가지 온역처럼)과 역병(참조, 신 32:24)으로 그분의 대적들을 내려치실 수 있다. 여기서 역병이란 열이 동반하는 어떤 질병을 의미하거나, 번갯불로 땅이 그슬리는 것을 가리키는 것이리라. 하나님은 윗층에 앉아서 인간들에게 감미로움과 빛을 처방하는 조그만 노인이 아니시다. 그분은 사랑이 충만함과 동시에 능력이 충만한 분이시다. 그분의 은혜와 영광은 힘과 위엄과 쌍을 이루고 있다.

3:6 멀리서부터 땅을 통과해 오시는 하나님에 대한 하박국의 묵시는 절정에 이르렀다. 심판을 행하실 그 장소에 이르러서 하나님은 멈추시고, 우뚝 서시고, 땅을 진동시키셨다. 그분이 나타나시자 땅이 진동했다. 더욱이 그분이 보시기만 해도 나라들이 전율했고(문자적으로, '공포로 인해서 펄쩍 뛰다'), 자연의 구조도 와해되었다. 태고의 산들과 오래된 작은 산들은 지구의 가장 견고한 구조물이라고 할 수 있는데, 이것들이 파괴되어 먼지가 되었다.

하나님은 흔들리는 산 가운데 천둥과 번개와 불과 더불어 시내 산에 내려오셨다(출 19:16~19). 무궁한 작은 산들이 엎드러질지라도 '하나님의 영원한 길은 계속된다'(NIV, 개역개정에는 '그의 행하심이 예로부터 그러하시도다'로 번역됨). 여기에는 창조주보다 피조물을 더 존중하는 자들에 대한 강렬한 경고가 담겨 있다(참조, 2:19~20).

3:7 출애굽과 광야에서 방랑할 때 나타난 하나님에 대한 증인들은 구산과 미디안이었는데, 이들은 홍해 양쪽 변에 있었던 나라들이다(또는 구산은 미디안의 또 다른 이름인지도 모른다). 하나님이 자기 백성을 애굽의 포로에서 인도하실 때 홍해에서 행하신 놀라운 역사는 주변 국가들로 하여금 두려움에 빠지게 했고, 그들은 공포와 번민을 경험하게 되었다. 다른 국가들도 하나님의 놀라운 행적을 들었고 두려워했다(출 15:14~16; 신 2:25; 수 2:9; 5:1). 백성이 거하는 장막과 거주처에 대한 언급은 그들의 취약한 상태를 강조하는 것처럼 보인다.

3. 하나님의 행동(3:8~15)

하박국의 관심은 하나님의 두려운 임재에서부터 땅 위에까지 하나님의 행동에 대한 묘사로 옮겨졌다. 이 찬양의 시는 8절에서 일련의 질문들에 의해 소개되는데, 메시지에 생기와 생동력을 부여하기 위해서, 또한 독자들로 하여금 그 의미를 생각하도록 자극하기 위한 문학상 도입 부분의 역할을 한다. 그 질문들은 특별한 대답을 기대하지 않는 시적인 문체로 구성되어 있으며, 다 아는 질문들이다.

a. 자연 속에서(3:8~11)

3:8 이 질문들은 하나님의 나타나심에 대한 동기에 집중되어 있다: "강들을 분히 여기심이니이까 강들을 노여워하심이니이까 바다를 향하여 성내심이니이까." 다른 말로 하면, "하나님은 자연에 대해 성내십니까?"와 같다. 이 질문들에 대한 직접적인 대답은 주어지지 않았지만, 어떤 대답도 의도되어 있지 않다. 하나님은 자연에 대해 불쾌하게 생각하지 않으신다. 그분은 자신의 능력을 드러내는 도구로서 자연을 사용하신다(참조, 12~13절). 하나님은 나일 강을 심판하심으로 그분의 능력을 나타내셨다(출 7:20~21). 동일한 능력이 홍해에서도(출 14:15~28; 15:8~10. 참조, 시 78:13), 요단 강에서도(수 3:14~17) 나타났다. 이와 유사하게 하나님은 열방을 심판하실 것이다.

하나님의 동기는 그분의 대적을 멸하고 자기 백성을 구원하시는 것이다. 하나님은 말을 타며 구원의 병거를 모는(참조, 15절) 승리자로 나타나셨다. 수십 년 후, 곧 BC 539년에 바벨론이 멸망할 때 결국 멈춰 버

릴 그들의 기병들과 얼마나 비교가 되는가!(참조, 2:6~8)

3:9 하나님은 활을 꺼내셨다. 이 말은 곧 행동 개시를 위해 활집에서 활을 꺼내셨다는 뜻이다: "주께서 많은 화살을 요청하셨나이다"(You called for many arrows, NIV, 개역개정에는 '화살을 바로 쏘셨나이다'로 번역됨)라는 말은 히브리어 본문상 하나의 수수께끼와 같다. 어떤 학자는 세 마디로 된 이 짤막한 히브리 본문(세부오트 마톳트 오메르[אֹמֶר מַטּוֹת שְׁבֻעוֹת])이 100가지 이상으로 번역된 것을 찾아냈다.

첫째 단어인 세부오트(שְׁבֻעוֹת)는 '일곱 번째'(안식일과 관련해), '맹세', 또는 '맹세한'이라는 뜻을 지니고 있다. 마톳트(מַטּוֹת)는 '가지들', '막대기들', 또는 '종족들'을 가리킨다(NIV에서는 '활'과 대조를 이루어 '화살'로 번역했다). 오메르(אֹמֶר)는 시에만 사용되는 용어로, '대담', '말', '사건', 또는 '경우'를 가리킨다. 아마 합리적이고도 문자적인 뜻은 '막대기(또는 화살)들이 말씀에 의해 확약되었다'라는 것이리라. 여기에는 하나님의 행동에 대한 어떤 심각함이 담겨 있다. 엄숙한 맹세에 의해 하나님은 그분의 무기를 사용할 것을 확인하셨다. NIV에서는 하나님이 화살을 사용하신다는 생각을 '하나님이 화살을 요청하셨다'라는 뜻으로 번역했다.

이 구절과 신명기 32장의 조화는 놀랍다. 모세의 노래는 하나님의 대적을 향한 복수의 맹세로서(신 32:41), 소멸하는 불과 역병과 온역과 피에 취한 화살을 언급했다(참조, 신 32:22, 24, 42). 하박국의 찬양의 노래에서 이 적은 구절의 번역이 어떠하든지, '셀라'라는 말에 의해 잠시 멈추고 묵상할 것이 요청된다. 하나님의 동기와 그분의 장엄한 능력이 자연과 열방과 대적들을 향한 그분의 행적 속에 나타나 있다. 하나님의 능력이 미친 결과는 지구의 표면을 강들로 쪼개시는 것으로 나타났다.

3:10 하박국은 산을 의인화해 산들이 하나님의 임재와 능력에 대한 반응을 덧붙인다고 말했다. 왜냐하면 그것들이 하나님을 보고 움츠렸기 때문이다. '몸을 뒤틀다'(개역개정에는 '흔들리다'로 번역됨)라고 번역된 히브리 원어는 아이를 낳는 여인이 겪는 산통처럼 몸을 비틀고 뒤척이는 사람을 묘사하는 동사다. 앞서 3장 6절에서는 산들이 하나님 앞에서 무너진다고 말했다. 여기서는 산들이 흔들린다(또는 비틀린다)고 말했다. 하나님이 모세에게 나타나셨을 때 시내 산이 흔들렸다(출 19:18; 시 114:4, 6~7). 강들과(3:9) 산들(10절 상)의 증인에게 창수가 하나님의 능력을 인식하고 넘쳐 흘렀다. 계곡의 지하를 흐르는 물(개역개정에는 '바다'로 번역됨)은 말하는 것으로 의인화되었고(문자적으로, '소리를 지르다'), 높은 파도는 손을 가진 것으로 의인화되어(lifted its waves on high, NIV) 깊은 물이 파도(개역개정에는 '손'으로 번역됨)를 높이 들었다고 묘사했다. 하나님의 능력은 자연을 크게 융기시킬 수 있다. 홍해와 요단 강은 하나님의 명령에 순종했다(참조, 시 77:16, 19; 114:3, 5).

3:11 자연의 합창 속에서 태양과 달은 하나님의 번쩍이는 광채로 인해 빛을 잃고 멈춰 섰다(수 10:12~13). 해와 달은 하늘(문자적으로, '높은 처소')에 존재하는 것으로 묘사되었다.

모든 자연이 흔들릴 때에도 하나님의 진노의 화살과 창(번갯불. 참조, 시 18:14; 77:17)은 그들의 목표를 향해 속히 나아간다. 해와 달은 번갯불의 광채 앞에서 빛을 잃고 마는데, 그 광채는 길갈 근처에서 이스라엘의 대적을 파멸시켰던 우박을 동반했던 것과 같다(수 10:11). 하나님은 그분의 분노로 인해 자연의 힘을 사용하시고, 조정하기도 하신다.

b. 열방 중에서(3:12~15)

3:12 하박국은 하나님을 마치 땅 위를 거닐며 우레 소리를 발하는 거인과 같은 존재로 묘사했다. 하나님은 튤립 꽃 위를 발끝으로 걸으시는 일이 별로 없다. 분노 중에(참조, 3:2, 8) 하나님은 여러 나라를 밟으셨다. 수소가 곡식을 밟아 겨를 떨쳐 내듯이, 하나님은 땅 위를 거니시며 범죄한 백성을 멸하시고, 이스라엘에게 구원을 가져다주셨다. 여기서 하박국은 하나님이 또다시 그 일을 행하실 것을 확신했다.

3:13 하나님의 심판의 동기는 분명했다. 그분의 분노는 자연이나(3:8) 모든 사람을 향한 것이 아니다. 그분의 목적은 죄악을 멸하시고 자기 백성을 구원하시는 것이다. 특별한 구원이 그분의 심판의 배후에 숨겨진 목표다. 구원은 하나님의 백성을 위한 것이지만, 기름 부음 받은 자를 위해서도 구원이 예비되어 있다. 그러나 '기름 부음 받은 자'라는 말은 아마 장차 오실 메시아를 가리키는 것이리라(참조, 시 2:2; 단 9:26). 이스라엘 백성을 보존하심으로(애굽에서와 나중에 바벨론의 포로 생활에서 구원하심으로) 하나님은 메시아의 가계를 유지시키셨다.

하박국은 하나님이 그 땅의 지도자(문자적으로, '집의 머리')를 치시고 그를 발가벗기셨다고 말했다(you stripped him from head to foot, NIV, 개역개정에는 '그 기초를 바닥까지 드러내셨나이다'로 번역됨). 히브리 본문이 뜻하는 것은 벽을 헐어 냄으로 건물 전체가 와해되고 집의 기반이 드러나는 것을 말한다. 하나님은 이스라엘을 뒤쫓는 바로의 기병들과(출 14:23~28) 다른 지도자들(민 21:23~25; 수 6:2; 8:28~29; 10:11)을 멸하셨다. 하나님이 그 일을 하셨다면, 그분은 바벨론을 멸하실 수 있을 것이다. 벨사살도 죄악의 땅의 지도자였지만, 그의 권세를 빼앗겼다(단 5:26~28, 30~31).

또다시 이 두려움이 가득 찬 노래의 음악적 부호(셀라)는 휴지를 요청한다. 세 번째이자 마지막 '셀라'가 삽입되었다(참조, 3:3의 주해). 하나님을 대적하는 자들의 철저하고 확고한 파멸은 묵상을 요구한다. 하나님은 사악한 백성의 최종적인 살육에 대해 죄를 부과하시기 전에 되돌아볼 시간을 요청하셨다. 그사이 바벨론의 성채를 파괴하는 강타로 인해 먼지가 쌓였다.

3:14 하나님의 놀라운 자기 계시에 관한 이 찬송 시의 마지막 두 구절은 원수의 최종적인 파멸을 언급한다. 이스라엘을 멸망시키기를 꾀했던 자들이 회오리바람처럼 전쟁에 몰려들 때 그들은 두려움에 빠져서 자신의 무기로 서로를 죽이게 될 것이다. 분명히 선지자는 자신을 바벨론이 흩으려 하는 자들 중 하나로 이해하고 있었다. 왜냐하면 그는 원수들의 목표(즉 유다)를 '우리'(NIV, 개역개정에는 '나'로 번역됨)로 언급했기 때문이다.

야만인의 집단들은 그들이 약탈하려는 가련하고 형편없는 희생물들을 '악의를 품고 바라보는'(gloating, 구약에서 이곳에만 사용된 표현으로, '기뻐하고 들떠 있는'이라는 뜻, 개역개정에는 '즐거워하나'로 번역됨) 도둑 떼로 묘사되어 있다. 그들의 즐거움은 핏덩어리로 바뀌고, 그들의 자만심은 공포로 바뀌고, 그들은 지독한 혼동 속에서 서로를 갑작스럽게 공격하게 될 것이다. 이스라엘의 역사에서 이것이 어떤 사건을 언급하는지는 분명하지 않다.

3:15 하나님의 행적에 대한 놀라운 묘사는 그분의 기적 중에서 가장 놀라운 사건을 언급함으로 완전한 결론에 도달한다. 하나님은 자기 백성으로 홍해를 건너게 하셨고, 뒤쫓는 애굽인들을 수장시키셨다(출 14:15~18; 15:8~10). 애굽 기병에 대한 하나님의 승리는 마치 하나님 자신이 그분의 말과 기병으로(3:8) 바다의 파도를 밟으시는 것처럼 비유적으로 묘사되었다. 이 승리에서 하나님은 바다를 휘저으셨다(3:10).

C. 하박국의 평온한 사역(3:16~19)

분명히 하나님의 능력의 놀라운 전개를 목도한 사람은 누구나 경외감에 사로잡힐 것이다. 하박국도 예외가 아니었다. 그는 하나님의 능력이 나타나기를 바랐었다(참조, 3:2). 그 능력의 나타남이 어떠할지에 대해 그는 별로 아는 바가 없었다.

3:16 선지자의 창자가 흔들렸고, 그의 입술이 떨렸고, 그의 두 다리가 떨렸다('다리가 떨렸다'라는 표현은 개역개정에는 생략됨). 하박국은 이와 같이 하나님과의 대면으로 거의 쓰러지게 되었다. 그는 마치 그의 뼈가 썩고, 신경 조직이 풀어지는 것처럼 느꼈다.

그런데 그가 연약해진 상태에서 그의 신뢰와 소망은 다시 새로워졌다. 그는 선지자 사역에 있어서 새로운 평온과 목적의식을 찾게 되었다. 그는 "무리가 우리를 치러 올라오는 환난 날을 내가 기다리므로"라고 말했다. 하박국은 파멸로 가득한 그날을 기다리기로 작정했으나 사악한 바벨론에 대한 승리와 보복의 날은 아직 오지 않았다. 애굽과 홍해와 시내 산과 요단 강과 가나안 정복에 있어 이스라엘을 위한 하나님의 행동은 당연히 경외감을 불러일으키는 것이었다. 과거에 나타난 하나님의 능력을 돌이켜 볼 때 하박국은 하나님이 이스라엘에게 바벨론으로부터 유사한 구원을 베풀어 주실 것을 확신하게 되었다. 언젠가 하나님은 능력의 행사를 새롭게 하심으로, 바벨론에게는 진노로 하시고, 유다에게는 긍휼로 갚으실 것이다(3:2).

3:17 하박국의 허약해진 육체적인 상태는 믿을 수 없도록 강한 영적인 상태와 대조되었다. 하박국은 가능한 최악의 상태를 가상했다. 완전한 농작물의 실패(무화과나무, 포도나무, 감람나무와 곡식—이스라엘은 이런 농작물들을 주식으로 삼았다)와 양 떼와 소 떼가 사라진 것이 바로 그러한 상황이다. 철저한 파괴와 지독한 기근 속에서도(이 일은 바벨론이 예루살렘을 탈취했을 때 실제 일어났다. 참조, 애 2:12, 20; 4:4, 9~10; 5:17~18) 하박국은 하나님을 신뢰할 자세가 되어 있었다. 내적인 평화는 외적인 번성에 달린 것이 아니라는 사실을 그는 깨달았다.

3:18 하박국은 역경의 때를 단지 견뎌 나가리라고 말하지 않았다. 그는 여호와로 말미암아 즐거워하며, 구원의 하나님으로 말미암아 기뻐하리라고 말했다. 하나님은 다함없는 기쁨의 근원이시요, 끊임없이 기쁨을 공급하시는 분이다. '하나님은 나의 구원자'(God my Saviour, NIV)라는 말은 문자적으로 '나의 구원의 하나님'(the God of my Salvation)이다

(엘로헤 잇시[אֱלֹהֵי יִשְׁעִי]), 시 18:46; 25:5의 히브리어와 동일하다).

너무나 많은 사람이 기쁨을 맛보려고 애쓴다. 그러나 행복은 환경에서 발견되는 것이 아니다. 기쁨은 모든 사람, 심지어 모든 물질적 소유를 상실한 사람도 누릴 수 있다. 왜냐하면 기쁨이란 인격 안에서 찾을 수 있기 때문이다. 기쁨은 하나님과의 친밀하고 인격적인 관계에서 오는 것이다. 그러므로 가장 비참한 환경 속에 처한 사람도 미소를 지을 수 있다.

3:19 참된 만족을 위해서 필요한, 확실한 힘의 근원은 주 여호와(아도나이 야웨)이시다. 그분이 주시는 힘은 사슴, 또는 활동적이고 빠른 다리를 가진 동물에게서 발견되는 힘과 같다. 어두운 숲속을 재빨리 뛰어갈 수 있는 사슴처럼, 하박국은 거친 환경을 기쁨으로 지나갈 수 있다고 말했다. 하나님의 두려운 현현(顯現)으로 그의 다리가 떨렸으나(3:16), 동일하신 하나님이 그의 기쁨(3:18)과 힘(19절)과 확신이 되셨다. 더욱이 하나님은 선지자로 하여금 높은 곳에 다니게 하셨다. 그는 시련을 뚫고 뛰어갈 수 있을 뿐 아니라, 승리와 환호의 산꼭대기를 오를 수 있었다. 이 구절의 시적인 언어는 다른 곳에서도 흔히 발견된다(참조, 신 32:13; 삼하 22:34; 시 18:33). 사슴, 또는 영양은 힘, 민첩함, 아름다움, 그리고 실수가 없음을 보여 준다.

결론적인 말은 '지휘하는 사람을 위하여'다. '내 수금에 맞춘 것'이라는 말은 덧붙이는 말로, 하박국의 찬송시의 서두와 관련되어 있다(3:1). 이것은 이 노래가 예배에 사용되었음을 언급한다. 하박국은 이 찬양이 수금에 맞춰서 연주자들에 의해 공중 예배에서 사용될 것을 지명했다. 하박국의 심각한 불평의 소리(1:2~4, 12~2:1)가 소망과 행복의 떨리는 소리로 교차되었다. 주 여호와께서는 그분을 믿는 자들에게 환경을 이기는 승리를 부여하신다. 무거운 짐으로부터 벗어나는 길은 하나님 아래서 바로 살아가는 것이다. 하나님 밑에 있게 되면 환경 위에 있게 된다. 이 교훈은 하박국서 전체의 가치라고 할 수 있다. 특별히 이 세상이 파멸의 구덩이처럼 보일 때 더욱 그러하다.

하박국은 이 책을 처음 시작했을 때 거의 침몰할 지경이었다. 파멸, 폭력, 투쟁, 갈등, 불의, 그리고 사악함이 그가 볼 수 있는 모든 것이었다. 그러나 그는 하나님께 울부짖었고, 그의 외침에 대해 하나님은 무관심하지 않으셨다. 하나님은 그의 불평에 응답하셨을 뿐 아니라, 수렁에서 그를 들어 올리기에 필요한 확신을 부여하셨다. 하박국은 깊은 구덩이에서 시작했지만, 산꼭대기에서 끝을 맺었다. 그의 여정은 결코 쉽지 않았지만, 분명히 그만한 가치가 있었다.

하나님은 대화를 통해 하박국을 인도하셨다(1장). 그곳에서 하나님은 유다를 치리하고, 바벨론을 멸망시키려는 그분의 계획을 계시하셨다. 그때 하나님의 명령을 따라 하박국은 두려운 애가를 기록했는데(2장), 그것은 바벨론을 향한 하나님의 심판을 정당화했다. 마지막으로, 하박국은 찬양의 정상에 이르렀는데, 그곳에서 하나님은 모든 영광과 능력 안에서 자신을 계시하셨다. 3장의 찬양은 하박국의 하나님에 대한 흔들림 없는 신앙과 더불어 끝을 맺었다.

하박국의 불평은 신뢰심에 의해 삼켜졌다. 그의 두려움은 신앙심으로 바뀌었다. 하박국은 무거운 짐으로 고통스럽고 안절부절못하던 선지자였으나, 축복하는 분위기에서 안전하고 기쁨에 찬 설교자로 변모했다. 의로운 자, 올바른 자, 행복한 자, 만족을 아는 자, 승리하는 자들은 믿음으로 살리라. 그렇다. 믿음은 '세상을 이기는 승리'다(요일 5:4).

참고 문헌

- Eaton, J. H. *Obadiah, Nahum, Habakkuk and Zephaniah*. Torch Bible Commentaries. London: SCM Press, 1961.
- Feinberg, Charles L. *The Minor Prophets*. Chicago: Moody Press, 1976.
- Freeman, Hobart E. *Nahum, Zephaniah, Habakkuk: Minor prophets of the Seventh Century BC Everyman's Bible Commentary*. Chicago: Moody Press, 1973.
- Fuerbringer, L. *The Eternal Why*. St. Louis: Concordia Publishing House, 1947.
- Gaebelein, Frank E. *Four minor prophets: Obadiah, Jonah, Habakkuk, and Haggai*. Chicago: Moody Press, 1977.
- Gowan, Donald E. *The Triumph of Faith in Habakkuk*. Atlanta: John Knox Press, 1976.
- Ironside, H. A. *Notes on the Minor Prophet*. Neptune, N.J.: Loizeaux Brothers, 1909.
- Keil, C. F. "Habakkuk." In *Commentary on the Old Testament in Ten Volumes*. Vol. 10. Reprint (25 vols. In 10). Grand Rapids: Wm. B. Eerdmans Publishing Co., 1982.
- Lloyd-Jones, D. Martin. *From Fear to Faith*. Reprint. Grand Rapids: Baker Book House, 1982.
- Pusey, E. B. *The Minor Prophets: A Commentary*. Vol. 2. Grand Rapids: Baker Book House, 1950.
- Stoll, John H. *The Book of Habakkuk*. Grand Rapids: Baker Book House, 1972.
- Tatford, Frederick A. *The Miner Prophets*. Vol. 2. Reprint (3 vols.). Minneapolis: Klock & Kolck Christian Publishers, 1982.
- Ward, William Hayes. "Habakkuk." In *A Critical and Exegetical Commentary on Micah, Zephaniah, Nahum, Habakkuk, Obadiah, and Joel*. The International Critical Commentary. Edinburgh: T. & T. Clark, 1911.

אֶת־הָרְשָׁעִים וְהִכְרַתִּי אֶת־הָאָדָם מֵעַל פְּנֵי הָאֲדָמָה נְאֻם־יְהוָה
בֶּן־אֲמַרְיָה בֶּן־חִזְקִיָּה בִּימֵי יֹאשִׁיָּהוּ בֶן־אָמוֹן מֶלֶךְ יְהוּדָה
דְּבַר־יְהוָה אֲשֶׁר הָיָה אֶל־צְפַנְיָה בֶּן־כּוּשִׁי בֶּן־גְּדַלְיָה

The Bible Knowledge Commentary 18
Zephaniah 서론

서론

제목

'스바냐'라는 이름은 구약성경에서 서로 다른 세 사람에 의해 사용되었는데(본서의 스바냐를 제외하고), '여호와께서 숨으신다', '여호와께서 숨으셨다', '여호와께서 감추셨다'라는 의미다. 이것은 스바냐의 시대에 임박한 환난으로부터 하나님이 자기 백성을 보호하시는 것이거나 혹은 사악한 므낫세의 치리 기간인 스바냐의 어린 시절에 하나님이 그를 보호하신 것을 가리키는 것인지도 모른다(왕하 21:16).

저자

스바냐 1장 1절에 주어진 자료 이외에, 스바냐 선지자에 대해 알려진 것은 별로 없다. 그의 조상은 4세대에 걸쳐 알려졌는데, 선지자들 중에 독특한 경우다. 이는 스바냐가 탁월한 사람이요, 왕가의 사람임을 의미한다. 유다 왕 히스기야의 현손으로서 스바냐는 구약성경에서 가장 높은 사회적 지위를 지녔던 선지자다. 그는 요시야 왕의 먼 친척이었고, 그 시대에도 예언의 말씀을 전했다. 또한 1장 4절에 '그곳에서'라는 말이 사용된 것과 예루살렘에 대해 잘 알고 있었던 것으로 보아

(1:10~11) 스바냐는 예루살렘 사람이었던 것 같다.

연대

1장 1절에 의하면, 스바냐는 요시야 왕의 통치 기간에 사역했다(BC 640~609). 스바냐가 사역한 때가 힐기야에 의한 율법의 발견과 그로 인한 종교적 부흥 시기(BC 622) 이전인지, 이후인지에 대해서는 학자들에 따라 의견이 다르다(참조, 왕하 22~23장; 대하 34장). 아마도 스바냐의 예언은 요시야에 의한 부흥 운동 이후에 있었던 것 같다. 그 이유는 다음과 같다; (1) 바알 숭배에 남아 있는 것을 멸절한다는 말은(1:4) 종교적 각성 운동이 진행되고 있음을 의미한다. (2) BC 622년 훨씬 이후에 예언 활동을 했던 예레미야는 스바냐와 아주 흡사하게 유다의 종교적, 도덕적 상태를 묘사했다(참조, 습 1:5; 렘 8:2; 19:13. 참조, 습 1:5 하; 렘 5:2, 7. 참조, 습 3:4; 렘 8:8~9). (3) 왕자들이 이방인의 옷을 입었다는 사실은(1:8) 그들이 스스로 선택할 만큼 나이를 먹었다는 사실을 암시한다. (4) 스바냐가 자주 율법을 인용한 것은 그가 이미 힐기야에 의해 발견된 자료를 사용하고 있음을 의미한다(참조, 습 1:13; 신 28:30,

39. 참조, 습 1:15; 신 4:11. 참조, 습 1:17; 신 28:29. 참조, 습 2:2; 신 28:15~62). (5) 임박한 심판을 가리키는 스바냐의 메시지는 요시야 치하의 종교적 부흥 운동을 거역했던 사람들에게 적합했을 것이다.

이처럼 그의 예언은 BC 622년의 요시야 부흥 운동보다는 얼마 후에, 그러나 같은 해에 있었던 니느웨의 멸망보다는 이전에 있었다. 스바냐가 가리킨 니느웨는 그때도 여전히 앗수르 제국의 수도로 존재했다(2:13).

배경

정치적으로 유다는 그 당시 강대국 간에 발생한 힘의 공백으로 인해 이득을 취하고 있었다. 그래서 요시야 왕은 그의 영향력을 군사적으로 북쪽 납달리까지 확대시켰다. 그 당시 앗수르는 한때 BC 722년에 사르곤 치하에 북쪽의 10개 부족을 휩쓸어 갔지만, 급속하게 쇠약의 길을 걷고 있었다. 아수르바니팔의 아들 신사르이스쿤(BC 623~612)이 앗수르를 통치하고 있을 때 신바벨론 제국이 BC 626년에 나보폴라사르 치하에 부상하기 시작했다. 또한 메대(Medes)는 BC 625년 시악사레스 치하에 앗수르의 세력에서 벗어났다. 그래서 요시야는 유다에게서 앗수르의 종교적 행사를 제지할 수 있었다. 그 결과 유다는 정치적으로 번성했다. 앗수르 제국의 멸망은 삼틱 1세(BC 664~609) 치하에 애굽이 앗수르와 동맹 관계를 맺음으로 그 멸망이 지연되었지만, 메대와 바벨론 연합군이 BC 612년 앗수르의 수도 니느웨를 함락했다.

요시야의 통치 이전, 므낫세(BC 695~642)와 므낫세의 아들 아몬(BC 642~640)은 패역한 행사를 유다로 끌어들였다. 므낫세는 바알에게 제단을 쌓고, 태양과 달과 별을 숭배했다. 그는 일월성신을 위한 단을 쌓고, 여호와의 전의 마당에 그것을 두고(왕하 21:4~5), 아세라 상을 만들어 성전 안에 두었다(왕하 21:7). 당시는 어린 자녀의 희생 제사와 점성술이 성행했다(왕하 21:6; 23:10~11). 아몬 왕은(그의 이름은 애굽 신의 이름을 본따서 붙여진 것 같다) 살해당하기 전까지 부친의 정책을 지속했다(왕하 21:19~26; 대하 33:21~25).

요시야는 8세에 부친 아몬의 왕위를 이었다. BC 632년, 즉 16세 때 요시야는 그의 조상 다윗의 하나님을 추구하기 시작했다. BC 628년에 요시야는 개혁 운동을 시작했는데, 이때 예루살렘과 유다에서 많은 우상 숭배가 정화되었다. 그 무렵에 예레미야가 그의 사역을 시작했고(BC 627), 유다는 다윗과 솔로몬 치하 때처럼 분열되지 않은 왕국 수립을 꿈꾸며 앗수르로부터의 독립을 향해 움직여 나갔다. 요시야의 통치 18년에 대제사장 힐기야에 의해 율법의 사본이 발견되었다(BC 622, 왕하 22:3~8). 이 일은 유월절 준수를 위한 새로운 열정과 함께 종교적 부흥을 가속화했다(왕하 23:1~25).

하지만 불행하게도 전도가 양양했던 개혁 운동은 이스라엘 백성의 정치적, 종교적 생활에 깊숙이 영향을 미치지 못했기 때문에 피상적이 되고 말았다. 여호와 숭배가 재수립되었지만 우상 숭배가 완전히 제거되지는 않았다. 요시야의 개혁 운동이 여전히 깊은 관심을 얻지 못한 채 계속되었기 때문에 스바냐와 예레미야는 정치적으로 번영하는 백성에게 다가오는 심판을 예언했다.

주제

구약성경의 다른 어떤 책보다 이 예언서에는 '여호와의 날'이라는 표현이 자주 사용되었다. 그러므로 이 책의 주제는 유다의 불순종에 대한 하나님의 임박한 심판이다. 스바냐와 다른 선지자들에게 있어 심판이 의도하는 당연한 결과는 약속을 지키시는 하나님의 긍휼에 의해 진실된 '남은 자들'의 보존이다. 비록 심판은 확실한 것이지만, 하나님이 자기 백성을 보호하시고, 그분의 약속들을 성취하고자 하시는 하나님의 언약은 견고하고 영원하다. 이 책의 주제는 스바냐 1장 7절에 담겨 있다: "주 여호와 앞에서 잠잠할지어다 이는 여호와의 날이 가까웠으므로."

The Bible Knowledge Commentary

개요

Ⅰ. 서론(1:1)

Ⅱ. 여호와의 심판의 날(1:2~3:8)

    A. 온 땅에 대한 심판(1:2~3)
    B. 유다와 예루살렘에 대한 심판(1:4~2:3)
      1. 심판의 대상(1:4~13)
        a. 우상 숭배자들(1:4~7)
        b. 군주들(1:8)
        c. 강포자들(1:9)
        d. 상인들(1:10~11)
        e. 무관심한 자들(1:12~13)
      2. 심판의 묘사(1:14~18)
        a. 임박성(1:14상)
        b. 두려움(1:14하~18)
      3. 심판을 저지시킴(2:1~3)
        a. 백성을 향한 요청: "회개하라"(2:1~2)
        b. 겸손한 자들을 향한 요청: "여호와를 찾으라"(2:3)

  C. 주변 국가들에 대한 심판(2:4~15)

    1. 블레셋(2:4~7)

    2. 모압과 암몬(2:8~11)

    3. 구스(2:12)

    4. 앗수르(2:13~15)

  D. 예루살렘에 대한 심판(3:1~7)

    1. 선지자의 고소(3:1~5)

    2. 여호와의 심판(3:6~7)

  E. 온 땅에 대한 심판(3:8)

Ⅲ. **여호와의 회복의 날(3:9~20)**

  A. 열방의 회복(3:9~10)

  B. 이스라엘의 회복(3:11~20)

    1. 이스라엘의 구속(3:11~13)

    2. 이스라엘의 기쁨(3:14)

    3. 이스라엘의 통치자(3:15~17)

    4. 이스라엘에 대한 보상(3:18~20)

אֵת־הָרְשָׁעִים וְהִכְרַתִּי אֶת־הָאָדָם מֵעַל פְּנֵי הָאֲדָמָה נְאֻם־יְהוָה
בֶּן־אֲמַרְיָה בֶּן־חִזְקִיָּה בִּימֵי יֹאשִׁיָּהוּ בֶן־אָמוֹן מֶלֶךְ יְהוּדָה
דְּבַר־יְהוָה אֲשֶׁר הָיָה אֶל־צְפַנְיָה בֶן־כּוּשִׁי בֶן־גְּדַלְיָה

The Bible Knowledge Commentary 18

Zephaniah
주해

주해

I. 서론(1:1)

1:1 스바냐서의 서론적인 말인 '여호와의 말이 임했다'라는 표현은 호세아서, 요엘서, 미가서와 같은 다른 책들의 서두에서도 사용되었다(NIV에 의하면 미가서의 서두에는 '여호와의 말씀이 주어졌다'라는 표현이 사용되었으나, 여기 언급된 다른 서신서들은 스바냐서와 동일하다). 스바냐에게 임한 하나님의 말씀과 함께 이 서론 부분은 독자로 하여금 메시지의 근원과 전달자에 대해 알려 준다. 비록 전달자는 인간이지만, 그 메시지는 하나님에게서 온 것이며, 하나님의 권위를 지닌 것이다.

스바냐의 가계에 대한 언급은 4세대에 걸쳐 거슬러 올라간다. 대부분의 선지자들은 그들의 부친까지만 거슬러 올라간다(참조, 아밋대의 아들 요나[욘 1:1], 브두엘의 아들 요엘[욜 1:1], 스가랴의 가계는 그의 조부까지 거슬러 올라간다[슥 1:1]). 히스기야를 포함한 그의 혈통에 대한 배려 깊은 기술은 많은 학자로 하여금 스바냐가 왕가의 혈통임을 주장하게 했다(모두가 이 주장을 하는 것은 아니다).

II. 여호와의 심판의 날(1:2~3:8)

스바냐의 예언에는 두 가지 주요한 주제가 있다. 첫째는 하나님의 임박한 진노에 대한 담대한 선포인데, 심각하게 회개를 요청하고 있다. 둘째는 하나님은 심판 중에라도 그분의 언약에 기초한 자비를 잊지 않으시고, 장차 자기 백성을 회복시키신다는 선지자의 위로의 말이다.

서두의 메시지에서 스바냐는 엄숙한 심판의 말을 발했다. 그는 온 땅에 심판을 선언함으로 시작했고(1:2~3), 동일한 주제로 결론을 맺었다(3:8). 중간에 2회에 걸쳐 유다와 예루살렘을 취급했고(1:4~2:3; 3:1~7), 한 번은 주변 나라들을 취급했다(2:4~15). 이것은 흥미 있는 내용 전개 방법이다(a, b, c, b′, a′). 도식은 다음과 같다.

    a 온 땅에 대한 심판(1:2~3)
      b 유다와 예루살렘에 대한 심판(1:4~2:3)
        c 주변 국가들에 대한 심판(2:4~15)
      b′ 예루살렘에 대한 심판(3:1~7)

a′ 온 땅에 대한 심판(3:8)

A. 온 땅에 대한 심판(1:2~3)

1:2~3 스바냐는 두려움에 휩싸인 채 갑작스럽게 여호와의 우주적인 심판을 선포했다. 이사야도 하나님의 세계적인 심판을 기록했다(사 24:1~6, 19~23). 2절에서 스바냐는 심판에 관해 일반적인 선포를 기록한 후 3절에서 심판의 구체적인 내용을 언급했다. 하나님은 심판을 가져오실 것인데, 그 심판을 통해 모든 것을 쓸어 가실 것이다. '쓸어 간다'라는 말은(2~3절에서 3회나 사용되었다. 개역개정에는 '진멸하다'로 번역됨) '모아서 치워 버리고, 제거하고, 멸망시킨다'라는 뜻이다.

온 땅에 대한 임박한 심판은 땅 위(사람과 짐승), 공중(새), 바다(고기)에 임할 것이다. 흥미롭게도 이 4가지 생물들은 창조의 순서에서 역행한다. 창조는 어류(창 1:20상), 조류(창 1:20하), 동물과 야생동물들(창 1:24), 그리고 인간(창 1:26) 순으로 이루어졌다. 그래서 스바냐가 본 멸망은 창조의 역순이다. 하나님이 인간을 끊어 버리실 때(1:4; 3:6) 지상에 남아 있는 것은 과거 한때 번성했던 것들의 파멸(쓰레기 더미)일 뿐이다. 스바냐가 남은 자만이 구원을 얻으리라고 나중에 기록했기 때문에(3:9~13), 여기에 언급된 우주적인 인간의 파멸은 사악한 자들에게만 해당될 것이다. 예레미야도 이 점을 분명히 예언했다(렘 25:31~33).

B. 유다와 예루살렘에 대한 심판(1:4~2:3)

광범위한 의미로 임박한 심판을 선포한 후에, 스바냐는 유다와 예루살렘에 그 범위를 집중시켰다. 구약성경은 종종 일반적으로 언급한 후에 구체적인 사상을 기술한다(참조, 창 1:1, 2~31).

이 부분은(1:4~2:3) 유다의 사악한 백성이 BC 586년에 바벨론이 예루살렘을 침공할 때 멸망될 것을 분명히 언급한다. 그런데 어떻게 바로 그때에 세계적인 심판을 기록할 수 있는가?(1:2~3) 어떻게 그는 그렇게도 신속하게 BC 586년 유다의 멸망으로부터 '여호와의 날'을 언급할 수 있었는가?(1:14) '여호와의 날'은 BC 586년에 있을 멸망과 수 세기의 시차를 둔 먼 미래의 사건이 아닌가? 바벨론이 유다를 정복했을 때의 심판은 세계적인 것이 아니었다. 그렇다면 이 두 가지 사건은 어떻게 서로 연관되는가?

한 가지 흔한 대답은 모든 하나님의 심판은 '여호와의 날'로 불릴 수 있다는 것이다. 또 다른 대답은(1:2~3; 3:8) 세계적인 심판을 언급한 것이 아니라, 바벨론의 침공이 과장법으로 표현되었다는 것이다. 아마 가장 그럴듯한 대답은 스바냐가 유다의 멸망과 세계적인 심판을 한 가지 중대한 사건, 즉 '여호와의 큰 날'의 두 부분으로 보았다는 것이다(1:14). 스바냐가 속한 백성의 멸망은 너무나도 처절해서 마치 하나님의 진노의 날에 세상의 모든 사악한 사람에게 임한 것처럼 보였을 것이다(1:15; 2:2). 이후에도 스바냐는 열방과(3:6) 전 세계에 대한 하나님의 심판을(3:8) 하나님의 유다 심판과 연관시켰다. 바벨론이 유다를 멸망시킨 것은 자기 백성을 향한 하나님의 진노의 역사에서 하나의 단계인 것이다.

'여호와의 날'은 다른 선지자들에 의해서도 여러 차례 언급되었다(사 2:12; 13:6, 9; 렘 46:10; 겔 13:5; 30:3; 욜 1:15; 2:1, 11, 31; 3:14; 암 5:18, 20; 옵 1:15; 슥 14:1; 말 4:5). 이 구절들과 그 전후에서 '여호와의 날'은 세계적인 심판과 서로 연관되어 있다(참조, 사 24장).

1. 심판의 대상(1:4~13)

a. 우상 숭배자들(1:4~7)

1:4 선지자는 그의 청종자들에게 여호와께서 심판과 진노로 그분의 손을 펴서 남 유다 왕국과 그 수도 예루살렘을 멸절하시고자 함을 선언했다(참조, 2:13). 바알 숭배의 모든 국면이 제거될 것이다. 바알은 가나안 지방의 풍요의 신으로, 이스라엘의 많은 사람이 사사 시대와(삿 2:13) 아합 시대에 숭배했던 신이다(왕상 16:32). 바알 숭배에는 지독한 성의 향연이 포함되었다. 유다의 못된 왕 므낫세는 바알 제단을 세웠으나(대하 33:3, 7), 그의 손자 요시야는 그것들을 파괴했다(대하 34:4). 그러나 BC 622년에 있었던 요시야의 종교 개혁은 지속적인 효력을 지니지 못했고, 또다시 바알 숭배가 계속되었다(참조, 렘 19:5; 32:35). 그러나 스바냐는 하나님이 이방 신 숭배의 모든 흔적을 제거하실 때가 찾아오리라고 기록했다.

스바냐는 두 부류의 제사장들에 대해 언급했다. 한 부류는 유다의 왕들에 의해 임명된 레위 지파가 아닌 이교적 제사장들이다(참조, 왕하

23:5과 호 10:5의 우상 숭배하는 '제사장'들과 동일한 단어다). '이교적 제사장'(pagan priest)을 가리키는 히브리어는 케마림(כְּמָרִים, 개역개정에는 '그마림'으로 번역됨)으로, '우상의 제사장', 즉 우상 앞에 엎드려 있는 제사장을 가리킨다. 또 다른 부류는 우상 숭배하는 레위 지파의 제사장으로서, 참되신 하나님을 경배하는 데서 돌이켜 미신적 신으로 돌아간 자들을 가리킨다.

1:5~6 스바냐는 하나님이 거짓 제사장들을 제거하실 것을 말한 다음에, 3가지 형태의 우상 숭배를 지적했는데, 이들에 대해 각기 '…하는 자들'이라는 표현을 사용했다.

첫째, 평평한 지붕에서 하늘의 뭇별에게 경배하는 자들, 즉 일월성신을 숭배하는 자들을 지적했는데, 그들은 그런 행위를 통해서 자연의 능력을 구비한다고 믿었다(참조, 렘 19:13; 2:29). 태양, 달, 별들은 신성을 가진 것으로 여겨졌다. 하나님은 분명히 그런 행위를 경고하셨지만(신 4:19), 므낫세는 이 패역한 행위를 주도했다(참조, 왕하 21:3, 5; 23:4~5).

둘째, 스바냐는 여호와 숭배와 몰렉 숭배를 결합시키려는 자들, 즉 종교적 혼합주의자들을 언급했다. 몰렉은 사해 동쪽의 백성(참조, 2:8~9), 즉 암몬 족속의 주신(主神)이었다. 스바냐와 동시대의 선지자였던 예레미야는 유대인들이 몰렉에게 자녀들을 희생 제물로 바치고 있음을 한탄했다(렘 32:35. 참조, 왕하 16:3; 21:6). 히브리어 '말감'(5절)은 '몰렉'의 변형된 철자다. 우상 신의 이름으로 맹세하는 것은 만일 맹세자가 맹세 수행에 실패할 경우 그 신에 의해 형벌이 가해질 것을 전제로 한다.

셋째, 스바냐는 참되신 하나님을 섬기는 일에 종교적으로 무관심하거나 마음을 쏟지 않는 사람들에 대해서 경고했다. 그들은 다른 신을 섬기지 않지만, 하나님에 대해 무관심한 자들이다.

1:7 유다 내에 존재했던 3가지 형태의 우상 숭배(명백한 이교 행위, 혼합주의, 종교적 무관심)를 인용한 후에, 스바냐는 '여호와의 날'이 임박했으므로 모든 자에게 하나님 앞에 잠잠할 것을 요구했다(참조, 합 2:20). 이것은 '여호와의 날'을 가리키는 유사한 말(모두 19회 사용되었다) 중에서 처음 나타난 말이다(참조, 1:4~2:3; 1:14의 주해).

그와 같은 임박한 심판은 두려움과 침묵을 불러일으키는 것이 당연하다. 이제 유일하신 하나님 여호와께서 행하시기에 더 이상 바알을 찾지도 않고, 일월성신을 부르지도 않으며, 몰렉의 이름으로 맹세하지도 않을 것이다. 사실 하나님은 유다를 희생 제물로써 준비하셨다. 이 말은 많은 희생 동물이 먹히기 위해 준비된 것처럼, 하나님이 유다를 살륙을 위해 준비하셨다는 뜻이다(사 34:6; 렘 46:10). 초청된 손님들, 즉 바벨론은 하나님의 선택된 도구로서(렘 10:25; 합 1:6) 희생 제물을 잡아먹도록 부름 받았다. 그들은 하나님의 선택된 나라를 심판할 하나님의 대리인으로 따로 분별된 자들이다.

b. 군주들(1:8)

1:8 우상 숭배자들에 이어서(1:4~7), 유대의 왕족들도 하나님의 멸시의 대상이 되었다. 그들은 왕족들(궁정의 관리들. 참조, 렘 36:12; 호 8:4), 요시야의 아들들, 그리고 귀족들로서, 니느웨와 바벨론으로부터

들어온 최신 유행의 옷을 입음으로 그들의 불순종을 드러냈다. 겉으로 외국의 옷을 입는 행위는 그들이 외국의 가치와 관습을 내적으로 받아들이고 있음을 의미했다.

요시야의 아들들은 현저히 징벌을 받았다. 그의 아들 여호아하스는 유다를 단지 3개월 동안 통치한 후 애굽의 느고 2세 왕에 의해 사로잡혀 애굽으로 끌려갔다(왕하 23:31~34). 요시야의 못된 아들 여호야김은 11년 동안의 통치 끝에(왕하 23:36) 느부갓네살에 의해 패망했다(왕하 24:1~2). 여호야김의 아들 여호야긴은 BC 597년에 겨우 3개월을 통치하고 바벨론 포로로 잡혀 갔다(왕하 24:8~16). 그러고 나서 11년 후 유다의 마지막 왕 시드기야는 요시야의 또 다른 아들로서, 느부갓네살에 의해 두 눈이 뽑힘을 당하고 바벨론으로 끌려갔다(왕하 24:18~25:7).

c. 강포자들(1:9)

1:9 하나님은 우상 숭배자들(1:4~6)과 죄악된 정치 지도자들(1:8)을 징계하실 뿐 아니라, 물질적인 유익을 위해서 착취하는 자들도 형벌하겠다고 말씀하셨다. '문턱 밟기를 피하는 자들'(All who avoid stepping on the threshold, NIV, 개역개정에는 '문턱을 뛰어넘어서'로 번역됨)은 문턱을 밟지 않는 블레셋 사람들의 미신을 좇는 자들을 가리키거나(삼상 5:5), 또는 약탈과 도둑질을 위해 타인의 집으로 뛰어넘는 사람들을 가리키는 것으로 보인다. 이 구절은 '포악'(violence)와 '거짓'(deceit)이라는 말과 쌍을 이루고 있다. 그렇게 훔쳐서 얻은 것은 신성한 예배의 대상으로서 이교의 신들에게 헌납되었다. 이교의 종교 지도자들이 그런 포악과 약탈을 묵인했다는 것이 이상스럽다.

d. 상인들(1:10~11)

1:10 하나님의 심판이 유대 사회의 모든 부문에 임할 것을 강조하기 위해, 스바냐는 예루살렘의 모든 지역에 부르짖는 소리가 일어날 것을 지적했다(참조, 1:4, '예루살렘의 모든 주민들'). 북편에 위치했던 어문(The Fish Gate)은 느부갓네살이 예루살렘으로 들어온 문이었다. 어시장으로부터 가까웠기 때문에 붙여진 이름이었다. 신구역(the New Quarter, NIV, 개역개정에는 '제 이 구역'으로 번역됨)은 성전 지역의 북서쪽에 위치해 있었다. '작은 산들'이 어디를 의미하는지는 분명하지 않다. 예루살렘 전체를 가리키든지, 예루살렘이 서 있는 작은 산들을 가리키든지, 그 성의 낮은 지역을 감싸고 있는 작은 산들을 가리킬 수도 있다(참조, 렘 31:39). 부르짖는 소리나 무너지는 소리는 느부갓네살이 그 성읍을 약탈해 나갈 때 인명의 살상으로 생기는 소리로, 이 지역으로부터 높은 지역으로 퍼져 나가는 소리일 것이다.

1:11 그리고 나서 스바냐는 그 성읍에서 한 지역을 지적하고(시장 지역), 그곳에 사는 사람들에게 상인들이(all your merchants, NIV, 개역개정에는 '가나안 백성'으로 번역됨) 패망(문자적으로, '침묵하게 됨')을 당하므로 슬피 울리라고 말했다. 남북을 가로지르고 성읍을 동서로 나누는 티로피안 계곡(Tyropean Valley)에서 상인들은 은을 교역하고, 고리대금으로 부유해졌다. 그들은 다른 사람들을 착취했기 때문에 하나님이 그들을 심판하시고, 그들은 끊어질 것이다(문자적으로, '잘려지다', '죽임을 당하다'라는 뜻. 참조, 1:3~4).

e. 무관심한 자들(1:12~13)

1:12 스바냐는 여호와께서 예루살렘을 광범위하게 부지런히 찾아서 아무도 형벌에서 면제되지 못하게 하실 것임을 선포했다. 요세푸스가 후기의 침략에 대해 기술한 바에 의하면, 그 성읍의 귀족들은 죽음을 두려워해 숨었던 하수도로부터 문자 그대로 질질 끌려 냄을 당했다고 한다. 아마 이와 비슷한 일이 바벨론이 예루살렘을 침범했을 때 일어났을 것이다.

포도주 찌꺼기의 비유는(Wine left on its dregs, 개역개정에는 '찌꺼기 같이 가라앉아서'로 의역됨) 온 나라가 영적으로 오염되었음을 암시하고 있다. 오랫동안 발효된 포도주는 두꺼운 껍질이 생기고, 포도주 액이 끈적끈적해지고, 시고, 맛이 없어진다. 매일매일의 오염에서 찌꺼기를 제거하는 대신, 유다는 하나님에 대해 강퍅해지고 무관심해졌다.

그들의 타락은 너무도 깊어서 백성은 여호와께서 그들의 우상보다도 못하시다고 믿고 있었다. 이상의 우상 숭배자들은 그들의 수많은 우상에게 불의를 심판하고, 의를 변호하는 권세를 부여했다. 그러나 그 당시 유대인들은 여호와에 대한 생각이 너무도 잘못되어 있어서, 여호와께서는 약속을 지키지도 못하시고, 심판을 행하지도 못하신다고 믿고 있었다. 하나님은 선악 간에 어떤 일도 하실 수 없다고 믿고 있었다. 그들 자신의 영적인 자기 만족은 여호와까지도 그들에게 만족하고 계신다고 생각하기에 이르렀다.

1:13 심판은 하나님의 권세와 뜻 안에 들어 있기 때문에, 여호와께서는 유대인이 생각하는 것처럼 그렇게 허약하거나 무관심하시지 않음을

스바냐는 언급했다. 3개 부분으로 구성된 구절에서 스바냐는 먼저 하나님이 유대인의 대적들로 하여금 유대인의 재물을 약탈하고 집을 파괴하도록 시키실 것임을 언급했다. 이것은 하나님이 예언하신 그대로였다(신 28:30). 그들의 돈과 거처를 날려 보내고 나면, 이제 그들은 육체적 안전을 잃어버리게 될 것이다. 그리고 재차 하나님이 집을 다시 세우고, 포도원을 다시 가꾸는 그들의 노력이 헛되게 하실 것임을 말했다. 그들은 집이나 포도원을 즐길 만큼 오래 살지 못할 것이다.

2. 심판의 묘사(1:14~18)

하나님의 진노의 대상을 묘사함으로 유다 땅에 임박한 심판을 담대히 선언한 후, 스바냐는 심판의 황폐성을 묘사했다.

a. 임박성(1:14상)

1:14상 자기 만족에 빠진 백성이 그 위험성을 깨닫게 하고 나서, 선지자는 1장 7절에서 언급한 주제인 '여호와의 큰 날'로 돌아갔다. 히브리 본문의 처음에 나온 동사는 '가까이 있음'을 강조하는 말이다(7절에서도 사용된 '가깝다'라는 말은 강조 형태로 쓰인 것이다). 하나님의 두려운 진노가 그 백성에게 신속하게 임할 것이다. 스바냐서는 BC 622년 바로 직후, 즉 요시야의 부분적 개혁이 있었던 해에 기록된 것이므로, '여호와의 날'은 사실 임박한 때였다.

요시야의 개혁으로부터 17년 후인 BC 605년 여호야김 치하의 유다는 바벨론의 예속국이 되었고, 유다의 뛰어난 청년들이 무수히 바벨론으로 이주되었다. 여호야김과 동일하게 사악했던 후계자 여호야긴의 통치 때 예루살렘은 다시 느부갓네살의 포위를 당했고(BC 597), 약 1만 명의 유대인이 포로로 끌려갔다. 시드기야 때에 그 성은 오랫동안 느부갓네살의 포위 공격을 받아, 마침내 BC 586년 여름에 파멸되었다(이 사건과 '여호와의 날'의 관계에 대해서는 "유다와 예루살렘에 대한 심판" [1:4~2:3]의 주해 참조).

b. 두려움(1:14하~18)

스바냐는 14절 하~16절에서 두려운 심판 날의 신체적 특징을 묘사하고, 17~18절에서 그 심판의 개인적인 충격을 묘사했다.

1:14하~16 선지자는 백성에게 자기 말을 경청할 것을 요청했는데, 그 이유는 바벨론의 두려운 날이 그들로 하여금 고통 속에 울부짖게 하며, 유대의 용사라도 두려움과 공포 속에 후퇴할 것이기 때문이다. 죄인들을 향한 전능하신 하나님의 진노는 '환난', '고통', '황폐', '어둠', '구름', '흑암' 등과 같은 말로 묘사되었다(참조, 1:18; 2:2~3; 3:8). 바벨론의 군인들이 예루살렘을 침범했을 때 예루살렘의 주민들은 환란과 고통에 빠졌다. 그들의 집은 파괴되었고, 하늘은 불타는 건물에서 뿜어져 나오는 연기로 자욱했다. 바벨론의 군마들은 정복하고, 죽이고, 약탈하기 위해 돌진할 때 나팔을 불고, 고함을 치며, 예루살렘과 유다의 견고한 성읍들을 쳤다. 공격해 오는 대적들을 막아 내는 방비처가 되었던 모퉁이의 망대에 있던 병사들은 어찌할 바를 알지 못했다.

1:17 하나님의 심판은 너무나 중대해서, 고난 중에 있는 유대인들은 돕는 이 없는 맹인처럼 방황하며(참조, 신 28:28~29), 어디서도 안전한 장소를 찾지 못할 것이라고 스바냐는 말했다. 그런 고난은 하나님이 비인격적이고 잔인하셔서가 아니라, 그들이 하나님을 대항해서 범죄한 데 대한 보응이었다. 유다의 주민들은 잔인하게 죽임을 당하고, 그들이 쏟은 피는 넘쳐 흘러 마치 거리 위의 티끌 같을 것이다. 그들의 몸뚱이는 잔인하게 유린되고, 그들의 내장은 분토처럼 쌓일 것이다.

1:18 그들은 구원의 희망이 없다. 그들의 재물(은과 금)도 그들의 공격자를 물리칠 수 없을 것이다(참조, 겔 7:19). 그리고 나서 스바냐는 우주적 심판이라는 주제로 돌아갔다(참조, 1:2~3). 온 세계가 파괴되고, 모든 주민이 순식간에 하나님의 진노에 처하게 될 것이다. 이 모든 것은 하나님의 백성은 하나님을 따라야 한다는 하나님의 질투와 열심과 관심으로부터 나오는 것이지, 우상에게서 나오는 것이 아니다.

3. 심판을 저지시킴(2:1~3)

유다에게 임할 하나님의 두려운 심판의 날을 묘사한 후에, 스바냐는 마침내 그의 독자들을 그가 목적하는 곳에 이르게 한다. 그의 목적은 백성을 절망에 이르게 하는 것이 아니라, 회개와 순종에 이르게 하는 것이었다. 매튜 헨리(Matthew Henry)가 적절하게 언급했듯이, 스바냐의 의도는 백성이 두려움을 느끼고 당황하게 만드는 것이 아니라, 두려움을 느껴 죄에서 떠나게 하려는 것이었다(not to frighten them out of their wits, but to frighten them out of their sins, 요약 주석, p. 1168).

a. 백성을 향한 요청: "회개하라"(2:1~2)

2:1 스바냐는 백성을 촉구해 "모일지어다"라고 요청했는데, 아마 전 국가적으로 회개하기 위해 모이라고 한 것 같다. 이 명령을 반복한 이유는 그의 호소의 절박성을 강조한 것이다. '수치스러운 백성아'(O shameful nation, NIV)는 문자적으로 '수치를 모르는 백성아'라는 뜻이다 ('수치스럽다'라는 말은 카삽[כָּסַף]에서 유래한 니크삽[נִכְסָף]이라는 말로, '부끄러움으로 창백하다'라는 뜻이다. 관련된 말로서 케셉[כֶּסֶף]은 1:11, 18에 언급된 창백한 색깔의 금속인 '은'을 가리킨다). 유다는 자신들의 죄 때문에 수치를 알지 못했다(참조, 3:5). 그들의 얼굴은 당황함으로 붉어지거나, 희어지거나, 창백해지지 않았다. 죄가 죄에 대한 감각을 둔하게 만들었다(참조, 1:12).

2:2 선지자의 요청이 얼마나 절실한지 여기서도 볼 수 있다. '…하기 전'(before)이라는 말로 소개된 세 구절이 그 점을 강조한다. 만일 이 나라가 회개하지 않으면 너무 늦을 것이다. 니느웨 백성처럼 즉시 회개하면, 유다 백성은 임박한 심판을 피할 수 있을 것이다. '날이 겨같이 지나가기 전'이라는 말은 세 구절을 강조하기 위한 괄호로서의 기능을 한다. 가벼운 겨가 강풍에 흩날리듯이, 하나님의 진노의 날이 신속하게 다가오고 있기 때문에, 즉각적인 회개가 요구되었다.

'진노'(anger)와 '분노'(wrath)라는 말은 동일한 히브리어 아프(אַף)를 번역한 것이다(문자적으로 '콧구멍'으로, 숨을 거세게 몰아쉴 때 나타나는 분노가 표현되어 있다). '맹렬한'(하론[חֲרוֹן], 개역개정에 '여호와의 진노'로 번역된 것이 NIV에는 '여호와의 맹렬한 진노'[fierce anger of the

Lord]로 되어 있음)이라는 말은 '불타다', '타오르다'를 의미하는 하라 (הָרָה)에서 유래했다(3:8에는 '진노'로 번역되었다).

b. 겸손한 자들을 향한 요청: "여호와를 찾으라"(2:3)

2:3 이미 여호와를 아는 자들에게는(겸손한 순종으로 증명되고 있다) 하나님과의 동행을 계속 견고히 할 것을 촉구했다. 그들은 3가지를 구하도록 당부를 받았다. 그것은 여호와, 공의, 그리고 겸손이다(참조, 3:12). 마지막 두 가지는 여호와를 따름으로 생겨나는 것이다. 남은 자들이 여호와를 구하면 그들은 숨김을 얻을 것이다(문자적으로, '숨겨진', '감춰진'이라는 말은 사타르[שָׂתַר]에서 유래했는데, 이 말은 차판[צָפַן]과 동의어다. 여기서 스바냐라는 이름이 유래했다). 그들은 임박한 하나님의 진노로부터 숨김을 얻을 것이다. 바벨론 침공 시 많은 사람이 죽었지만, 어떤 사람들은 목숨을 구하고 바벨론으로 이주했다(왕하 24:14~16). 하나님은 그분의 남은 자들을 숨기시고 보호하신다.

C. 주변 국가들에 대한 심판(2:4~15)

스바냐는 유다를 경고하는 데서 돌이켜 동일하게 우상 숭배하는 주변 국가들에게 예언했다. 하나님은 모든 민족의 하나님이시며, 유다 백성으로 실족하게 하는 국가들은 하나님의 맹렬한 진노를 피하지 못할 것이다. 그분은 유다를 질책하실 것이며, 반드시 다른 민족들의 죄도

간과하지 않으실 것이다. 스바냐는 유다의 서쪽에 있는 블레셋에서 시작해(4~7절), 동쪽의 모압과 암몬으로 향했으며(8~11절), 남쪽의 구스(12절), 북쪽의 앗수르로 향했다(13~15절).

1. 블레셋(2:4~7)

2:4 스바냐는 남쪽에서 시작해 북쪽으로 블레셋의 5개 주요 도시들 중에서 4개 성읍들(가사, 아스글론, 아스돗, 에그론)의 멸망을 예언했다. 가드가 제외된 이유는 불분명하다. 그러나 대부분의 학자들은 그 도시가 웃시야가 황폐하게 한 후에 회복되지 못했다고 추측한다(대하 26:6). 또는 5개 도시가 아니라 4개 도시가 언급된 것은 그 구절의 구조와 대칭을 이루기 위함이라고 추측하기도 한다(암 1:6~8에도 가드가 제외되었다).

우연히도 '가사'와 '내버렸다'라는 히브리어는 발음이 비슷하고, '에그론'과 '황폐하게 하다'라는 말도 유사하다. 아스돗은 대낮에 멸망될 것이다. 그때는 침략에 대한 대비책 없이 많은 백성이 먹고 쉴 때다.

2:5 그렛 족속의 정체는 불분명하다. 그 말은 문자적으로 '그레탄의 백성'(nation of Cretans)으로, 동쪽으로 이주해서 지중해 해변의 평지에 정착한 일부의 크레테인을 가리킨다(그렛 족속은 삼상 30:14; 삼하 8:18; 20:23; 대상 18:17; 겔 25:16에서도 언급되었다). 예레미야 47장 4절과 아모스 9장 7절의 '갑돌'은 크레테의 또 다른 이름이다. 여기서 '가나안'이라는 이름도 해변의 평지를 가리킨다.

여호와의 선언은 그것이 확실한 만큼 공포스럽다. 완전한 멸망이 다가오고 있었다! 블레셋의 해변에 사는 어떤 주민도 살아남지 못할 것이다. 그 멸망은 애굽 왕 느고 2세(Neco Ⅱ, BC 609~594, 삼틱 1세의 후계자)가 바벨론에 대비해 유프라테스 서쪽 땅을 확보하기 위해 정벌하러 나갔을 때 일차적으로 이루어졌다(렘 47장).

2:6~7 스바냐는 그렛 족속이 거하던 땅, 해변의 블레셋 땅은 그 백성이 쫓겨나고 양 떼의 초장이 될 것이라고 기록했다. 사실은 하나님이 심판으로부터 건져 내신 유다의 남은 자들이 그 땅을 점령하게 될 것이다(2:3). 분노의 날에 살아남은 자들은 양을 치는 목자가 되며, 한때 원수들이 점령했던 땅을 다시 차지하고, 그 땅에서 존속될 것이다. 하나님의 '남은 자'에 대한 은혜로운 배려에 대한 설명이 7절 마지막 문장에 들어 있다. '남은 자'는 자기 백성을 돌보시고 회복시키시는 '그들의 하나님 여호와'의 사랑과 섭리적 배려의 대상이다. 장차 유다가 이 땅을 차지하리라는 것은 아브라함의 계약에 의해 보증되었다(창 15:18~20).

2. 모압과 암몬(2:8~11)

2:8 스바냐는 서쪽의 블레셋으로부터 동쪽의 두 족속, 모압과 암몬으로 향했는데, 이들은 롯의 딸들에게서 유래했기에(창 19:30~38) 유다의 혈족이라 말할 수 있다. 이 족속들의 죄는 하나님의 선택된 백성을 향해 비방하고 조롱하는 등 입술로 대적한 것이었다(참조, 2:10). 이 족속들은 지속적으로 이스라엘의 대적이 되었다. 모압의 왕 발락은 발람의 저주를 빌려 이스라엘을 파멸시키려 했다(민 22장). 그로 인해 하나님은 모압의 멸망을 예언하셨다(민 24:17). 사사 시대에 모압과 암몬은

반복적으로 이스라엘을 전복시키려고 시도했다(삿 3:12~14; 10:7~9; 11:4~6). 사울과 다윗은 암몬 족속을 패퇴시켰고(삼상 11:1~11; 삼하 10:1~14), 여호람과 여호사밧은 반역하는 모압 족속을 격파했다(왕하 3장). 다른 선지자들도 모압과 암몬 족속들이 교만하게 유다의 외곽 지대를 침범하고, 그들의 유대인 친족들을 멸시했다고 기록했다(참조, 사 16:6; 25:10~11; 렘 48:29~30; 겔 25:1~3, 6; 암 1:13).

2:9 하나님의 심판의 이유를 뒤따라(2:8) 하나님의 징계가 선언되었고, 2회 반복된 '정녕'(surely, NIV, 개역개정에는 번역되지 않음)이라는 단어에 의해 확인되었다. 전능하신 하나님이 이 교만한 압제자들이 옛날 롯의 시대의 주요 도시였던 소돔과 고모라처럼 파괴되리라고 엄숙히 선언하셨다(창 19:23~29).

이 비유가 의미하는 것은 그 나라들이 철저히 멸망되리라는 것이다. 그들은 그 땅을 빼앗기고, 그 땅은 너무 황폐해져서 찔레가 나며, 소금 구덩이가 될 것이다(렘 48:9). 황폐한 광야가 되어 그 땅은 더 이상 소출을 거둘 수 없을 것이다. 사해 근처에 위치해 있기에 모압과 암몬의 많은 땅에 염분이 있어 황폐한 땅이라 하지만, 2장 8~10절의 최종적 완성은 11절 말씀에 비추어 보아 미래적인 것이다.

스바냐는 모압과 암몬 족속들이 유대인에 의해 노예가 되고 유대의 남은 자들('내 백성의 남은 자들', '나의 남은 백성')이 그 지역을 점령할 것임을 첨언했다(참조, 사 11:14).

2:10~11 스바냐는 9절에 묘사된 심판의 이유들을 반복했다. 모압과 암몬의 죄는 그들의 교만이었다(참조, 사 16:6; 렘 48:29). 그 증거로서

그들이 하나님의 백성을 모욕하고 조롱한 것을 들 수 있다(참조, 2:8; 겔 25:5~6, 8). 하나님은 또다시 그들의 죄목을 나열하신 후 심판을 선언하셨다(참조, 2:8~9). 여호와께서는 그들을 심판하시고, 그분의 능력과 뜻을 따라 그들의 모든 우상을 파괴하실 것이다.

그리고 나서 스바냐는 장차 이루어질 또 다른 사실을 언급했다. 천년왕국의 때에 모든 나라의 백성이 자기 땅에서 참되신 하나님을 경배할 것이다(참조, 말 1:11). 그리스도께서 지상의 왕으로 통치하실 때 모든 우상 숭배가 제거되고 세계적으로 하나님을 섬기게 될 것이다.

이 부분에서(2:8~11) 선지자는 3가지로 구분해서 그의 메시지를 반복했다. 첫째는 심판의 이유(2:8, 10), 둘째는 심판의 성격(2:9상, 11상), 셋째는 궁극적 축복의 부여(2:9하, 11하)다.

3. 구스(2:12)

2:12 구스족, 또는 에티오피아인은 함의 자손, 구스의 후예들이다(창 10:6; 대상 1:8). 이 족속은 나일 강의 고원지대(지금의 이집트 남쪽, 수단, 북부 에티오피아)에 거주하는 백성으로, 유다에는 '남단의 사람들'로 알려져 있다. 그들에 대한 스바냐의 언급은 극히 간단하다. 말썽 많은 에돔 족속들보다는 그들을 지적해 말한 것은 하나님의 섭리의 영역을 그 당시 알려진 최극단 지역까지 확대시키려는 것이라 사료되기도 한다.

구스의 왕들은 BC 670년에 앗수르 왕 에살핫돈(Esarhaddon)에 의해 패하기까지 애굽을 지배했다. 유다의 아사 왕은 유다를 위협했던 세라(Zerah) 휘하의 구스의 대원정대를 격파시켰다(대하 14:9~13). 구스 족속을 향한 여호와의 심판은 다른 이스라엘의 대적들처럼, 전쟁 중에 죽임을 당하는 것이었다. 이 예언의 성취는 BC 586년에 느부갓네살 치하의 바벨론에 의해서 부분적으로 이루어졌다(참조, 겔 30:4~5, 9). 바벨론은 하나님의 도구였기 때문에, 하나님은 공격자들의 칼을 '내 칼'이라고 부르셨다.

4. 앗수르(2:13~15)

2:13 비록 앗수르는 유다로부터 멀리 떨어진 북동쪽에 위치했지만, 스바냐는 그들이 북쪽에서 오는 것으로 묘사했다. 그 이유는 그 지역에서 밀려온 침략자들이 비옥한 서쪽의 반월형 지역으로 갔다가, 거기서 남쪽으로 향했기 때문이다. 스바냐는 여호와께서 앗수르를 파괴하시고, 앗수르의 수도이자 그 당시 난공불락의 요새로 알려진 니느웨를 폐허로 만드실 것이라고 예언했다.

이 나라는 BC 722년에 북 왕국 이스라엘을 멸망시켰던 나라다. 앗수르는 그들의 포로들에 대한 무자비한 포악 행위로 인해 몹시 두려운 대상이 되었던 나라다. 바벨론과 메대의 연합군이 BC 612년에 니느웨를 멸망시켰고, 앗수르의 왕 신살이쉬쿤(Sin-sharishkun)은 그 도시를 방비하다가 죽었다. 앗수르의 남은 자들은 새로운 왕 아수르우발리트(Ashur-ubllit) 2세 때 그 도시의 몰락을 피해 달아났다. 비록 애굽 왕 느고 2세와의 연합군에 의해 지원을 받았지만, 앗수르 제국은 BC 609년에 전멸되었다. 스바냐의 예언이 성취된 것이다(니느웨 함락에 대한 또 다른 예언적 묘사는 나훔 3장에 기록되어 있다).

니느웨가 사막처럼 메마를 것이라는 스바냐의 예언은 적절하다고 할 수 있다. 그 이유는 그 도시에는 수많은 관개용 운하가 있었기 때문이다. 나훔의 예언도 똑같이 적절하다(나 1:8; 2:6, 8).

2:14 앗수르의 멸망에 대한 사실을 언급한 후에(2:13), 스바냐는 그 나라의 철저한 멸망의 성격을 자세히 기술했다. '각종 짐승의 떼'는 들짐승의 떼를 가리키는 것으로(2:15), 광범위한 식물을 요구하는, 길들여지지 않은 짐승들을 말한다. 선지자는 짐승들이 그 성읍에 거하게 되고, 소란한 도시의 소음이 짐승들과 새 떼의 소리로 대치된다고 말했다. 당아(부엉이)는 기둥 꼭대기를 점령하고, 사람이 살지 않는 건물의 창에서 소름 끼치는 소리를 낼 것이다. 집들의 문턱은 적막해 고슴도치만 거기에 누울 것이다. 백향목 기둥은 정교한 벽과 천장을 장식하고 있었지만, 군사들이 집을 수색하는 동안 껍질이 벗겨질 것이다. 이곳에 드러난 표현들은 사람이 살지 않는 파멸과 폐허의 모습을 묘사하고 있다.

2:15 니느웨가 겉으로 보기에는 매우 안전한 것 같지만, 그 성읍이 부끄러움에 처할 것이라고 스바냐가 반복해서 언급했기 때문에 그 멸망은 피할 수 없을 것이다. 성읍의 견고함 때문에 그 왕은 교만했다(사 10:12). 그 주민들은 완전한 안전 속에 살았기 때문에, 니느웨는 근심없는 도시로 알려져 있었다.

그 도시는 무척 광대해서 교외 지대가 60마일(약 100km)에 미쳤고, 인구는 적어도 12만에 달했다(참조, 욘 3:3; 4:11). 외곽 지대에 성벽이 있었을 뿐 아니라, 8마일(약 13km)에 걸쳐 내벽이 있었는데, 그 두께가 50피트(약 15m), 높이가 100피트(약 30m)에 달했다. 두 성벽 사이에는 충분한 농경지가 있어서 많은 인구를 먹여 살릴 수 있었다. 니느웨가 자랑한 데는 이유가 있었다: "나 외에는 다른 이가 없다." 거의 200년에 걸쳐, 그 도시는 당시 어떤 도시에 비할 수 없는 뛰어난 능력을 지니고 있었다.

BC 614년에 시작된 외곽 성벽에 대한 메대인과 바벨론 사람들의 공격은 처음에는 니느웨 사람들에 의해 방비가 되었지만, 공격자들의 꾀와 공격을 받는 니느웨의 부주의와 자연의 재난이 겹쳐 마침내는 침략자들의 승리를 가져왔다(참조, 나 1:10; 2:3~5; 3:11). 견고한 내벽은 그해 건조기에 티그리스 강을 범람하게 한 예상 밖의 대홍수로 무너졌고, 그 성벽은 침수되었다. 그리하여 그 도시는 예상 밖으로 파멸되었다(나 1:8; 2:6~8; 3:12). 모든 염려를 잊고 살던 그 도시의 자만심은 대적들에 의해 침묵하게 되었고, 그 후 그 도시의 황폐함을 목도했던 모든 사람은 옛날의 교만을 비웃었다(참조, 나 3:19). '비웃으며 손을 흔든다'라는 것은 경멸의 표시다. 하나님은 기적적으로 그 도시를 쇠약하게 하셨고, 들짐승들에게 그 성읍을 넘겨주셨다.

D. 예루살렘에 대한 심판(3:1~7)

유다를 둘러싼 주변 국가들에 대한 임박한 심판을 묘사한 후에, 선지자 스바냐는 또다시 예루살렘의 운명에 관한 주제를 취급했다(참조, 1:4~2:3). 그는 패역한 유대인들이 회개해야 하는 필요성을 역설했다. 스바냐는 하나님이 자기 백성에 대해 품고 계시는 비통함을 열거했고(3:1~5), 하나님의 피할 수 없는 심판을 선언했다(3:6~7).

1. 선지자의 고소(3:1~5)

3:1~2 스바냐는 예루살렘의 패역함에 대해 일반적인 진술을 했다. 예루살렘은 이방 나라들의 수준까지 타락했다(참조, 1:2~4). 1절에는 예루살렘이라는 이름이 언급되지 않았지만, 2절을 보면 예루살렘이 틀림없음을 알 수 있다. "화 있을진저"라는 말이 고발과 정죄의 결과로 선언되었다.

그 이유는 3가지다. 포학(나훔은 니느웨를 '피의 성'이라고 불렀다. 참조, 나 3:1)과 패역과 더러움이다. 이 3가지의 일반적 고발은 3장 2~5절에서 구체적으로 증거된다. 그들은 그들 자신의 백성을 압제했고(3:3), 하나님께 반역했고(2절), 종교적으로 더럽혀졌다(3:4). 예루살렘 주민들은 율법과 선지자들에 의해 주어진 시정(是正)의 권유에 주의를 기울이지 않았다. 그런 배역 행위는 여호와를 의뢰하지 않고, 하나님과의 교제와 예배를 통해 그분께 가까이 나아가지 않은 연고다(참조, 1:6).

3:3~4 그리고 나서 스바냐는 방백들(백성의 지도자들)과 종교 지도자들을 모두 고소했다(참조, 1:8, 4~5). 방백들은 탐욕스럽고 굶주린 사자에 비유되었고, 재판장들은 저녁에 잡은 먹이를 아침이면 다 먹어치우는 만족을 모르는 이리에 비유되었다(참조, 겔 22:27; 미 3:1~3). 유다의 지도자들은 권력과 재물을 향한 그들의 탐욕을 만족시키기 위해 백성을 탈취했다(참조, 미 3:9~10).

예루살렘의 종교 지도자들도 똑같이 타락했다. 선지자들은 자기 만족적이었고, 거만한 종교적 귀족 행세를 했으며, 패역한 제사장들과 함께 그들의 부푼 욕심을 채우기 위해 하나님의 율법을 왜곡시켰다(겔 22:28; 미 3:5, 11). 제사장들은(참조, 1:4) 그들의 우상과 일월성신을 숭배함으로(1:4~5), 또한 흠 있는 짐승을 희생 제물로 바침으로 성소를 더럽혔다. 그들이 불순종으로 하나님의 율법을 범했기 때문에(참조, 겔 22:26) 그들의 백성이 가르침을 받지 않은 것은 이상할 것이 없다(3:2).

3:5 여호와께서는 백성과 달리(3:2), 방백들과도 달리(3:3), 종교 지도자들과도 달리(3:4) 의로우시고, 불의를 행하지 아니하시고, 공의를 비추시고, 결코 실수하지 않으신다. 분명히 하나님은 압제받는 자를 높이시고, 패역한 자를 벌하실 것이다! 그 백성은 그들의 냉담한 양심에 의해 자신들의 패역의 깊이를 증거했다: "불의한 자는 수치를 알지 못하는도다"(참조, 2:1). '불의하다'(unrighteous)라는 말은 '불의'(wrong)와 관련된 말로, '왜곡시키다', '빗나가다', '패역하다'라는 뜻이다.

2. 여호와의 심판(3:6~7)

3:6~7 3장 6~13절에 기록된 여호와의 말씀은 유다의 극단적인 상황을 지적한다. 여호와께서는 다른 나라들에 대한 그분의 지나간 행적을 되풀이 언급하셨고(6절), 그 이유와 임박한 심판의 실제성을 말씀하셨다(7절). 하나님은 자기의 의로움을 따라 행동하셨고, 열방들을 그들의 패역함으로 인해 심판하사 그들을 황무하고, 황폐하고, 파괴된 채 남아 있게 하셨다. 유다를 위한 확실한 증거는 BC 722년에 앗수르의 사르곤 2세에 의해 흩어진 북 왕국의 10지파다. 하나님은 자기 백성으로 하여금 자신의 도를 따르고, 자신의 고치심을 용납해(3:2) 끊어짐과 자신의

징계를 대면하지 않도록 권고하셨다(참조, 1:9~13; 2:1~3).

그러나 7절의 마지막 문장은 유감스러운 결말을 암시했다. 여호와의 계속된 자비하심에 반응하는 대신에 유다는 의식적으로, 또한 의도적으로 하나님을 거역했고, 부패한 길로 계속 나아갔다. 자기 만족과 반역함으로 부패한 길을 더욱 행했다. 인간의 역사란 얼마나 음침한 것인가!

E. 온 땅에 대한 심판(3:8)

3:8 스바냐는 그가 소개하는 우주적인 주제를 도입함으로 그의 예언에 있어 심판에 관한 부분을 종결시켰다. 그는 우선 세계적 심판에 대한 대략적인 언급으로 시작했다(1:2~3). 그리고 나서 유다와 예루살렘에 대한 하나님의 심판을 서술했다(1:4~2:3). 그 후 다른 모든 국가에 대한 심판으로 나아갔다(2:4~15). 그리고 강조하기 위해 예루살렘에 대한 심판을 반복했다(3:1~7).

이제는 우주적(세계적) 심판에 관한 일반적인 개요로 긴 부분을 종결시킨다. 열방에 대한 여호와의 임박한 세계적 심판으로 인해 그분의 분노의 잔이 막 쏟아지려 한다. 그렇게 되면 그분의 은혜는 진노 속에 숨어 버릴 것이다. 아직도 미래에 있을 환난의 마지막에, 하나님은 열방의 군대들로 아마겟돈 전투에서 예루살렘을 대적해 모이게 하실 것이다(슥 14:2; 계 16:14, 16). 하나님은 예루살렘을 향해 그분의 진노와 모든 분한과 질투의 불을 쏟아부으실 것이다(참조, 2:2의 주해).

Ⅲ. 여호와의 회복의 날(3:9~20)

'그때에'(9절 상)라는 말은 스바냐의 메시지의 어조와 내용에 있어 중요한 전환점을 이루고 있다. 그는 멸망에 관한 두려운 예언에서 축복과 평안의 예언으로 전환시켰다. 열방들의 군대를 파괴한 연후에 하나님은 그들에게 호의를 베푸실 것이다. 공포의 위협 대신, 여기서는 사랑과 자비와 회복의 복된 약속이 있다. 이 약속들은 그리스도께서 지상에서 왕으로 통치하실 천년왕국을 소망 가운데서 기다리고 있다.

A. 열방의 회복(3:9~10)

3:9 스바냐는 열방들이 도덕적으로, 영적으로 회복될 것이라고 예언했다. '백성의 입술'이 거룩해진다는 것은 그들이 새로운 언어를 말한다는 것을 의미하지 않는다(흠정역에는 '정결한 언어를 말한다'로 번역됨). 그 대신 그들이 이전의 불경한 언어를 갱신할 것을 의미한다. 사람의 입술은 그가 무엇을 말하는지를 나타내고(그 입술에 의해 말해진 것들), 그 말은 그의 내적인 생활을 반영한다(참조, 사 6:5~7). 이전에는 우상을 섬기느라 패역했던 열방들이 참된 예배를 위해서 하나님에 의해 정결해질 것이다. 그 결과 열방들은 하나님을 존경하고 신뢰하게 되며, 여호와의 이름을 부르고, '한가지로'(NIV에서는 '어깨에 어깨를 맞대고'[shoulder to shoulder]) 여호와를 의뢰함을 증거할 것이다.

3:10 일치된 마음으로 신령한 예배를 드리게 된 것을 예증하기 위해 스바냐는 구스 강 건너편에 있는 사람들을 언급했는데(이들은 나일 강 상류 지역에 거하는 자들로, 지금의 이집트 남쪽, 수단, 북부 에티오피아에 사는 사람들을 가리킨다. 참조, 2:12), 그 당시에 알려졌던 최극단을 가리킨다. 구스를 중심으로 한 열방들은 중심이 변화되어 예루살렘으로 와서 여호와께 예물을 드릴 것이다(참조, 사 66:18, 20). 이것은 스바냐의 시대에 이방인들의 정책상 놀라운 변화라 할 수 있다. 예루살렘으로 예배드리러 가는 물결에는 '흩어진 나의 백성'(my scattered people, NIV, 개역개정에는 '내가 흩은 자의 딸'로 번역됨), 즉 이스라엘도 포함되어 있을 것이다. 스바냐는 이 사실을 자세히 기술했다(3:11~20).

B. 이스라엘의 회복(3:11~20)

하나님이 열방을 자기에게로 돌리실 때, 그분은 진노에서 돌이켜 선택된 백성 이스라엘을 축복하실 것이다. 이 위대한 예언의 주제는 이스라엘을 위한 예언의 약속의 분수령이자, 동시에 스바냐의 메시지의 절정이다. 이스라엘이 예루살렘에 다시 모이리라는 약속은 하나님이 모세에게 하신 말씀 속에 이미 약속된 바 있다(신 30:1~10). 하나님은 죄를 심판하지 않으실 수 없지만, 그분은 자비가 풍성하고 자신의 약속에 진실한 분이시다. 비록 국가적인 심판이 확정되었지만, 하나님은 그분의 백성을 버리지 않으실 것이다. 그분은 계약을 준수하는 주권자이시다. 스바냐의 메시지의 마지막 부분은 하나님이 그분의 약속에 신실하심을 다시 확인해 준다는 점에서, 이스라엘에게 위로를 준다.

1. 이스라엘의 구속(3:11~13)

3:11~13 천년왕국의 시작에('그날에') 이스라엘은 정결함을 입고 회복될 것이다. 이스라엘은 그들의 범죄로 인해 하나님 앞에서 부끄러움을 당하지 않을 것이다(여기서 '범죄'로 쓰인 용어는 히브리어로 '두려운 행실'을 의미한다). 왜냐하면 하나님이 그 성읍에서 모든 교만과 자랑의 죄를 제하실 것이기 때문이다. 이 일은 이스라엘의 심판 때에 있을 것이다(겔 20:34~38; 마 25:1~13). 악을 행하는 자, 부끄러움이 가득한 자는 심판을 받고, '하나님의 거룩한 산'(예루살렘, 시 2:6; 3:4; 15:1; 24:3; 78:54; 단 9:16, 20; 욜 2:1; 3:17; 옵 1:16, 개역개정에는 '성산'으로 번역됨)에는 깨끗한 백성, 온유하고 겸손한 백성(2:3), 여호와를 신뢰하는 백성이 거할 것이다. 모든 악, 거짓과 거짓된 혀(궤휼)는 깨끗이 정화되고, 그들은 정결한 상태에서 평강과 안전을 찾게 될 것이다.

13절 마지막은 목자의 시, 즉 시편 23편의 약속을 생각나게 한다. 이스라엘은 오랫동안 더럽힘을 받았고, 환란을 당했고, 유린을 받아 왔지만, 마침내 열방 중에서 안식을 찾고 두려움이 사라질 것이다(3:15~16).

2. 이스라엘의 기쁨(3:14)

3:14 이 구절의 분위기는 확실히 기쁨과 즐거움이다: "노래할지어다", "기쁘게 부를지어다", "기뻐하며 즐거워할지어다." 이스라엘은 천년왕

국의 때에 기쁨이 가득할 것이다. 왜냐하면 하나님에 의해 구속함을 받았기 때문이다. 비록 처음 이스라엘을 향한 전망은 슬픔과 고통이었지만(3:1, 5~7), 남은 자들의 두려움이 기쁨의 환성으로 바뀌는 날이 올 것이다.

3. 이스라엘의 통치자(3:15~17)

3:15 기쁨의 환성이 있게 된 이유는 이스라엘의 구속자, 메시아 왕이 그들 가운데 계실 것이기 때문이다(참조, 사 9:7; 슥 14:9). 오랫동안 약속되었던 구속자가 그들을 보호하실 것이다. 하나님으로부터 말미암는 진노(3:8)와 이스라엘의 대적으로 말미암는 압제가 사라지고, 이스라엘의 왕 여호와께서 그들과 함께 계실 것이며(참조, 17절), 다시는 두려움이 그들에게 있지 않을 것이다(참조, 3:13).

3:16~17 16절은 앞서 3장 15절 마지막에 언급된 두려움에서 자유로움을 확대해 언급했다. 그날에 사람이(분명히 회심한 이방인들일 것이다) 이스라엘 백성에게 두려워하지 말고, 절망하지 말라고 격려할 것이다. '늘어뜨린 손'은 놀람과 근심으로 절망하는 모습을 묘사한다(참조, 렘 47:3). 그 대신 이스라엘은 그들의 두 팔을 올리는데, 이것은 승리를 상징한다. 여호와의 임재(3:15, "여호와가 네 가운데 계시니")와 능력(그분은 능력이 많으사 구원하시는 분이다)으로 그들은 승리할 것이다.

여호와께서는 자기의 구속받은 남은 자들과 함께 계시며, 그들을 구원하실 뿐 아니라 기뻐하실 것이다. 이스라엘은 종래에 하나님의 진노의 대상이 아니라, 크신 사랑의 대상이 될 것이다. 천년왕국은 그분의 고통받는 백성에게 평강의 시기가 될 것이며, 이스라엘은 기뻐할 것이다(17절). 사실 하나님의 선택된 백성이 하나님의 축복 아래 그 땅에 거하게 됨으로, 하나님이 기쁨과 즐거움으로 노래하실 것이다.

4. 이스라엘에 대한 보상(3:18~20)

이 종결적인 구절에서 여호와께서는 7회에 걸쳐 "내가 …하리라"라고 말씀하셨다. 하나님은 스바냐의 시대에 믿음이 있었던 남은 자들을 향해 큰 소망을 두고자 하셨다. 왜냐하면 그분의 심판이 임박했고, 그분의 회복시키는 자비는 먼훗날에 나타날 것이었기 때문이다. 선지자는 어두운 시대에도 불구하고, 회개하는 자들이 위로와 힘을 얻기 위해 하나님의 약속을 견고히 붙잡기를 원했다.

3:18 많은 유대인이 고국으로부터 흩어져서 그들의 국가적 절기에 참여하지 못해 근심했다. 그러나 여호와께서는 이러한 슬픔을 거두어 가시고, 자기 백성을 예루살렘에 모으실 것이며, 그곳에서 백성은 하나님의 축복을 즐거워할 것이다. 이제는 더 이상 그들의 축제가 '짐', 즉 행하기를 싫어하는 것이 되지 않을 것이며, 그들의 죄악된 행위로 하나님이 불쾌해하시는 치욕이 되지 않을 것이다.

3:19 스바냐가 이미 언급했던 것처럼(2:4~15; 3:8~15), 하나님은 이스라엘의 압제자들을 내쫓으실 것이며(창 12:3, "너를 저주하는 자에게는 내가 저주하리니"), 타국 땅에 흩어진 자기 백성을 모으시며, 그들이 수욕받던 곳에서 명예(칭찬과 명성. 참조, 3:20; 신 26:19)를 회복시키

실 것이다(참조, 3:11).

3:20 이 구절은 이스라엘의 미래적 축복을 요약하고 있다. 여호와께서는 약속된 땅(고국, 개역개정에는 번역되지 않음)에서 자기 백성을 다시 모으시며, 천하 만민 가운데서 명성과 칭찬을 얻게 하시며(참조, 3:19), 그들의 재산을 돌려주실 것이다(또는 '포로를 돌려주실 것이다', 개역개정에는 번역되지 않음). 이러한 일들이 그들의 목전에서 발생할 것이다. 천년왕국 시대에 이스라엘은 하나님이 약속하신 대로 그들의 땅을 소유하게 될 것이다(창 12:1~7; 13:14~17; 15:7~21; 17:7~8). 그리고 이스라엘의 왕 메시아는 그분의 왕국을 수립하시고 통치하실 것이다(3:15; 삼하 7:16; 시 89:3~4; 사 9:6~7; 단 7:27).

스바냐는 자신의 메시지의 신적 권위와 하나님의 위로의 확실성을 강조하기 위해 "여호와의 말이니라"라는 말로 선지서를 끝맺었다.

참고문헌

- Baxter, J. Sidlow. *Explore the book*. Reprint (6 vols. In 1). Grand Rapids: Zondervan Publishing House, 1970.
- Calvin, John. *Commentaries on the Twelve Minor Prophets*. Vol. 4. Grand Rapids: Baker Book House, 1981.
- Fausset, A. R. "Zephaniah." In *A Commentary Critical, Experimental and Practical on the Old and New Testaments*. Vol. 2. Reprint (6 vols. In 3). Grand Rapids: Wm. B. Eerdmans Publishing Co., 1978.
- Feinberg, Charles L. *The Miner Prophets*. Chicago: Moody Press, 1976.
- Freeman, Hobart E. *Nahum, Zephaniah, Habakkuk: Miner Prophets of the Seventh Century BC*. Chicago: Moody Press, 1973.
- Henry Matthew. *Commentary on the Whole Bible in One Volume*. Reprint (6 vols. In 1). Grand Rapids: Zondervan Publishing House, 1966.
- Keil, C. F. "Miner Prophets." In *Commentary on the Old Testament in Ten Volumes*. Vol. 10. Reprint (25 vol. in 10). Grand Rapids: Wm. B. Eerdmans Publishing Co., 1982.
- Kleisert, Paul. "The Book of Zephaniah." In *Commentary on the Holy Scriptures Critical, Doctrinal and homiletical*. Vol. 7. Reprint (24 vols. In 12). Grand Rapids: Zondervan Publishing House, 1960.
- Laetsch, Theo. *The Miner Prophets*. St. Louis: Concordia Publishing House, 1956.
- Poole, Mattew. *A Commentary on the Holy Bible*. Vol. 2. 1685. Reprint. London: Banner of Truth Trust, 1979.
- Pursey, E. B. *The Miner Prophets: A Commentary*. Vol. 2. Reprint. Grand Rapids: Baker Book House, 1950.
- Tatford, Frederick A. *The Minor Prophets*. Vol. 3. Reprint (3 vols.). Minneapolis: Klock & Klock Christian Publishers, 1982.

הַעֵת לָכֶם אַתֶּם לָשֶׁבֶת בְּבָתֵּיכֶם סְפוּנִים וְהַבַּיִת הַזֶּה חָרֵב
אָמַר יְהוָה צְבָאוֹת וַיְהִי דְּבַר־יְהוָה בְּיַד־חַגַּי הַנָּבִיא לֵאמֹר
לֵאמֹר הָעָם הַזֶּה אָמְרוּ לֹא עֶת־בֹּא עֶת־בֵּית יְהוָה לְהִבָּנוֹת פ כֹּה

The Bible Knowledge Commentary 18
Haggai
서론

서론

중요성

학개서는 구약성경에서 오바댜서를 제외하고 가장 짧은 책이다. 학개서의 문학적 스타일은 단순하고 직설적이다. 이 책의 내용은 별로 중요하게 여겨지지 않는 포로 후기의 선지자 학개에 의한 4개의 메시지로 구성되어 있다. 그의 사역 기간은 몹시 짧았던 것 같다. 그럼에도 불구하고 성전 재건을 격려하는 학개의 메시지와 역할의 중요성을 과소평가해서는 안 될 것이다. "진실을 말하자면, 학개처럼 깊이 있는 영적 진리를 그처럼 간명하게 증거하는 데 성공한 선지자들이 많지 않다고 할 수 있다"(Frank E. Gaebelein, *Four Minor Prophets: Obadiah, Jonah, Habakkuk, and Haggai*, p. 199).

학개의 사역에서 주목할 만한 것은 그의 메시지의 신적 기원에 대한 자각이다. 총 2장으로 된 짧은 책에서 그는 25회 이상이나 자신의 메시지의 신적 권위를 확증했다. 그는 설교를 시작할 때 "만군의 여호와가 이같이 말하여 이르노라"라는 말로 시작했고, 설교를 끝낼 때도 같은 말("만군의 여호와가 말하노라")을 사용했다. 그의 메시지 도처에 이와 같은 표현이 깔려 있다. 그는 자신이 하나님의 사신임을 충분히 인식하

고 있었다(1:13).

선지자 학개

학개의 생애와 사역은 비교적 모호함에 싸여 있다. 그는 하나님이 포로 후기의 유대인 공동체 가운데 말씀하신 최초의 선지자였다. 그의 4가지 메시지는 모두 다리오 1세 제2년에 기록된 것으로 추정된다(BC 520). 그는 성전을 재건하기 위해 백성을 격려했던 스가랴와 곧 합류했다(스 5:1~2; 6:14). (학개서와 스가랴서에 언급된 날짜를 비교하기 위해서는 스가랴서의 서론을 참조하기 바란다.)

학개는 자신을 단순히 '선지자 학개'라고 불렀다(1:1. 참조, 스 5:1; 6:14). 그의 부모와 가계에 대해 알려진 것은 아무것도 없다. 그의 이름은 히브리어 하그(חג)에서 유래했는데, '축제'를 의미한다. 일부 학자들은 학개가 축제일에 태어났을 것이라고 추측하나, 본문에서 그 점을 지지하는 말은 없다. 어떤 사람은 학개 2장 3절에 솔로몬의 성전이 언급된 것이 학개가 BC 586년 성전이 파괴된 것을 목도했던 추방된 사람들 중 하나임을 보여 준다고 믿는다. 만약 그것이 사실이라면 학개는 연로

한 선지자였을 것이다.

흥미롭게도 구약성경의 일부 고대 사본들은 일부 시편의 저자로 학개와 스가랴를 언급하고 있다. 즉 70인역 사본의 시편 137편, 145~148편과 라틴어 불가타역의 시편 125~126편, 145~147편이다. 아마 이러한 잘못된 전통은 성전과 관련해 이들 선지자가 가졌던 밀접한 관련성 때문으로 여겨지는데, 성전에서 앞서 언급한 시편들이 노래로 불렸다.

역사적 배경

BC 586년 바벨론 군대에 의한 예루살렘 성전의 멸망은 유대의 국가적, 종교적 생활의 시대적 종말을 의미했다. 바벨론의 포로로서 유대인들에게는 성전도 없었고, 희생 제물도 없었다. 그들은 예루살렘을 향해 기도만 할 수 있었다(왕상 8:48; 단 6:10). 그리고 바사 왕 고레스의 관대한 정책 아래서만 스룹바벨의 지도를 받아 5만 명의 유대인들이 예루살렘으로 돌아올 수 있었다(스 1:2~4. 참조, 사 44:28). 그때 대제사장 여호수아와 선지자 학개와 스가랴가 동행했다.

레위기적인 희생 제사가 번제를 위해 재건된 제단에서 다시 드려졌고(스 3:1~6), 귀환 후 제2년에 성전의 기초가 놓였다(스 3:8~13; 5:16). 그런데 사마리아인들의 훼방과 바사의 압력으로 성전 재건 작업이 정지되었다. 그러자 영적인 냉담 상태가 찾아왔고, 거의 16년 동안이나, 바사 왕 다리오 히스타스피스(Darius Hystaspes, BC 521~486)의 통치 때까지 성전 건축이 정지되었다.

다리오 제2년(BC 520)에 하나님은 학개를 일으키셔서 유대인들에게 성전을 재건하도록 촉구하셨다(스 5:1~2; 학 1:1). 학개의 임무는 유다의 지도자들과 백성을 영적인 무기력 상태에서 일깨워서 성전 건축을 계속하도록 격려하는 것이었다. 학개의 사역에 있어 초기의 성공은(1:12~15) BC 515년에 성전이 완공되기까지 스가랴의 계속된 사역으로 보완되었다.

개요

I. 첫째 메시지: 성전을 재건하라는 부르심(1장)

    A. 표제(1:1)
    B. 게으름을 책망함(1:2~6)
    C. 성전을 재건하라는 권면(1:7~8)
    D. 백성의 궁핍함을 묘사(1:9~11)
    E. 예언적 메시지에 대한 지도자들과 백성의 반응(1:12~15)

II. 둘째 메시지: 성전의 미래적 영광에 대한 예언적 약속(2:1~9)

    A. 표제(2:1~2)
    B. 성전 재건을 격려하기 위한 하나님의 임재의 약속(2:3~5)
    C. 성전의 미래적 영광을 선포함(2:6~9)

III. 셋째 메시지: 순종의 현재적 축복을 드러냄(2:10~19)

    A. 표제(2:10)
    B. 부패한 죄의 결과를 보여 주는 의식적 비유(2:11~14)

C. 과거의 징계와 비교되는 현재적 축복의 약속(2:15~19)

Ⅳ. 넷째 메시지: 스룹바벨에 관한 메시아적 예언(2:20~23)

A. 표제(2:20~21상)
B. 장차 이방의 왕국들을 전복시키실 것을 선언함(2:21하~22)
C. 다윗 왕국의 회복을 선언함(2:23)

הַעֵת לָכֶם אַתֶּם לָשֶׁבֶת בְּבָתֵּיכֶם סְפוּנִים וְהַבַּיִת הַזֶּה חָרֵב
אָמַר יְהֹוָה צְבָאוֹת וַיְהִי דְּבַר־יְהֹוָה בְּיַד־חַגַּי הַנָּבִיא לֵאמֹר
לֵאמֹר הָעָם הַזֶּה אָמְרוּ לֹא עֶת־בֹּא עֶת־בֵּית יְהֹוָה לְהִבָּנוֹת פ כֹּה

The Bible Knowledge Commentary 18

Haggai 주해

주해

I. 첫째 메시지: 성전을 재건하라는 부르심(1장)

여호와의 사자 학개는 여호와로부터 받은 4가지 메시지를 전달했는데, 이를 통해 유다의 지도자들과 백성에게 성전을 재건하도록 격려했다(이 책이 5가지 메시지를 내포하고 있다는 일부 학자들의 견해에 대해서는 1:12~15의 주해 참조).

A. 표제(1:1)

1:1 학개서의 표제는 연대, 선지자, 그리고 대상을 확인시켜 준다. 유다 왕의 치세가 아니라, 바사의 다리오 왕 제2년에 그 예언이 임했다는 것은 이스라엘에 왕이 없었던 '이방인의 때'에 학개가 사역하고 있었음을 생생하게 상기시켜 준다(참조, 슥 1:1; 단 2장; 눅 21:24).

바벨론의 제도에서 빌려 온 포로 후기의 유다 달력에 의하면, 신년

이 가을이 아닌 봄에 시작하는데(참조, 출 23:16; 34:22), 이날은 BC 520년 엘룰(Elul)월 1일(8월 29일)에 해당된다. 이날은 초하루이므로 예루살렘에 거룩한 축제가 있었던 것 같다(참조, 사 1:14; 호 2:11). 이 기회는 선지자 학개에게 이미 준비된 청중을 제공했고, 포로 후 선지자의 침묵을 깨고 여호와의 말씀을 최초로 듣게 했다.

'하나님의 사신'으로서 선지자 학개의 기능적 역할이 이 짧은 선지서 전체를 통해 강조되었다(1:3). 이 책은 '사신의 형식'(messenger formula)으로 끝을 맺었다("이것은 만군의 여호와의 말이니라", 유사한 표현이 1:2, 7, 13; 2:4, 6~9, 11, 14, 23에 나온다). 더욱이 각각의 메시지가 '여호와의 말'과 동일시되었다(1:1; 2:1, 10, 20). 학개의 메시지가 하나님으로 말미암았다는 사실은 의심의 여지가 없다.

1장 3절에는 백성도 포함된 사실이 암시되어 있지만, 첫째 메시지는 주로 두 사람의 지도자, 즉 유다 총독 스룹바벨과 대제사장 여호수아에게 전해진 것이었다. 스룹바벨은 여호야긴 왕의 손자로서, 다윗 왕가의 후예였다(대상 3:17~19; 마 1:12. 여기서 여호야긴은 '여고냐'로 불렸다). 스룹바벨이 스알디엘과 스알디엘의 형제 브다야의 아들로 불리는 이유는 아마 형제가 먼저 죽으면 그 미망인을 취해 결혼했던 습관에서 기인한 것 같다(참조, 신 25:5~10). 브다야가 죽고 난 후에, 그의 형제 스알디엘이 브다야의 아내를 자기 아내로 취했고, 그들에게서 스룹바벨이 태어났다. 여호수아의 아버지 여호사닥은 대제사장으로, BC 586년에 예루살렘에서 바벨론으로 이주되었다(대상 6:15).

B. 게으름을 책망함(1:2~6)

1:2 학개가 먼저 지도자들을 향해 말씀을 전한 것은(1:1) 그들의 책임을 강조한 것이다. 이 메시지는 만군의 여호와에게서 나온 것이다('만군의 여호와'가 NIV에는 '전능하신 여호와'[the LORD Almighty]로 번역됨). 학개는 하나님의 이 칭호('만군의 여호와')를 14회나 반복해서 사용했다.

유다 백성을 가리켜 '나의 백성'이라 하지 않고 '이 백성'이라고 부른 것은 그들이 하나님의 백성처럼 행동하지 않은 데 대한 하나님의 책망이 포함되어 있음을 의미한다. 성전을 건축하지 못한 것에 대한 그들의 변명은(성전을 건축할 시기가 아직 이르지 않았다고 변명함) 그들이 우선순위를 잘못 정했기 때문임이 다음 구절에 나타나 있다.

1:3~4 여호와의 말씀이 지도자들뿐 아니라, 1장 2절에 언급된 백성에게 전해졌다. 학개는 백성의 무관심과 게으름 때문에 그들을 책망했다. 그들은 하나님의 집을 건축하는 데는 게으름을 피우면서 그들 자신의

집을 짓고 있었다(1:9). '판벽한 집'이란 지도자들과 부요한 백성의 가옥들을 단장했던 호화스러운 외부 장식을 의미할 수도 있지만, 그들의 머리 위에 겨우 지붕만 있는 집을 가리키는 것 같다.

1:5~6 여호와께서는 백성에게 현재 처한 궁핍을 고려해 그들의 행위를 살펴볼 것을 권고하셨다. '너희는 너희의 행위를 살필지니라'라는 말은 '너희 마음을 너희 행위에 고정하라'라는 말이다. 학개는 다른 곳에서 4회에 걸쳐 이 표현(give careful thought to)을 썼다(1:7; 2:15, 18[2회]).

그들은 비정상적인 우선순위를 재평가하고, 하나님 및 하나님과의 관계에 우선권을 둘 필요가 있었다. 그들의 행위는 한탄스러운 것이었으며, 또한 결실이 없었다. 그들의 자기 중심적인 삶은 경제적 안정을 가져오지 못했다. 그들이 많이 뿌렸을지라도 수확이 적었다(참조, 1:10~11; 2:15~17, 19). 삶에 있어 가장 단순한 필수품(음식, 음료, 의복)조차 채워지지 않았다. 그 결과 발생한 궁핍이 그림처럼 묘사되었다: "일꾼이 삯을 받아도 그것을 구멍 뚫어진 전대에 넣음이 되느니라."

이러한 경제적 상태는 불순종에 대한 하나님의 채찍이라는 의도가 강하다(참조, 레 26:18~20; 신 28:38~40). 농사를 짓고, 소득을 벌어들이기 위한 모든 노력이 아무런 유익이 없었다. 왜냐하면 그들이 먼저 여호와를 신뢰하지 않았기 때문이다. 포로로 잡혀갔던 그들의 조상들도 동일한 환난을 경험했지만(참조, 신 28:41), 하나님은 귀환한 백성에게는 좀 더 나은 것을 기대하셨다.

C. 성전을 재건하라는 권면(1:7~8)

1:7~8 여호와께서는 또다시 백성에게 스스로를 살피게 하시고, 행동하도록 도전하셨다. 그들이 지금까지 행하지 않은 일로 그들을 책망하시고, 그들이 행했던 일의 소득 없음을 보여 주신 다음에, 그들이 무엇을 해야 하는지를 가르치고 격려하셨다. 해야 할 일은 바로 하나님의 영광을 위해 성전을 재건하는 일이었다. 1장 2~4절의 암시적인 메시지가 이제 분명하게 나타났다: "성전을 건축하라"(8절).

산에 올라가서 나무를 가져와야 하는 이유는 수년 전 성전 재건을 위해 사 놓은 재목들을 그들의 집을 짓는 데 사용했기 때문이라 여겨진다(스 3:7). 또한 폐허가 된 성전으로부터 충분한 돌을 얻어 올 수 있으므로, 벽과 지붕을 완성하기 위해 다만 목재만 필요했던 것처럼 보인다.

성전을 완성하는 일은 하나님을 기쁘시게 하는 일이 될 것이다: "그리하면 내가 그것으로 말미암아 기뻐하고." 또한 그 일은 하나님께 존귀와 영광을 가져올 것이다. 이스라엘의 하나님은 그 장소에서 그분의 종들에 의해 예배를 받으시기에 합당한 분이심을 열방에 보여 주게 될 것이다.

D. 백성의 궁핍함을 묘사(1:9~11)

1장 5~7절에 묘사된 하나님의 심판은 이곳에 와서 더욱 구체성을 띠었다. 그들이 해야 할 것을 하지 않았을 때(즉 성전 건축) 경제적인 황폐와 가난이 찾아왔다.

1:9상 그들은 두 단계를 거쳐서 궁핍에 이르렀다: (a) 그들의 소출이 기대보다 훨씬 적었다. 희망은 컸으나, 수확은 적었다. (b) 그들이 정작 거두어들인 것이 즉시 사라지는 것처럼 보였다. 이것은 하나님의 역사임이 생생하게 묘사되었다: "너희가 그것을 집으로 가져갔으나 내가 불어 버렸느니라."

1:9하 그리고 나서 하나님은 이와 같은 징계의 이유가 성전을 재건하는 일을 게을리하는 그들의 이기심 때문임을 설명하셨다. 이 말씀들은 1장 4절을 재언급하신 것이다('백성은 자기 자신의 집을 짓는 데 바쁘지만 성전은 황폐한 채로 남아 있다'). 그들은 자신들의 일에는 힘들여 수고하지만, 영적인 책임은 소홀히 하고 있었다.

1:10~11 그들의 경제적 빈궁은 하나님이 정하신 한재(旱災)로 말미암았다. 그들의 불순종 때문에 하늘은 이슬을 그쳤고, 땅은 산물을 그쳤다. 건조기(4~8월)에는 두텁게 내리는 아침이슬이 여름 농작물의 성장을 위해서 필수적이다. 그러므로 이슬이 내리지 않는 것은 농작물을

황폐하게 하는 것이다. 하나님에 의해서 야기된 한재는 팔레스타인의 3가지 주요 농작물(곡물, 새 포도주, 감람나무에서 짠 기름)에 영향을 끼친다. 물론 땅에서 나는 것이면 모두 해당될 것이다(참조, 2:16~17, 19).

비와 이슬이 내리지 않는 것은 백성이 계약에 불순종했기 때문에 땅과 백성에게 내리신 하나님의 저주를 가리킨다(레 26:19~20; 신 28:22~24). 그 결과 사람과 가축은 음식과 식물을 잃어버리게 된다. 들에서 수고하는 모든 일이 결국 아무 유익이 없을 것이다.

E. 예언적 메시지에 대한 지도자들과 백성의 반응(1:12~15)

1장 13절의 격려의 말씀과 15절의 상이한 연대에 대한 언급 때문에, 어떤 학자들은 이 부분이 별도의 예언적 메시지로, 모두 5개로 구성되어 있다고 간주한다. 그러나 15절의 연대는 실제 건축 연대와 관련된 것으로, 격려의 말 후에 있었던 것으로 보인다. 따라서 전체의 메시지가 4개의 메시지 중 제일 처음 메시지의 범위 안에서 구성되었다고 보는 것이 가장 적절하다고 할 수 있다.

1:12 학개는 지도자들과 백성의 순종적이고 경외하는 태도를 기록했다. 선지자가 하나님으로부터 받아서 백성에게 전한 메시지에 대해서 신속하고도 호의적인 반응을 얻기란 드문 일이었다. 그러나 학개의 단순하고 직설적인 메시지는 경우가 달랐다. 지도자들과 백성의 반응은

두 가지로 표현되었다: (a) 그들은 그들의 하나님 여호와의 목소리와 선지자의 말을 들었다(그들이 학개의 말을 하나님의 말씀으로 받아들임으로 그들의 태도와 행동에 효과적인 변화가 나타났다). (b) 그들은 여호와를 경외했다(그들은 지난 세월의 불순종과 자기 중심적 삶과 하나님에 대한 새로운 순종을 생각함으로 하나님에 대한 새로운 경외심과 존경심을 갖게 되었다).

학개는 그 백성을 '남은 자'라고 언급했다(이곳에서와 1:14; 2:2에 나온다). 그 이유는 그들이 바벨론 포로 생활에서 살아났기 때문만이 아니라, 그들이 하나님의 남은 백성이 마땅히 되어야 하는 사람들로 변화되어 가고 있었기 때문이다(그들은 여호와와의 계약 관계 안에서 순종하는 자들이 되었다[참조, 사 10:21]).

1:13 이 구절은 학개서의 다른 어느 부분에서보다도, 여호와의 사자로서 학개의 기능과 여호와의 메시지로서 그의 말을 잘 묘사하고 있다. 학개의 기록된 말씀들의 신적 기원은 이 선지서 전체를 통해 확인되고 있다(참조, 1:1).

여기서 학개는 백성이 성전 재건을 기대하고 있었으므로 그 백성에게 여호와로부터 받은 격려의 말씀을 전달했다: "내가 너희와 함께하노라"(2:4에서 반복됨. 참조, 2:5; 사 43:5). 그들을 지도하고 견고하게 하기 위해 하나님이 함께하신다는 이 확신은 성전 재건이라는 부과된 사역을 완수하는 데 따르는 두려움과 염려를 모두 내쫓아 버렸을 것이다.

1:14 여호와께서는 약 18년 전 백성으로 하여금 바벨론을 떠나도록 감동시키셨던 것처럼, 이제 스룹바벨과 여호수아와 남은 모든 백성의 마

음을 감동시키셨다(참조, 스 1:5). 그처럼 하나님에 의해 격려되고, 그 일을 위해 힘을 얻은 백성은 만군의 여호와 그들의 하나님의 전을 세우기 시작했다.

1:15 실제적으로 성전 재건이 시작된 연대는 BC 520년 엘룰월 24일(9월 21일)이었다. 실제적인 예언과(1:1) 사역의 재개 사이에는 23일의 지연이 있었다. 그 지연은 두 가지 요인에 의한 것으로 보인다: (a) 무화과, 포도, 석류의 수확이 여섯째 달인 엘룰월에 있었다. (b) 아마 자재의 계획과 조달이 실제적인 재건에 앞섰던 것 같다.

II. 둘째 메시지: 성전의 미래적 영광에 대한 예언적 약속(2:1~9)

A. 표제(2:1~2)

2:1~2 첫째 메시지의 표제처럼(1:1), 이 표제는 연대, 선지자, 그리고 대상을 알려 준다. 이 메시지의 연대는 BC 520년 티슈리월 21일(10월 17일)이다. 이 연대는 백성이 성전 재건을 시작했던 시기보다 거의 한 달 후였다(1:15). 이 기간 동안 작업의 진척은 완만했다. 의심의 여지없이 그 이유는 60년 동안 방치된 폐허를 청소하는 힘든 작업과 제7월의 여러 가지 축제 행사로 작업이 정지된 데 있었을 것이다. 이 기간 동안, 매 주일의 안식일과 1일의 나팔절, 10일의 속죄일, 티슈리월 15~21일의 장막절, 그리고 티슈리월 22일의 휴일이 있었다(레 23장). 선지자 학개에 의한 둘째 메시지는 나팔절 마지막 날에 전달되었다. 그 메시지는 성전 재건을 시작한 사람들에게 전달되었다. 즉 스룹바벨, 여호수아, 그리고 남은 백성이다(참조, 1:12).

B. 성전 재건을 격려하기 위한 하나님의 임재의 약속(2:3~5)

2:3 여호와께서는 포로 이전의 성전과 현재 건축 중인 성전을 비교하

며 섭섭해하는 백성을 위로하셨다. 성전이 재건되는 초기 단계에 백성은 현재 건축 중인 성전과 수 세기 전 바로 이때에 봉헌되었던 솔로몬 성전의 영광스러운 모습을 은연중에 비교하고 있었다(왕상 8:2).

백성의 낙담된 마음에 해결책을 제시하시기 전에, 하나님은 학개를 통해 백성의 섭섭한 마음을 위로하시기 위해 3가지 질문을 던지셨다: "너희 가운데에 남아 있는 자 중에서 이 성전의 이전 영광을 본 자가 누구냐 이제 이것이 너희에게 어떻게 보이느냐 이것이 너희 눈에 보잘것없지 아니하냐." 이 질문들은 본질적으로 수사적이다. 그래서 백성으로 하여금 그들의 성전이 솔로몬 성전처럼 찬란하지 않을 것이라는 사실을 솔직히 대면하게 한다. 여기에 함축된 사실은 학개 자신을 포함해 그들 중 일부는 66년 전(BC 586년) 솔로몬 성전이 멸망하기 전에 그 영광을 본 사람들이었다는 것이다(유사한 현상이 수년 전 성전의 기초가 놓일 때도 있었다. 참조, 스 3:10~13; 슥 4:10).

2:4상 그때 여호와께서 백성을 격려해 두 지도자들과 그 백성으로 하여금 확실한 행동을 취하도록 하셨다. 3회에 반복된 권면, "굳세게 할지어다"라는 말씀이 동일한 명령인 "일할지어다"라는 말씀으로 이어졌다. 흥미롭게도 다윗도 솔로몬에게 사역을 위임할 때(대상 28:10, 20) 하나님의 도우심을 약속하면서 동일한 표현을 사용했다. 하나님은 백성을 감동시키셨고(1:14), 이제는 그들을 견고하게 하셨다. '이 땅 모든 백성'이라는 표현은 에스라 4장 4절에 나오는 유다의 대적들을 가리키는 말이 아니라, '남은 백성'과 동의어다(참조, 2:2; 1:12, 14).

2:4하~5 여호와께서는 그들과 함께하심을 다시 한 번 강조하셨다:

"내가 너희와 함께하노라"(참조, 1:13). 이스라엘 백성이 애굽에서 나올 때 하나님의 영이 그들과 함께하셨던 것같이(사 63:11~14), 바벨론으로부터의 '해방'(Exodus)과 관련된 사역, 즉 성전을 재건하는 일에서도 하나님은 그들과 함께하실 것이다. 하나님과 그분의 백성 간의 언약 관계가 성전을 재건하는 일에 그들을 격려하기 위해 회고되었다.

여호와께서는 두려워하지 말라고 격려하심으로 다시 한 번 그들을 견고하게 하셨다. 여호와께서 그들과 함께하시며(1:13; 2:4), 그분의 영이 그들과 함께하시기 때문에 그들은 잠잠하며 확신을 가질 수 있었다. '두려워하지 말라'라는 표현은 구원의 선포에서 보편적인 주제다(참조, 사 41:10; 43:1).

C. 성전의 미래적 영광을 선포함(2:6~9)

현재 재건 중인 성전과 솔로몬 성전을 비교함으로 백성이 낙담할 때(2:3), 하나님은 미래에 있을 천년왕국 시대의 성전의 영광을 확신시켜 주심으로 궁극적으로 성전이 완성될 것임을 보여 주셨다. 이와 같은 다가오는 영광의 선포가 현재의 성공을 격려하기 위해 제시되었다.

2:6~7상 '조금 있으면'이란 말은 연대기적인 임박성을 가리키는 것이 아니라, 여기서 지적된 임박한, 또는 즉각적으로 언제 발생할지 모르는 하나님의 행동의 성격을 가리킨다. 미래에 나타날 하나님의 심판은("내가 하늘과 땅과 바다와 육지를 진동시킬 것이요"), 하나님의 초자연적

인 개입의 상징인 지진으로 묘사되었다(2:21~22; 사 2:12~21; 13:13; 겔 38:20; 암 8:8). 예수 그리스도께서 세상에 다시 오실 때 하늘과 땅이 진동할 것이다(욜 3:16; 마 24:29~30). 이 사건은 자연 질서뿐 아니라(6절), 사람들에게도 영향을 미칠 것이다("모든 나라를 진동시킬 것이며" [7절]). 여기서 '진동'은 아마겟돈 전쟁을 위해 만국을 모으시는 것을 가리키는 것이리라(슥 14:1~4). 히브리서 기자는 히브리서 12장 26절에서 6절을 인용했으며, 하나님의 나라는 "흔들리지 않는 나라"(히 12:28)로서, 하나님의 모든 심판을 견뎌 낼 것이라고 첨언했다.

학개의 시대에 하나님의 심판은 임박한 것으로 보였다. 그 이유는 구약시대의 선지자들은 예수 그리스도의 초림과 재림 사이에 놓여 있는 시간의 계곡을 보지 못했기 때문이다(사 61:1~2; 눅 4:18~21).

2:7중 미래의 성전의 장식은 모든 나라의 보배로 될 것이다. '모든 나라의 보배'란 아마 집합명사로 이해해야 할 것이다. 주변의 나라들이 예루살렘에 있는 성전을 장식하기 위해 그들의 보배를 기꺼이 바칠 것이다(참조, 사 60:5; 슥 14:14). '모든 나라의 보배'(이 구절이 다른 번역본에서는 '만국의 사모하는 것'으로 되어 있음)는 모든 나라의 사모함을 받으시는 메시아의 도래를 가리키는 메시아 예언으로 흔히 이해되기도 했다. 최근의 번역과 주석가들의 경향은 인격을 나타내는 용어라기보다는 비인격적인 것, 즉 '보배'를 가리키는 것으로 본다.

그러나 어느 주장도 일방적이지 못하며, 인격적인 메시아를 가리키는 것으로 볼 수도 있다. 아마 학개는 물질적인 것과 인격적인 것을 모두 포함하는 모호한 용어를 일부러 선택했던 것 같다.

2:7하 미래의 천년왕국의 성전('이 성전')은 영광으로 채워질 것이다. 이것 또한 물질적인 영광을 가리킬 수도 있으나(사 60:7, 13), 다른 곳에서 성전을 채우는 것으로 알려진 유일한 영광은 하나님의 임재를 가리키는 셰키나(שְׁכִינָה)의 영광이다(출 40:34~35; 왕상 8:10~11). 궁극적으로 언급된 것은 천년왕국 시대의 성전에 나타날 하나님의 영광을 가리키지만, 그리스도의 초림 시 성전에 육체로 임하심을 가리키는 뜻이 함축되어 있는 것이다(눅 2:32). 시므온은 예수님을 가리켜 "주의 백성 이스라엘의 영광이니이다"라고 말했다.

2:8 여호와의 다함없는 천연자원(은과 금)이 성전을 건축하는 데 사용될 것이다. 왜냐하면 그분은 궁극적으로 모든 나라의 재물을 섭리하시고 통치하시기 때문이다.

2:9상 학개는 현재의 성전('이 성전')이 솔로몬 성전보다 더 큰 영광을 지니게 되리라고 말했다. 왜냐하면 헤롯의 통치 시에 메시아가 찾아와 성전을 단장하실 것이기 때문이다(참조, 마 12:6; 요 2:13~22, 헤롯 성전은 포로 후기 제2차 성전 건축의 연속이지 제3의 성전이라 할 수 없을 것이다). 더욱이 더 큰 영광의 궁극적인 성취는 천년왕국 시대의 성전에서 이루어질 것이다.

백성은 포로 생활 후 이 성전을 건축함으로, 예배의 중심된 자리에서 하나님 자신을 드러내시려는 그분의 계획을 진흥시킬 수 있을 것이다. 이 계획은 솔로몬 성전과 미래에 있을 천년왕국의 성전에서도 동일하다. 그러므로 그들의 건축 사역은 단순히 건물을 짓는 것 이상으로, 하나님의 천년왕국 계획에서 절정을 이룰 영적인 역사인 것이다.

2:9하 메시아 시대의 축복들이 한마디로 요약되어 있다. 그것은 '평강'이다. '이곳'은 성전을 가리키는 것이 아니라, 예루살렘을 가리키는 말일 것이다. 예루살렘에 영속하는 평강은 평강의 왕의 임재로 말미암을 것이다(참조, 사 9:6; 슥 9:9~10).

Ⅲ. 셋째 메시지: 순종의 현재적 축복을 드러냄 (2:10~19)

A. 표제(2:10)

2:10 셋째 메시지의 표제는 그 연대를 BC 520년 키스레브월 24일(12월 18일)로 밝히는데, 그때 또다시 선지자 학개는 여호와로부터 말씀을 받았다. 둘째 메시지를 받고 난 후 2개월간(2:1의 제7월, 2:10의 제9월) 스가랴 선지자는 그의 사역을 시작했다(1:1).

B. 부패한 죄의 결과를 보여 주는 의식적 비유(2:11~14)

2:11~13 여호와께서는 학개에게 명령하시어, 제사장들에게 율법에 대해 물어보라고 하셨다. 이 말은 의식적인 문제에 관한 공식적인 제사법을 추구하라는 것이었다. 의식적인 성결에 관한 학개의 질문들에 제사장들은 부정적으로 대답했다. '거룩한 고기'란 특별한 희생의 목적으로 따로 떼어 놓은 고기를 의미한다(참조, 레 6:25; 민 6:20). 그 고기를 싼 옷자락은 거룩해질 것이지만(참조, 레 6:27), 그 옷자락이 떡이나 국이나 포도주나 기름이나 다른 음식물에 닿았다고 해서 그 거룩함이 전달되지는 않을 것이다.

그러나 의식적 불결이 전달되는 것에 관한 학개의 질문에 대한 제사장들의 대답에 암시되어 있는 것처럼, 의식적 불결의 경우에는 해당되지 않았다(13절). 한 사람의 의식적 불결은('시체를 만져서 부정하여진 자'처럼) 전염병처럼 다른 물건에도 전염될 수 있었다(레 11:28; 22:4~7).

2:14 학개는 2장 13절에 나타난 제사장들의 대답을 유다 백성에게 적용시켰다. 불순종은 희생 제사가 하나님께 받아들여질 수 없게 만든다. 이스라엘 나라의 부정함은 성전 재건을 시작하기 전으로 거슬러 올라갔다. 왜냐하면 그 부정함은 '이제'(from this day on[2:15]) 변화된 상황과 대조되기 때문이다.

C. 과거의 징계와 비교되는 현재적 축복의 약속(2:15~19)

2:15~17 학개는 유다 백성이 성전 재건을 하지 않음으로 하나님께 불순종해 찾아온 이전의 경제적 재난을 회상하도록 요청했다. 5회의 말씀을 통해(1:5, 7; 2:15, 18[2회]) 성전을 짓기 전의 그들의 불순종과 그들의 죄의 결과를 살펴보도록 도전했다.

1장 6절에 기록된 대로, 그들의 수확량이 또다시 부족하리라고 말했다(16절). 밀의 수확량은 50% 줄어들고(20고르에서 10고르로), 포도 수확량은 60% 감소했다(50고르에서 20고르로. 참조, 1:10~11; 2:19). 하나님은 이러한 결과에 대한 책임을 밝히셨다: "내가 너희 손으로 지은 모든 일에…쳤으나"(참조, 1:9, "내가 불어 버렸느니라"). 병충해와 곰팡이(blight, mildew, NIV, 개역개정에는 '곡식을 마르게 하는 재앙과 깜부기 재앙')는 여러 곳에서 불순종에 대한 하나님의 심판과 관련되어 나온다(신 28:22; 왕상 8:37; 대하 6:28; 암 4:9). 우박도 여러 번 심판의 말씀에 나타난다(출 9:25; 사 28:2; 30:30). 농경사회에서 그런 심판은 경제와 생존에 치명적인 재난이 된다.

여호와께서는 이전 세대의 불순종처럼(암 4:9), 그분의 징계의 손에 대해 올바른 반응을 하지 못한 백성의 실패를 생각나게 하셨다: "너희가 내게로 돌이키지 아니하였느니라"(17절).

2:18~19 지난날의 불순종에 대한 하나님의 현재적 징계를 인용한 뒤에, 학개는 백성에게 성전 건축의 재개가 당대의 축복의 시작임을 기억하도록 촉구했다. 그들은 성전의 기초를 놓았던 날을 기억하도록(문자적으로, '마음을 고정하도록'. 참조, 1:5, 7; 2:15) 요청받았다. 그들은 이 셋째 메시지가 전해지는 날로부터(제9월) 3개월 전(제6월. 참고, 1:14~15)을 회고해야 했다. 하나님의 심판으로 말미암은 가뭄 때문에 이미 그해의 수확량이 영향을 받았고, 이미 그들의 창고는 조금 남아 있던 곡식조차 비어 있었다. 그들에게는 주요 산물(곡식 종자, 포도, 감람나무 열매)도, 비싼 열매(무화과, 석류)도 없었다. 이러한 현실을 그들은 기억해야 했다.

그러나 이제 상황이 달라질 것이다. 왜냐하면 "오늘부터는 내가 너희에게 복을 주리라"(19절)라고 여호와께서 약속하셨기 때문이다. 성전을 재건하는 일에 그들이 성실하게 순종한다면 그들은 하나님의 축복을 경험할 것이다.

Ⅳ. 넷째 메시지: 스룹바벨에 관한 메시아적 예언 (2:20~23)

A. 표제(2:20~21상)

2:20~21상 마지막 메시지도 선지자, 연대, 그리고 대상을 언급함으로 시작된다. 이전의 메시지에서처럼, 학개는 자신이 단지 여호와의 말씀을 전달하는 여호와의 사신이라고 말했다. 이 메시지는 셋째 메시지와 동일한 날짜, 곧 BC 520년 키스레브월 24일(12월 18일)에 학개에게 임했다. 그러나 이 메시지는 유다 총독 스룹바벨에게만 해당되었다. 백성에게 성전 재건을 위한 용기가 필요했던 것처럼, 스룹바벨 역시 광대한 바사 제국의 구석에 거주하는 무관심한 유다 백성을 인도하는 데 격려가 필요했던 것 같다.

B. 장차 이방의 왕국들을 전복시키실 것을 선언함 (2:21하~22)

2:21하 하나님은 학개를 통해 스룹바벨에게 자신이 하늘과 땅을 진동시킬 것이라고 말씀하셨다. 둘째 메시지의 경우처럼(2:6~7), 지진은 하나님의 심판을 의미하며, 이방의 강대국들에 대한 하나님의 심판의 주제를 소개한다.

2:22 스룹바벨은 학개를 통해 하나님이 여러 왕국들의 보좌를 엎을 것이요, 여러 나라의 세력을 멸하실 것을 알게 되었다. 이것은 다니엘 2장의 큰 우상으로 상징된 이방 세계 강대국들의 멸망을 생각하게 해 준다. 그때 세계적 메시아 왕국이 이방의 왕국을 대신할 것이다(단 2:34~35, 44~45). 병거를 전복시키고, 말과 그 탄 자를 엎드러뜨리는 것은 세계적 통치의 변화가 정치적일 뿐 아니라 군사적일 것임을 암시한다. 주님의 재림 시(계 19:11~21) 아마겟돈 전쟁의 혼동 속에서(계 16:16~18), 많은 사람이 자신들의 형제를 향해 칼을 들 것이다(슥 12:2~9; 14:1~5).

C. 다윗 왕국의 회복을 선언함(2:23)

2:23 이 구절에서 3가지 사실이 현저히 눈에 띈다: (a) 여호와께서 이방을 심판하는 미래의 날에 이 예언을 완성시키실 것이다(참조, 2:21~22). (b) 여호와께서 스룹바벨을 그분의 인장으로 삼으실 것이다. (c) 여호와께서 스룹바벨을 택해 다윗 가계의 통로를 삼으시고, 메시아의 대리자, 또는 유형을 삼으실 것이다. '내 종'이라는 표현은 주로 다윗 왕을 가리켰다(참조, 이사야서의 "종의 노래"[사 42:1~9; 49:1~13; 50:4~11; 52:13~53:12], 또한 삼하 3:18; 왕상 11:34; 겔 34:23~24; 37:24~25을 참조하라). 학개와 동시대 사람인 스가랴는 스룹바벨을 가리켜 메시아의 칭호인 '싹'(Branch)이라고 불렀다(슥 3:8; 6:12. 참조, 사 11:1; 렘 23:5~6; 33:14~16).

스룹바벨을 '인장'(signet ring)에 비유하신 중요한 이유는 예레미야 22장 24~25절의 비유에 의해 명확해진다('인장'은 왕의 권위, 또는 개인의 소유를 나타낸다). 하나님은 여호야긴(스룹바벨의 조부)이 자신의 인장 반지라 해도 손에서 그를 뽑아 내어 느부갓네살에게 주리라고 말씀하셨다. 아마 하나님은 여호야긴에게 내리신 저주를 스룹바벨로 인해 취소하신 것인지도 모른다. 어찌 되었든 메시아의 후손의 가계에서 스룹바벨의 위치는 메시아를 예표하는 그의 기능으로 견고해졌다(마 1:12).

'그날에'라는 말은 메시아 시대의 미래의 완성을 가리키므로, 스룹바벨이 학개의 시대에 다윗의 왕좌에 앉아 실제로 통치했다는 것은 잘못된 가정이다. 이런 의도가 전혀 없었던 것은 대제사장 여호수아가 이스라엘을 정치적으로 통치하지 않은 것과 마찬가지다(슥 3:1~10).

여호수아가 존귀하게 되는 것은 메시아에 의해 완성될 미래적 사실을 상징한다(슥 6:9~15). 여호수아는 스가랴의 환상 속에서 그의 공적인 기능상 대제사장으로 묘사되었다. 유사하게, 스룹바벨은 다윗의 자손으로서 그의 대리적인 위치상 여호와의 '인장'으로 불렸다. 이것은 그의 생애 동안 그 자신의 성취를 위해서가 아니라, 최종적 다윗의 아들(즉 예수 그리스도)의 왕국에서 이루어질 메시아적 완성을 위해서 그렇게 불린 것이다(눅 1:32~33). 어떤 해석에 따르면, 미래의 그리스도적 천년왕국의 시대에 스룹바벨이 다윗과 더불어 위임된 권세를 행사한다고 본다.

적절하게도 학개서의 마지막 단어들은 '만군의 여호와'다(참조, 1:2의 주석). 전능하신 계약의 하나님은 학개를 통해 약속하신 모든 것을 성취하실 수 있다. 성전은 재건될 것이고, 여호와의 영광으로 가득할 것이다. 마지막 다윗의 아들이 평강과 의 안에서 세상을 통치하실 것이다. 그러므로 하나님의 백성은 하나님이 그들을 부르신 그 일에 신실해야 한다.

참고문헌

- Baldwin, Joyce G. *Haggai, Zechariah, Malachi: An Introduction and Commentary.* Downers Grove, Ill.: InterVarsity Press, 1972.
- Frinberg, Charles L. "Haggai." In *The Wycliffe Bible Commentary.* Chicago: Moody Press, 1962.
- _____. *The Minor Prophets.* Chicago: Moody Press, 1976.
- Gaebelein, Frank E. *Four Minor Prophets: Obadiah, Jonah, Habakkuk, and Haggai.* Chicago: Moody Press, 1970.
- Keil, C. F. "Minor Prophets." In *Commentary on the Old Testament in Ten Volumes.* Vol. 10. Reprint (24 vols. In 10). Grand Rapids: Wm. B. Eerdmans Publishing Co., 1982.
- Laetsch, Theo. *The Minor Prophets.* St. Louis: Concordia Publishing House, 1956.
- Tatford, Frederick A. *The Miner Prophets.* Vol. 3. Reprint (3 vols.). Minneapolis: Klock & Kolck Christian Publishers, 1982.
- Wolf, Herbert. *Haggai and Malachi.* Chicago: Moody Press, 1976.
- Wolff Richard. *The Book of Haggai.* Grand Rapids: Baker Book House, 1967.

אֵלַי נְאֻם יְהוָה צְבָאוֹת וְאָשׁוּב אֲלֵיכֶם אָמַר יְהוָה צְבָאוֹת
־אֲבוֹתֵיכֶם קָצֶף וְאָמַרְתָּ אֲלֵהֶם כֹּה אָמַר יְהוָה צְבָאוֹת שׁוּבוּ
בְּחֹדֶשׁ הַשְּׁמִינִי בִּשְׁנַת שְׁתַּיִם לְדָרְיָוֶשׁ קָצַף יְהוָה עַל

The Bible Knowledge Commentary 18

Zechariah
서론

서론

종종 인용되는 진술로서, 조지 L. 로빈슨(George L. Robinson)은 스가랴서를 가리켜 구약성경 중에서 가장 메시아적이고, 가장 묵시적이고, 가장 종말론적이라고 말했다(*International Standard Bible Encyclopedia*. Grand Rapids: Wm B. Eerdmans Pub. Co., 1956). 스가랴서는 메시아 사상을 강조함으로 신약성경의 저자들에 의해 자주 인용되었다. 네슬(Nestle)과 알랜드(Aland)는 신약성경에서 스가랴서가 41회 인용된 내용을 열거했다(Eberhard Nestle and Kurt Aland, *Novum Testamentum Graece*. New York, American Bible Society, 1950).

선지자 스가랴

포로 후기의 선지자 스가랴는 바벨론에서 태어난 레위 족속이었다(느 12:1, 16). 그는 베레갸의 아들이요, 제사장 잇도의 손자였다(1:1). 에스라와 느헤미야는 그를 가리켜 '잇도의 후손'(a descendant of Iddo, NIV, 개역개정에는 '잇도의 손자'로 번역됨, 히브리어에서 '아들'과 '후손'은 동의어다)으로 표현했는데(스 5:1; 6:14. 참조, 느 12:4, 16) 아마 스가랴의 부친이 일찍 세상을 뜨고, 스가랴가 그의 조부의 후계자가 되

었던 것 같다(참조, 느 12:4, 16). 그래서 이전의 예레미야나 에스겔처럼 스가랴는 선지자이자 제사장이었다. '스가랴'라는 이름은 구약성경에 30여 명의 동명이인이 있는데, 그 뜻은 '여호와께서 기억하신다'라는 것이다.

스가랴는 선지자 학개, 총독 스룹바벨과 대제사장 여호수아와 동시대의 사람이었다(3:1; 4:6; 6:11; 스 5:1~2). 스가랴는 거의 5만 명의 유대인들과 함께 바벨론에서 예루살렘으로 귀환했다. 학개는 상당히 연로한 때에 사역을 시작했던 반면, 스가랴는 비교적 젊은 나이에 예언 사역을 시작했던 것 같다(참조, 2:4).

역사적 배경

BC 722년에 앗수르 제국의 침략으로 이스라엘의 북 왕국이 멸망했던 것처럼, BC 586년에 느부갓네살 군대에게 예루살렘이 함락됨으로 유다 왕국은 종말을 고하게 되었다. 선지자 예레미야에 의해 예언된 것처럼, 예루살렘의 주민들 대부분은 대략 70년 동안 바벨론으로 이주되었다(렘 25:11; 29:10). 이 기간 동안 다니엘은 하나님이 메시아의 통치 아래 지상에 그분의 왕국을 세우실 때까지 이방 나라들이 유다와 이스라엘을 지배하리라는 계시를 받았다(단 2:7). 이 기간은 예수 그리스도에 의해 '이방인의 때'라고 지칭되었다(눅 21:24).

바벨론 제국이 바사(페르시아) 제국에 의해 멸망되었을 때(BC 539) 고레스 대왕은 유대인들에게 그들의 성전을 재건하기 위해 예루살렘으로 귀환할 수 있다는 조서를 내렸다(스 1:2~4. 참조, 사 44:28). 그런데 단지 5만 명의 적은 유대인들만이(학개와 스가랴 포함) 총독 스룹바벨과 대제사장 여호수아의 인솔 아래 귀환했다(스 2장). 재건된 번제단 위에서 레위인에 의한 희생 제사가 다시 제정되었고, 귀환 제2년에 성전의 기초가 놓였다(스 3:8~13; 5:16). 그러나 외적인 핍박과 내적인 의기소침 때문에 16년 이상이나 성전 재건의 역사가 정지되었고, 바사 왕 다리오 히스타스피스(Darius Hystaspis, BC 522~486) 때까지 계속되었다.

다리오 왕 통치 제2년(BC 520)에 하나님은 선지자 학개를 일으켜 유다 백성에게 성전 재건을 하도록 촉구하셨다(스 5:1~2; 학 1:1). 학개는 4개월 동안 4회의 설교를 한 후 무대에서 사라졌다. 학개가 첫째 메시지를 전한 지 2개월 후 스가랴가 그의 예언 사역을 시작했다(참조, 1:1; 학 1:1). 그는 이스라엘의 미래를 위한 하나님의 계획을 계시함으로 백성의 영적 부흥을 촉구하고, 성전 재건을 격려했다. 이런 선지자의 역할에 힘입어 백성은 BC 515년(스 6:15)에 성전 재건을 완료했다.

스가랴의 예언에서 연대가 나온 부분은 성전 재건 기간 내에 해당된다. 스가랴 9~14장의 연대가 기록되지 않은 부분은 그의 사역 후반기에 기록된 것으로 보인다.

다음 요약은 학개와 스가랴의 사역에 있어 중요 연대를 비교한 것이다.

⟨학개와 스가랴의 시대에 있었던 중요한 사건들의 연대⟩

BC 520년 8월 29일   학개의 첫째 메시지(학 1:1~11; 스 5:1)
BC 520년 9월 21일   성전 재건 시작됨(학 1:12~15; 스 5:2)
BC 520년 10월 17일   학개의 둘째 메시지(학 2:1~9)
BC 520년 10~11월   스가랴의 사역이 시작됨(슥 1:1~6)
BC 520년 12월 18일   학개의 셋째 및 넷째 메시지(학 2:10~23)
BC 519년 2월 15일   스가랴의 8가지 환상(슥 1:7~6:8)
BC 518년 12월 7일   벧엘에서 파송됨(슥 7장)
BC 515년 3월 12일   성전이 봉헌됨(스 6:15~18)

스가랴서의 단일성

스가랴서의 단일성이 최초로 의심받은 것은 9~14장이 예레미야와 같은 포로 이전의 선지자에 의해 기록되었다고 주장하는 사람들에 의해서였다(참조, 11:12~13; 마 27:9~10). 그런데 고등비평의 전통에 의하면, 그 부분이 스가랴 시대 훨씬 이후에 구성되었다고 일반적으로 주장되고 있다(대략 BC 3세기). 후대에 기록되었다고 주장하는 이유는 문체의 상이성과 역사적 기술의 차이다.

이 주장에 대해서 보수적인 학자들은 스가랴서 전체가 스가랴 선지자에 의해 기록되었다고 충분히 반박하고 있다(Hobart E. Freeman, *An Introduction to the Old Testament Prophets*. Chicago: Moody Press, 1968, p. 337~44; Merrill F. Unger, *Commentary on Zechariah*, p. 12~4).

주제와 문체의 차이와 스가랴의 생애의 후기성 등의 이유가 9~14장에서 발견되는 문체의 상이성을 적절히 설명해 준다. 스가랴 9장 13절에 '헬라'가 언급된 것은 이 책이 앞날을 예언하는 예언의 글임을 감안할 때, 후대의 글이라 할 필요가 없다.

문체와 문학 장르

스가랴서의 문체는 축약과 상당히 상징적인 문장으로 구성되었다는 특징이 있다. 스가랴는 그의 전임자들에게 많이 의존했음을 알 수 있으며, 그들의 예언적 주제들을 많이 요약했다. 그러면서도 하나님의 성령이 그에게 보여 주신 거룩한 계시의 기록을 주도할 때는 사상과 표현의 창조적인 독특성을 드러냈다.

스가랴의 예언서는 여러 유형의 문학 장르를 내포하고 있다. 서두의 권면에 이어(회개를 촉구함, 1:2~6), 스가랴는 그가 어느 날 밤에 보았던 8개의 예언적 꿈과 환상을 보여 주었다(1:7~6:8). 이 환상들은 묵시(계시) 문학의 형태로 기록되었는데, 종말론적 권면을 고도로 상징적으로 기술하고 있다. 9~14장은 2개의 예언적 신탁(oracles)으로 구성되어 있는데(참조, 9:1의 주해), 이스라엘의 미래적 구원에 대한 약속으로 구성되어 있다.

개요

I. 8개의 상징적 환상(1~6장))

A. 환상에 대한 서론(1:1~6)
   1. 회개의 요청에 대한 서언(1:1)
   2. 회개의 요청의 상세 내용(1:2~6)

B. 환상의 전달(1:7~6:8)
   1. 화석류나무 사이에 붉은 말을 탄 사람의 환상(1:7~17)
   2. 네 뿔과 네 장인의 환상(1:18~21)
   3. 척량줄을 잡은 사람(측량자)의 환상(2장)
   4. 여호수아를 정결하게 하고 관을 씌움(3장)
   5. 순금 등잔대와 두 감람나무의 환상(4장)
   6. 날아가는 두루마리의 환상(5:1~4)
   7. 에바 속의 여인의 환상(5:5~11)
   8. 네 병거의 환상(6:1~8)

C. 환상을 종결짓는 상징적인 행동(6:9~15)
   1. 상징적 대관식(6:9~11)
   2. 예언적인 메시지(6:12~13)

The Bible Knowledge Commentary

  3. 가시적인 기념 면류관(6:14)
  4. 우주적인 중요성(6:15)

II. 4개의 해설적인 메시지(7~8장))

 A. 금식의 질문에 요구된 메시지(7:1~3)
 B. 여호와의 응답으로 선포된 메시지(7:4~8:23)
  1. 책망의 메시지(7:4~7)
  2. 회개의 메시지(7:8~14)
  3. 회복의 메시지(8:1~17)
  4. 기쁨의 메시지(8:18~23)

III. 2개의 계시적 신탁(9~14장))

 A. 기름 부음 받은 왕이 배척됨(9~11장)
  1. 이스라엘 주변 나라들에 대한 심판(9:1~8)
  2. 메시아의 축복들(9:9~10:12)
  3. 선한 목자의 배척과 이스라엘의 결국(11장)

B. 배척된 왕이 보좌에 오름(12~14장)
   1. 이스라엘의 구속(12~13장)
   2. 왕이 돌아옴(14장)

אֵלַי נְאֻם יְהוָה צְבָאוֹת וְאָשׁוּב אֲלֵיכֶם אָמַר יְהוָה צְבָאוֹת
־אֲבוֹתֵיכֶם קָצֶף וְאָמַרְתָּ אֲלֵהֶם כֹּה אָמַר יְהוָה צְבָאוֹת שׁוּבוּ
בַּחֹדֶשׁ הַשְּׁמִינִי בִּשְׁנַת שְׁתַּיִם לְדָרְיָוֶשׁ קָצַף יְהוָה עַל

The Bible Knowledge Commentary 18
Zechariah
주해

The Bible Knowledge
Commentary

주해

I. 8개의 상징적 환상(1~6장)

A. 환상에 대한 서론(1:1~6)

스가랴서 전체에 대한 서론은 8개의 묵시적 환상의 시리즈를 소개한다. 회개의 경종은 뒤따르는 8개의 환상들에서 이스라엘에게 약속된 영적 축복을 위한 요구 조건을 제시한다. 하나님은 회개하지 않은 마음에는 위로를 전하시지 않는다. 아브라함과(참조, 창 12:2~3; 15:5~21) 다윗에게(참조, 삼하 7:8~16) 세우신 하나님의 계약은 이스라엘을 향한 그분의 목적이 성취될 것임을 분명히 드러냈다. 그러나 그 계약들은 하나님의 약속된 축복을 경험하기 위해 이스라엘의 각 세대들이 하나님께 순종해야 할 것을 전제한 것이었다.

1. 회개의 요청에 대한 서언(1:1)

1:1 이 구절은 회개의 요청에 있어서 시대, 기원, 중재자를 밝혀 준다. 제8월(BC 520년 10월 27일 시작함)이라는 구체적인 날짜는 별로 중요하지 않은데도 일부러 기록된 것이 아니다. 유다의 선지자가 이방의 왕 치하에서 그의 예언의 날짜를 정했다는 사실이 중요하다. 이것은 '이방인의 때'가 지금 진행 중이고(참조, 눅 21:24; 단 2:7), 다윗의 후손이 왕위에 앉아 있지 않다는 사실을(참조, 호 3:4~5) 그의 모든 청취자에게 생생하게 상기시키고 있는 것이다.

스가랴는 단지 이 예언의 중개자일 뿐, 그가 스스로 한 말이 아니었다. 그에 앞서 다른 참된 선지자들에게 그러했던 것처럼, 여호와의 말씀이 그에게 임했다(참조, 호 1:1; 욜 1:1 등). 스가랴는 선지자로서 하나님의 확실한 말씀을 백성에게 전하도록 부름 받은 종이요, 대변인에 지나지 않았다.

스가랴의 가계에 관해서는 스가랴 1장 7절에 3대에 걸친 조상이 언급되었다. 그러나 에스라 5장 1절과 6장 14절에서는 스가랴가 '잇도의 후손'으로 불렸다(히브리어에서 '아들'과 '후손'은 동의어다). 이처럼 선지자는 그의 잘 알려진 조부와 관련해 등장했다(왕하 9:2, 14; 왕상 19:16; 왕하 9:20에 기록된 예후의 가계의 비교가 이 현상을 설명하고 있다).

2. 회개의 요청의 상세 내용(1:2~6)

조상들의 허물을 반복하지 말라는 엄중한 경고는 스가랴 시대의 사람들이 하나님이 미래에 이스라엘을 위해 성취하고자 하시는 위대한 일들로 인해 갖게 될지도 모르는 그릇된 안정감을 깨뜨리기 위해 주어진 것이다(참조, 고전 10:11의 바울의 경고). 하나님의 진노(2절)와 계속해서 그분의 은혜를 강조하는(3절) 당대인들을 위한 경고의 말씀은 과거로부터 3가지의 엄숙한 교훈을 끄집어 낸다. 그것은 불순종(4절)과 지연(5절)과 의심(6절)에 대한 경고다.

1:2 스가랴는 이전 세대에서 경험한 예루살렘의 멸망과 포로 생활이 하나님의 분노의 결과임을 시인했다: "여호와가 너희의 조상들에게 심히 진노하였느니라"(문자적으로, '노함으로 진노하였다'). 이 말은 극도의 불쾌감을 가리키는 표현이다. 이스라엘 나라와 개인적인 계약 관계를 수립하셨던 여호와께서는 그들의 조상, 특히 포로 이전의 지난 세대들에게 극도로 분노하셨다(왕하 21:14~15). 그 이유는 그들의 불순종 때문이었다.

1:3 그들의 조상들의 죄 때문에 성전이 황폐하게 되었다면, 오늘날 그

들의 죄로 인해서는 성전 재건이 지연되었다. 그럼에도 불구하고 만군의 여호와께서는 그들에게 회개의 초청을 은혜롭게 베푸셨다. 하나님의 이름('만군의 여호와')이 3회나 반복된 것은 회개의 요청에 담긴 하나님의 간절함을 강조한 것이다. 하나님의 축복을 받아들이는 조건은 단순히 성전을 재건하는 것이 아니라, 하나님께 돌아가는 것이었다. 하나님의 율법이나 그분의 계명들로 돌아가는 것이 아니라, 여호와께로 돌아가는 것이었다.

2개월 전 그들의 회개는(참조, 학 1:12~15) 명백히 불완전한 헌신으로, 그 결과 성전 재건의 지연을 가져왔다. 그런데 여호와께 온전히 돌아오면 하나님의 축복을 받게 될 것이며, "내가 너희에게로 돌아가리라"라는 약속이 따랐다.

1:4 불순종에 대한 경고로써, 여호와를 거역했을 뿐 아니라 포로 전 선지자들('옛적 선지자들')의 메시지를 듣지 않았던 그들의 조상들의 나쁜 예를 거론했다. 이 초기의 선지자들은 바벨론 포로 기간 동안 활동한 스가랴와 그의 동시대 사람들과 간격을 두고 있다. 포로 전기에 선포된 메시지의 한 가지 중요한 특징은 회개에의 부름이었다. 즉 "너희는 악한 길, 악한 행위를 떠나서 돌아오라"라는 것이었다. 이것은 선지자 자신의 세대를 향한 메시지의 주요 내용이었다(참조, 렘 3:12~13; 18:11; 25:5~6; 겔 33:11; 호 14:1; 욜 2:12~13; 암 5:4~6).

예언의 또 다른 면은 스가랴의 사역에 현저히 나타나 있다(9~14장). 조상들의 부정적인 반응("그들이 듣지 아니하고 내게 귀를 기울이지 아니하였느니라")은 옛적 선지자들의 글에도 나타나 있었다(렘 17:23; 29:19; 36:31).

1:5 성전 건축 지연에 대한 경고는 인생의 단명함에 주목할 것을 요청하는 두 가지 확실한 수사적 질문으로 전달되었다. 스가랴는 이렇게 물었다: "너희 조상들이 어디 있느냐." 그들은 옛적 선지자들에 의해 예언된 대로, 칼과 기근, 역병과 자연 재해에 의해 죽임을 당했다. 스가랴의 둘째 질문은 "선지자들이 영원히 살겠느냐"였다. 그에 대한 응답은 "아니다"였다. 그들의 사역도 짧을 것이다. 그러므로 그들이 제공하는 회개의 기회를 무시해서는 안 될 것이다.

1:6 의심에 대한 경고가 하나님의 심판의 메시지가 유효하며 확실히 이루어질 것이라고 인정하는 스가랴의 말속에 함축되어 있다. 이 메시지는 '내 말'(심판을 경고하는 말. 예, 렘 39:16)과 '내 법도'(decrees, 판결. 예, 습 2:2; 사 10:1)로 구성되었다. 비록 선지자는 죽어 사라질지라도, 하나님의 말씀은 살아서 성취될 때가 온다. 하나님의 말씀이 확실히 이루어질 것이라는 사실이 그분의 말과 법도들이 조상들에게 임했다는 데 나타나 있다. '임하다'라는 말의 원래 히브리 단어는 '심판이 악행자를 뒤쫓아 그를 붙잡는다'라는 뜻을 함축하고 있다. 그 말은 신명기 28장에서 심판(신 28:15, 45)과 축복(신 28:2) 모두에 사용되었으며, 피의 보복자의 행동에도 사용되었다(신 19:6).

조상들이 돌이켰다는 것은 그들이 하나님께로 돌이켰다는 것이 아니라, 그들이 심판을 받아 마땅하며, 하나님이 그들을 포로로 내보내심으로 의도하신 바를 의롭게 이루셨다는 것을 깨닫고 인식했음을 의미할 것이다(애 2:17). 반면, 많은 사람이 포로 기간 동안 신실하게 회개했을 것이며, 그 결과 그들은 용서받고 고국땅으로 돌아올 수 있었다.

이처럼 스가랴의 계속된 환상과 예언에 계시된 영적 축복을 경험하기 위한 선결 조건은 순전한 마음으로, 온 마음을 다해서 여호와께 돌아가는 것이다. 그들은 그들의 조상들과 마찬가지로 하나님께 순종하지 않았다. 그 조상들은 하나님의 심판의 결과, 포로로 사로잡혀 가게 되었다.

B. 환상의 전달(1:7~6:8)

스가랴의 8개 환상		
환상	관련 구절	의미
화석류나무 사이에 붉은 말을 탄 사람	1:7~17	열방에 대한 하나님의 심판과 회복된 이스라엘에 대한 하나님의 축복
네 뿔과 네 장인	1:18~21	이스라엘을 괴롭히는 나라에 대한 하나님의 심판
척량줄을 잡은 사람 (측량자)	2장	회복된 이스라엘에 대한 하나님의 미래의 축복
대제사장 여호수아를 정결하게 하고 관을 씌움	3장	장차 이스라엘을 죄로부터 정결하게 하고 제사장 나라로 삼으심
순금 등잔대와 두 감람나무	4장	왕이요, 제사장이신 메시아 때에 이스라엘이 열방을 비춤
날아가는 두루마리	5:1~4	이스라엘 각 사람을 향한 하나님의 심판의 혹독함
에바 속의 여인	5:5~11	하나님에 대한 이스라엘의 국가적 죄를 제거하심
네 병거	6:1~8	이방 국가들에 대한 하나님의 심판

어느 날 밤 스가랴는 연속적인 8개의 환상을 보았는데, 그것은 천사

에 의해 해석되었다. 그 환상은 이스라엘 나라의 미래를 묘사한 것이었다. 환상 속에 드러난 하나님의 영적 축복의 계획은 스가랴 시대의 성전 재건과 메시아 치하에 있을 이스라엘 나라의 회복 사이의 수 세기를 연결짓는다(행 1:6에서도 여전히 미래적인 사건으로, 그리스도의 재림의 때에 완성된다. 참조, 행 15:16).

조이스 볼드윈(Joyce Baldwin)은 스가랴의 환상에 대한 기록에서 '기준이 되는 형식'(Standard Pattern)을 바르게 관찰했다: (a) 서론적인 말, (b) 보이는 것들에 대한 묘사, (c) 스가랴가 천사에게 그 의미를 질문함, (d) 천사의 설명.

그는 또한 4개의 환상이 그 환상에 따르는 요약적인 신언(神言)과 함께 기록되었다는 점에 주목했다(1:14~17; 2:6~13; 6:9~15).

1. 화석류나무 사이에 붉은 말을 탄 사람의 환상(1:7~17)

이 환상은 흩어지고 짓밟힌 이스라엘을 위해 일반적으로 희망이라는 주제를 취급한다. 이방인의 압제가 하나님의 축복의 약속과 위로로 가려져 있다.

1:7상 환상이 주어진 날은 다리오 왕 제2년 스밧월 24일이다(BC 519년 2월 15일). 스밧월은 제11월에 해당하는 바벨론의 달로서, 포로 후 유대인들에 의해 채택되었다. 이날은 성전 건축이 재개된 지 5개월 후이며(참조, 학 1:14~15; 2:15), 스가랴의 맨 처음 예언이 있은 지 3개월 후이고(1:1), 학개의 마지막 예언이 있었던 때로부터 2개월 후다(학 2:20, 메시아의 천년왕국 전에 있을 세계 강국들의 멸망에 관한 예언이다. 참

조, 학 2:21~23).

1:7하~8상 스가랴의 환상의 근거는 "여호와의 말씀이 임하니라"라는 구절에 의해 분명히 밝혀졌는데(참조, 1:1), 이는 신적 계시를 알리는 예언서의 독특한 표현이다. 이 환상은 부분적인 해석과 함께 영을 통해 보여졌는데, 문자적 계시의 중요성을 지니고 있으며, 후속적인 하나님의 말씀에 의해 보완되었다. '내가 환상을 받았다'(I had a vision, NIV, 개역개정에는 '내가 보니'로 번역됨)라는 말은 하나님의 계시가 스가랴에게 전달된 수단을 가리킨다. 이는 꿈을 가리키지 않으며, 더욱이 문자적 형식을 가리키지도 않는다. 스가랴는 분명히 깨어 있었는데, 그것은 그의 질문(1:9)과 요구(3:5)에 의해 분명히 알 수 있다.

1:8하 이 환상에는 3가지 사실이 포함되어 있다: (a) 스가랴가 본 것에 대한 묘사(8절), (b) 그 환상에 대한 설명(1:9~11), (c) 여호와의 천사에 의한 중보의 기도(1:12).

환상 전체를 통해 붉은 말을 탄 사람에게 초점이 맞추어진 사실은 그가 말 탄 사람들의 지도자임을 암시한다. 그는 그의 말을 타고 서 있었는데, 마치 그가 보낸 자들의 보고를 기다리는 것처럼 보였다. 그는 11절의 '여호와의 천사'와 동일한 인물이다. 이 천사는 골짜기의 화석류나무 사이에 서 있었는데, 그곳은 아마도 예루살렘의 남쪽, 또는 동남쪽의 기드론 골짜기였던 것 같다. 그곳에는 이 향기 나는 사철나무가 항상 풍성히 피어 있다.

말 탄 자들은 그 뒤에 있었다(왜냐하면 보고하기 위해서, 11절). 그러나 더 중요한 사실은 말들의 색깔이다. 붉은색, 자주색(NIV에는 '갈색'[brown]으로 되어 있음), 흰색이다. 그 색깔들의 의미는 여기에 언급되지 않았다. 그리고 사실 '갈색(자주색)', 또는 '점박이'(speckled, 흠정역)로 번역된 히브리 단어는 구약성경에서 이곳에만 나타나기 때문에, 그 의미를 확실히 말하기가 곤란하다.

1:9~11 스가랴가 그 환상의 의미를 물었을 때("이들이 무엇이니이까". 참조, 1:19; 4:4; 5:6, 11; 6:4) 해석하는 천사가 대답해 주었다. 다섯째와 여섯째 환상에서 그 천사는 스가랴에게 그 의미를 아는지 물었다(4:2, 5, 13; 5:2). 분명히 이 질문은 그의 호기심을 불러일으키려는 의도에서였다. 그 환상 속에서 '내게 말하는 천사'로 언급된 천사 (1:11, 13~14, 19; 2:3; 4:1, 4~5; 5:10; 6:4)는 11절에 나오는 여호와의 천사가 아니다(1:11~12; 3:1~6).

해석해 주는 천사는 사람들이 말하게 함으로써 스가랴에게 그 의미를 알려 주었다. 첫째 사람은 붉은 말 옆에 있는 중심 인물로, 그는 다른 사람들을 가리켜 '여호와께서 땅에 두루 다니라고 보내신 자들'이라고 지칭했다. '두루 다니다'라는 표현은 여기서 군사적인 의미로, '순찰' 또는 '정찰'의 뜻으로 사용되었다. 페르시아의 왕들이 제국 전역에 걸쳐 사신들을 보냈듯이, 여호와의 천사는 세계를 살펴보도록 순찰자들을 보냈다. 그들은 '여호와의 천사'로 불리는 그들의 지도자에게 보고했다. 이 '천사'(문자적으로, '사신')는 성육신 이전의 그리스도께서 나타나신 것이라는 사실이 3장에서 분명해지는데, 그곳에서 그는 특별히 '여호와'로 불리며, 또 다른 분을 가리켜 '여호와'라 칭했다(3:2). 또한 그는 죄를 용서함으로 하나님의 권세를 행사했다(3:4).

순찰자들은 땅을 두루 살피는 일을 완수하고 나서, 온 땅이 평안하고 전쟁에서 쉬고 있음을 발견했지만, 이스라엘은 평안하지도 않고 안식하지도 못한다는 사실을 알게 되었다. 이 보고는 좋은 소식인가, 나쁜 소식인가? 그 평화가 다리오 왕 제2년 기간의 평화를 언급한다면, 그것은 페르시아의 압제와 불의의 결과다. 그렇다면 이것은 이방의 지배 아래 있던 이스라엘에게 불길한 소식이다.

이 환상은 전 세계적인 메시아 왕국을 기대한 종말론적인 의미를 띠고 있다고 할 수 있다. 왜냐하면 그 순찰은 광대한 페르시아 제국을 포함했을 뿐 아니라, 전 세계를 포괄했기 때문이다. 비록 전 세계('온 땅')가 페르시아 제국을 가리키는 말이긴 하지만 말이다.

1:12 여호와의 천사의 중보 기도는 독특한 것이다. 왜냐하면 여호와의 천사는 보통 하나님을 대신해 백성에게 나타나는데, 여기서는 백성을 대신해서 하나님께 중보적 기능을 담당하고 있기 때문이다. 여호와의 천사가 만군의 여호와께 기도하는 것은 하나님의 위격의 구분을 드러내는 것으로, 구약성경에서 삼위일체의 교리를 함축한 부분이라고 할 수 있다.

'언제까지'라는 애조 띤 말은 하나님이 이스라엘을 대신해 행동하시기를 바라는 이스라엘의 깊은 필요를 표현한 것이다. 예언된 70년의 포로 생활은 끝났다(참조, 렘 25:12; 29:10). 그러나 성읍은 아직 복구되지 않았다.

1:13 앞서의 환상은 이 세상에서 하나님이 다스리시는 활동을 드러냈지만, 여기서는 이스라엘에게 위로를 전달하시기 위해 입을 통한 메시지가 전달되었다. 여호와의 메시지는 해석하는 천사를 통해 스가랴에

게 전달되었고, 스가랴가 그 말씀을 백성에게 전달했다. 그 메시지의 내용은 (a) 이스라엘을 향한 하나님의 사랑(1:13~14), (b) 열방을 향한 하나님의 진노(1:15), (c) 하나님이 이스라엘을 축복하심(1:16~17)이었다. 선한 말씀, 위로하는 말씀이 1장 14~17절에 나타나 있다.

1:14 하나님의 자기 백성(예루살렘과 시온)을 향한 사랑이 '크게 질투하며'라는 말속에 표현되어 있다('질투하다'라는 말은 문자적으로, '큰 시기심으로 시기하다'라는 뜻이다). 이 말은 이스라엘을 향한 그분의 계약적 사랑을 지키시기 위한 '큰 질투'(불타는 질투)를 가리킨다(참조, 8:2). 이 타는 듯한 열정이 70년 동안 이스라엘을 향해 발동되었지만, 이제 그분의 분노가 이방 국가를 향하게 되었다. 이것이 두 번째 환상의 주제다(1:18~21).

1:15 열방을 향한 하나님의 진노가 중첩되어 표현되었다: "심히 진노하나니"(문자적으로, '큰 진노로 진노하다'라는 뜻이다. 참조, 1:2). 그 이유는 그들이 그릇된 안정을 즐기고 있었기 때문이다. 열방을 향한 하나님의 큰 진노는 이스라엘을 향한 그들의 무자비하고, 지속적이고, 지나친 심판 때문이었다. 하나님은 자기 백성을 적당히 심판하기를 원하셨지만('나는 조금 노하였거늘'), 열방들은 하나님이 이스라엘의 심판을 위해 의도하셨던 한계선을 초과해 고난을 더했다(참조, 사 47:6).

1:16~17 이스라엘을 향한 하나님의 축복과 열국을 향한 그분의 진노 때문에, 하나님은 이스라엘을 위해 6가지 축복을 약속하셨다: (a) 포로 전 성전에서 하나님의 영광이 떠난 것과 비교해 이제 예루살렘에 하나

님이 임재하심("내가 불쌍히 여기므로 예루살렘에 돌아왔은즉." 참조, 겔 43:5; 48:35), (b) 성전의 재건("내 집이 그 가운데에 건축되리니." 참조, 겔 40~48장), (c) 성읍의 재건("예루살렘 위에 먹줄이 쳐지리라." 참조, 렘 31:38~40), (d) 이스라엘이 부요해질 것임("나의 성읍들이 넘치도록 다시 풍부할 것이라." 참조, 사 60:4~9), (e) 예루살렘(시온)의 주민들이 하나님의 은혜로운 계약의 성취로 위로받을 것임(참조, 신 13:17; 30:3; 사 14:1; 49:15), (f) 그들은 택함을 받을 것임(2:12; 3:2). 이것은 하나님의 주권적인 사랑이 그들에게 향하고, 이스라엘과 새 계약을 수립하심을 언급한 것이다(렘 31:31~40. 참조, 롬 11:26~27).

신약적인 관점에서 이러한 축복들의 완전한 성취는 그리스도의 재림, 천년왕국의 성전 등 앞서 언급한 관련 성경 구절에 나온 천년왕국의 축복과 관련된다. 비록 성전 재건이 이 예언이 있은 지 43년 뒤에 완성되었고(스 6:15), 성읍의 부분적 재건이 80년 후에 완성되었지만(느 6:15), 에스겔서 본문에 의하면, 하나님의 영광이 천년왕국 시대까지는 성전에서 사라질 것을 지적하고 있다. 그럼에도 불구하고 스가랴 시대의 유대인들은 그 약속된 축복들이 임박했다고 느꼈을 것이고, 이로 인해 그들은 성전 재건에 박차를 가했을 것이다.

첫째 환상으로부터 몇 가지 현저한 사실들이 다음 두 개의 환상에서 자세히 전개되었는데, 둘째 환상에서 하나님의 열국을 향한 불쾌한 심정이 눈에 띄게 묘사되었고, 셋째 환상에서는 하나님이 함께하심으로 이스라엘을 번성하게 하실 것이 묘사되었다.

2. 네 뿔과 네 장인의 환상(1:18~21)

1장 13절과 17절에서 전해진 위안과 위로가 둘째 환상과 셋째 환상의 대비적 묘사 속에 광대한 조망처럼 펼쳐졌다. 한편, 둘째 환상은 이스라엘을 괴롭히는 열국에 대한 하나님의 심판을 보여 주었다. 반면에 셋째 환상은 이스라엘을 번성하게 하시는 하나님의 축복을 보여 주었다(2장). 네 뿔과 네 장인의 환상은 1장 15절에 묘사된 하나님의 이방에 대한 불쾌함이 어떻게 드러났는지를 보여 준다. 이스라엘을 흩어 버렸던 열방들이 진멸될 것이다.

a. 네 뿔이 관찰됨(1:18)

1:18 스가랴는 그의 눈앞에 전개되는 새로운 장면을 보기 위해 눈을 들었다(참조, 2:1; 5:1, 9; 6:1; 단 8:3; 10:5). 그는 염소나 양의 뿔과 같은 4개의 뿔을 보았다(단 8:3~8). 그런데 어떤 동물인지에 대한 언급이 없으므로, 그 존재에 대해서 가정해서는 안 된다.

b. 네 뿔의 정체(1:19)

1:19 또다시 스가랴는 물었다: "이들이 무엇이니이까"(참조, 1:9; 4:4, 11; 5:6; 6:4). 상징적으로 사용된 이 뿔은 무너뜨릴 수 없는 힘이나(참조, 미 4:13) 종종 이방 나라를 대표하는 그 나라의 왕을 가리킨다(단 7:24; 계 17:12). 여기서 네 뿔은 유다와 이스라엘과 예루살렘을 흩어 버렸던 교만한 이방의 세력을 상징한다(1:21, '여러 나라의 뿔'). 어떤

학자는 네 뿔이 다니엘 2장과 7장에 나온 이방의 네 나라를 가리키는 것으로 이해한다(바벨론, 메대[페르시아], 그리스, 로마). 그러한 견지에서 네 명의 장인은 그 나라들을 각각 이어받는 제국으로, 넷째 장인은 하늘에서 내려오는 메시아의 왕국이라 할 수 있다(단 2:44).

그런데 스가랴의 예언에 의하면, 천사들은 뿔들이 이스라엘을 흩뜨렸고 그 일이 이방들이 도착하기 전에 그렇게 되었다고 말했다. 그렇다면 '넷'이라는 숫자는 완전수로서 이스라엘에 대한 압제의 철저함을 가리키거나, 또는 네 뿔이 스가랴가 환상을 보기 전에 이스라엘을 흩어 버렸던 네 나라(앗수르, 애굽, 바벨론, 메대[페르시아])를 가리킨다고 보는 편이 더 나을 것이다.

c. 네 장인이 소개됨(1:20)

1:20 '장인'을 가리키는 히브리 단어는 나무나 돌, 금속을 재주 있게 다루는 사람을 가리킨다. 뿔의 재료가 언급되어 있지 않기 때문에, '장인들'(Craftsmen)이라고 번역한 것이 적절하다고 할 수 있다(RSV에서는 '장인'을 'smith'로 번역해 그 뿔이 철로 되어 있음을 전제하고 있다. 개역개정에는 '대장장이'로 번역됨).

d. 네 장인을 설명함(1:21)

1:21 장인의 정체는 뿔의 정체에 달려 있다. 만일 그 뿔들이 다니엘의 환상에 나오는 왕국을 가리킨다면(단 2장; 7장), 그 장인들은 메대[페르시아], 그리스, 로마와 메시아 왕국을 말할 것이다. 그렇지 않다면 그들

은 하나님이 이스라엘의 압제자들을 전복시키기 위해 사용하신, 페르시아가 포함된 '여러 나라'를 가리킬 것이다. 어떤 경우든 그 환상이 보여 주는 것은 하나님이 이스라엘의 대적들에게서 이스라엘을 건지시기 위해 심판의 수단을 일으켜 세우셨다는 것이다.

3. 척량줄을 잡은 사람(측량자)의 환상(2장)

a. 환상의 내용(2:1~2)

2:1 '내가 또 눈을 들어 본즉'이라는 표현은(참조, 1:18; 5:1, 9; 6:1) 새로운 환상으로의 이동을 가리킬 뿐 아니라, 앞선 환상과의 연속성을 의미한다. 이방 나라들에 대한 하나님의 심판 뒤에 하나님이 이스라엘을 확장하시고 보호하시는 일이 뒤따를 것이다. 이 환상의 기본적인 메시지는 분명하다. 그러나 다음 3가지 질문에 대한 대답이 모호한 이유로 그 자세한 내용이 덜 확실하다: (a) 그 환상 속에 언급된 사람들은 누구를 가리키는가?, (b) 각 사람의 위치와 움직임은 무엇인가?, (c) 2장 4~13절에서는 누가 말하고 있는가?

측량자로서 그의 직업은 손에 잡은 척량줄에 의해 확인된다. 그를 환상 속에서 확인되지 않은 사람과 동일시할 필요는 없다. 어떤 주석가는 4절의 '소년'을 척량줄을 잡은 사람(1절)과 동일시한다. 이 견해에 의하면, 해석해 주는 천사가 스가랴의 곁을 떠나 다른 천사를 만났는데, 그가 스가랴로 하여금 개축된 성벽을 필요로 하는 예루살렘을 다시 측량해 줄 것을 부탁하도록 촉구했다는 것이다. 그런데 이 소년을 스가랴 자신으로 보는 편이 더 나아 보인다. 그 까닭은 그가 측량자의 활동을 설명 들을 때 예루살렘의 확장에 관한 메시지를 들었기 때문이다.

측량자의 신원이 이 본문에서는 밝혀지지 않았다. 그러나 그를 '여호와의 천사'(1:11; 3:1; 겔 40:3)와 동일시하는 견해에는 유리한 점이 있다. 이 환상과 스가랴의 첫째 환상을 비교할 때, 그 측량자는 스가랴에게 하나님의 계시를 전달하는 여호와의 천사라는 견해를 지지할 수 있다. 어찌 해석하든지, 2장 4~13절 말씀은 여호와 자신으로부터 온 메시지로서, 첫째는 소년에게 주어졌고(2:4~5), 둘째는 이스라엘에게(2:6~12), 마지막으로 '모든 육체에게'(2:13) 주어진 것이다.

2:2 스가랴의 질문에 대한 응답에서 지적된 대로, 측량자의 목적은 예루살렘의 넓이를 측정하는 것이었다. 이것은 아마 미래의 넘치는 축복이 시작되는 현재의 상태를 지적하고자 함일 것이다.

b. 메시지의 전달(2:3~13)

2:3~4상 아마 측량자로부터 오는 듯한 다른 천사가 스가랴에게 해석해 주는 천사에게 메시지를 주어서 선지자에게 전달하게 했다.

2:4하 예루살렘이 성곽이 없는 성읍이 될 것이라는 말은 하나님의 축복을 받아서 그 변경이 한없이 넓어진다는 것을 의미한다. 하나님이 그곳에 임재해 계시기 때문에 그 성은 요새나 보호를 필요로 하지 않을 것이다(참조, 2:5; 겔 38:11).

2:5 여호와께서는 밖으로는 예루살렘의 보호자가 되시며, 안으로는

(개역개정에는 '그 가운데에서'로 번역됨) 영광이 되실 것이다(참조, 사 60:19). 이것은 지상의 천년왕국 때에 있을 메시아를 통한 여호와의 인격적인 임재를 가리킨다. 에스겔은 장차 하나님의 영광이 성전에 회복될 것을 보았고(겔 43:2~5), 스가랴는 그 영광이 예루살렘 전역에 확장되며 온 세상에 확대되는 것을 보았다(2:12; 참조, 14:20~21).

2:6~9 이 하나님의 말씀은 스가랴 시대의 백성에게 전해졌던 앞서의 환상을 실제적으로 적용한 것으로, 여전히 바벨론에 머물고 있던 그들을 향해 예루살렘으로 돌아갈 것을 촉구하고 있다. 6절 마지막 부분에 기록된 "내가 너희를 하늘 사방에 바람같이 흩어지게 하였음이니라"라는 말씀은 격렬한 흩어짐을 상징하든지, 또는 유대인들이 그 땅에서 흩어지는 심각한 사실을 비유적으로 묘사한 것이다. 포로 된 사람들(유대인들)은 북쪽 바벨론에서 해를 입지 않고 있었다(여기서 '북방 땅'은 바벨론을 가리킨다).

8~9절에서는 여호와 자신이('여호와의 천사', 또는 '메시아'로서) 말씀하셨다. 어떤 주석가들은 이 부분의 일부가 스가랴가 선지자 사역에 부름 받은 것을 설명한 것이라고 본다. 이 어려운 히브리어의 표현이 NIV에는 '그분이 나를 영화롭게 하시어 나를 보내신 후에'(After He has honored Me and [He] has sent Me)라고 되어 있고, KJV에는 '영광을 좇아서 그분이 나를 보내셨다'(After the glory hath He sent me)라고 되어 있다(개역개정에는 '영광을 위하여 나를…보내셨나니'로 번역됨). 이 말은 하나님이 이스라엘을 노략했던 여러 나라를 심판하고, 그분의 영광을 드러낼 메시아를 보내실 것임을 의미하는 것 같다. 이것은 메시아의 재림 시 이방을 심판함으로 성취될 것이다(마 25:31~46).

'눈동자'는 신명기 32장 10절에서 취한 비유로서(문자적으로, '문', '입구'), 가장 쉽게 손상을 받을 수 있고, 가장 보호되어야 할 것을 상징한다. 여기서는 하나님의 보호와 배려 아래 있는 이스라엘을 상징한다.

2:10~12 이 말씀은 이미 예루살렘으로 돌아온 남은 자들에게 말해진 것 같다. 그러나 또다시 찬양을 요청하는 이유는 메시아와 관련된 것으로, 이 땅이 그리스도의 통치를 위해 준비될 그때를 대망하고 있다. '노래하고 기뻐하라'라는 것은 찬양을 요청하는 전형적인 표현으로, 예루살렘의 왕으로서 여호와의 통치와 관련되어 있다(참조, 시 93편; 96편; 98편; 사 52:7~10; 습 3:14~15).

여호와께서 오셔서 이스라엘 가운데 머무신다는 것은 메시아가 다윗의 왕좌에서 통치하기 위해 임하신다는 사실을 가리킨다. 그리스도의 초림과 재림이 이사야 9장 6~7절과 61장 1~2절에서와 마찬가지로 여기에서도 암시되어 있는 것이다. 그러나 이곳에서 강조된 것은 재림으로서, 이스라엘 위에 내린 하나님의 축복이 열국으로 넘치는 때를 가리킨다.

'그날'(That day)은 장차 임할 '여호와의 날'을 축약시켜 말한 것으로, 그때가 되면 그분이 오셔서 열국을 심판하시고, 천년왕국의 시대에 이스라엘과 맺으신 그분의 계약을 성취하실 것이다. 천년왕국의 때에 많은 나라에서 온 사람들이 여호와를 경배할 것이다(8:20~23; 14:16; 사 2:3). '거룩한 땅'(성경에서 이곳에만 있는 표현)은 여호와의 기업이 될 것이고(8:3), 예루살렘은 세계의 수도로서(사 2:1~2) 하나님의 선택지가 될 것이다(참조, 1:17; 3:2).

2:13 모든 육체가 전능자 하나님 앞에서 침묵과 경외심으로 머리를 숙일 것이다.

4. 여호수아를 정결하게 하고 관을 씌움(3장)

지형적으로 보아서 스가랴의 환상의 배경은 분명히 예루살렘 바깥의 골짜기에서(처음 두 환상, 1:7~21), 성읍 내의 측량의 장소(셋째 환상)와 성전의 뜰(넷째, 다섯째 환상, 3~4장)로 옮겨졌다. 상징적으로 처음 세 환상은 이스라엘이 포로 생활에서 구출받는 것, 이스라엘의 확장, 그 땅의 물질적 풍요를 가리킨 반면, 넷째 환상(3장)은 이스라엘이 내적으로 죄로부터 정결해지며, 제사장의 직위와 기능이 회복되는 것을 가리킨다.

a. 상징적 행위(3:1~5)

여호와께서는 스가랴에게 환상을 보여 주셨는데("여호와께서 내게 보이시니라"), 스가랴는 환상 속의 역할자들의 정체와 그들의 행동의 의미를 분명히 알아차렸다. 그러므로 이 넷째 환상은 스가랴의 질문과 말하는 천사의 설명이 없다는 점에 있어 이전의 환상과 다르다. 여기에 나오는 사람들은 (a) 여호사닥의 아들 여호수아로서, 스룹바벨과 함께 바벨론에서 돌아온 무리 중의 대제사장, (b) 여호와의 천사로서 성육신 이전의 그리스도(1:11~12의 주해에서 언급), (c) 참소자 사탄(참조, 계 12:10), (d) 시중하는 천사들('여호와 앞에 선 자들', 4절), (e) 선지자 스가랴(5절)다.

3:1~2 이 환상에서 제일 중요한 현상은 여호수아의 위치로, 그는 여호와의 천사 앞에 서 있었다. 여기서 '서 있다'라는 단어는 제사장의 직무를 나타내는 기술적인 용어다(신 10:8; 대하 29:11). 여호와의 천사의 신성과 그가 성육신 이전의 그리스도를 암시한다는 점이 여기서(2절) 보다 분명히 지적될 수 있는데, 그(He)는 '여호와'의 명칭으로 말하면서 사탄에게 말할 때 '여호와'와 구분된 것을 알 수 있다(참조, 1:11의 주해). 이와 같이 동일 인물로 간주되는 일은 3장 4절에서도 증거를 찾아볼 수 있는데, 그곳에서 그의 행동은 실제로 죄를 용서하는 것이다.

사탄의 항거는 그 장면을 제사장적인 것에서 심판의 자리로 바꾸었는데, 그곳에서 여호수아는 사탄의 고소의 대상이 되었다. 그때 여호와의 천사는 사탄을 꾸짖었고, 여호수아에게 죄가 없음을 선포했다. 그 까닭은 사탄의 고소가 거짓되어서가 아니라, 하나님의 백성 이스라엘에 대한 여호와의 은혜로운 사랑과 선택 때문이다.

여호수아는 그의 대제사장적인 기능 안에서 이스라엘 백성을 대표하는 역할을 했다. 하나님은 여호수아를 선택하셔서가 아니라, 예루살렘을 선택하셨기에 사탄을 책망하실 수 있었다(2절). 그 후 여호수아뿐만 아니라, 그 땅에서 죄악이 제거되었다(3:9). 여호수아와 그 제사장의 무리는 '장차 나타날 일을 상징하는 것'(개역개정에는 '예표의 사람들'로 번역됨, 8절)이라 불렸다. 그러므로 대속죄일(레 16:1~10)에 대제사장이 온 백성을 대표했던 것처럼, 여기서 여호수아는 대제사장으로서 이스라엘 백성을 대신해서 정죄받고, 사면받았다.

3:3~5 용서의 선포는 여호수아의 더러운 옷을 벗기는 형태로 나타났는데, 그 옷은 여호수아 자신의 죄와 이스라엘의 죄와 허물을 가리킨

다. 그러고 나서 여호수아는 값비싼 옷을 입었는데, 그것은 그가 용서 받은 후 순결함을 상징한다. 또한 그는 정결한 관을 썼는데, 그것은 그의 제사장직이 다시 세움 받음으로 인한 기쁨을 가리키는 것 같다. 이 것은 제사장 나라로서 이스라엘 나라의 용서와 회복을 상징했다(참조, 출 19:6).

b. 중요한 통보(3:6~10)

이 말씀은 여호수아를 향한 명령(6~7절)과 환상이 상징하는 것을 설명하고 있다(8~10절).

3:6~7 여호와의 천사가 여호수아에게 한 말은 하나님의 축복을 위한 두 가지 조건과 그에 따른 세 가지 결과를 포함하고 있다. '하나님의 말씀 안에서 걷는 것'(개역개정에는 '내 도를 행하며'로 번역됨)은 하나님에 대한 제사장(궁극적으로, 이스라엘 백성)의 개인적인 자세를 설명하고, '하나님의 규례를 지키는 것'(참조, 왕상 2:3)은 제사장의 의무들을 성실하게 지키는 것을 가리킨다.

만일 여호수아가 이 조건을 만족시킨다면, 그는 3가지 축복을 즐기게 될 것이다: (a) "내 집을 다스릴 것이요"(성전에서 계속 섬기게 될 것이다), (b) "내 뜰을 지킬 것이며"(우상 숭배와 다른 종교적 부정행위로부터 성전을 지킬 것이다), (c) "여기 섰는 자들 가운데에 왕래하게 하리라"(천사들과 비교되어 하나님 앞에 자유로이 출입하는 것[참조, 3:1, '서 있는' 천사들은 '앉아 있는' 여호수아의 동료 제사장들과 구별된다, 8절]).

3:8~10 그 후 여호와께서는 그 환상의 요점을 확인하셨다. 그것은 여호수아와 그 동료들은 '장차 나타날 것을 예표한다'(개역개정에는 '예표의 사람들'로 번역됨)라는 것이다. 죄로부터 정결하게 하는 제사장의 직무를 통해, 그들은 장차 이스라엘 나라를 정결하게 할 것을 상징하고 있다.

장차 정결하게 하는 이 일은 '죄악을 제거하시는 분'(Sin-Remover)의 도래와 연결되어 있는데, 그분께는 '내 종', '싹'(Branch), '반석'(개역개정에는 '돌'로 번역됨)이라는 메시아적 명칭이 붙어 있다. 여호와의 종으로서 그리스도께서는 아버지의 뜻을 행하러 오신 분이다(사 42:1; 49:3~4; 50:10; 52:13; 53:11). 다윗의 싹으로서 그리스도께서는 다윗의 후손들이 처하게 된 겸비함에서 벗어나서 권세와 영광으로 오르실 다윗의 자손이시다(사 4:2; 11:1; 렘 23:5; 33:15; 슥 6:12~13). 반석으로서(참조, 시 118:22; 마 21:42; 벧전 2:6) 그분은 이방을 심판하시고(단 2:44~45), 믿지 않는 이스라엘에게 부딪칠 돌이 되실 것이다(롬 9:31~33).

그러나 최후에 가서는 그분이 이스라엘을 정결하게 하시고, 어느 한 날에 그 땅에서 죄악을 제거하실 것이다. 어떤 사람은 이 말씀이 그리스도께서 십자가에 못 박히신 날을 가리킨다고 말한다. 그러나 그리스도의 재림의 날을 가리키는 것으로서, 장차 환란 시대의 마지막에 그분의 죽으심으로 말미암은 공로가 믿는 이스라엘에게 적용됨을 가리킨다고 보는 편이 더 타당할 것이다(13:1).

'한 돌에 일곱 눈'은 메시아의 충만한 지혜를 상징하는 것으로, 그것으로 그분이 심판하실 것을 가리킨다고 생각된다. 이것은 또한 성령을 가리킨다고도 볼 수 있다(사 11:2; 계 5:6). '그날'(10절)은 그리스도의 재림 뒤에 오는 천년왕국의 축복의 모든 시대를 가리키는 것처럼 보인다. 자기 소유의 무화과나무와 포도나무 아래로 서로 초대하는 것은 평화와 번영의 상태를 가리킨다(왕상 4:25; 사 36:16; 미 4:4).

5. 순금 등잔대와 두 감람나무의 환상(4장)

a. 환상의 묘사(4:1~4)

4:1~4 말하는 천사가 스가랴를 깨워서 그의 주의를 순금 등잔대로 돌리게 했다. 그 등잔대에 대한 묘사는 일정하지 않다. 제사장의 성전 사역이라는 상황으로 미루어 보아, 이 등잔대는 이스라엘의 성막에 놓인 등잔대와 유사하며(출 25:31~40), 솔로몬 성전의 10개의 등잔대와도 유사하다(왕상 7:49). 그런데 성막의 등잔대는 제사장들에 의해 그 기름이 채워져야 했지만, 이 등잔대는 인간의 수단이 없이도 자동적으로 끝없이 기름이 공급되어 채워졌다. 이것은 3가지의 중요하고 독특한 현상에 의해 지적되고 있다: (a) 기름 그릇이 등잔대 위에 있다(2절), (b) 기름 그릇으로부터 기름이 무게에 의해 내려와 7개의 관을 통해 7개의 등잔으로 흘러갔다, (c) 등잔대 좌우에는 두 감람나무가 서 있고, 그 옆에는 끊임없이 '금 기름'이 기름 그릇으로 흘러 들어가는 '두 금관'이 있다(4:3, 11~12).

스가랴가 "이것들이 무엇이니이까"(4절. 참조, 1:9, 19; 4:11; 5:6; 6:4)라고 묻는 대상은 아마 일곱 등잔불을 가리키는 것 같다. 그런데 그것보다도 '이것들'은 '두 감람나무'를 가리키는 것 같다. 선지자의 질문은 천사에 의해 제지를 받았고, 그 후 다시 스가랴가 그 질문을 반복했다(4:12). 그때 스가랴는 뒤늦게 그 대답을 얻게 되었다. 천사에 의해 2회에 걸쳐 지연된 응답은 마침내 14절에 주어졌다.

b. 스룹바벨의 중요성(4:5~10상)

4:5~10상 '두 감람나무'를 '기름 부음 받은 자 둘'(4:14)과 동일시하기 전에, 천사는 그 환상을 유다 총독 스룹바벨과 연관시켰다(참조, 학 1:1, 12, 14; 2:21). 천사는 스룹바벨이 하나님의 영의 충만함으로 성전 건축을 완성시키리라고 말했다.

이처럼 등잔불의 기름은 성전 건축과 관련되어 있다. 성령의 능력으로 성전은 완성될 것이며(6절), 모든 장벽('큰 산', 7절)은 제거될 것이다. 군사적인 힘이나 인력으로 그 일을 성취시킬 수 없을 것이다. 그러나 성령의 능력으로 무장된 사람들이 스룹바벨의 지도와 감독 아래 그 일을 이룰 것이다.

여호와께서는 스룹바벨에게 성전 재건을 끝마치면 비판자들이 잠잠해질 것이라고 말씀하셨다. 그 까닭은 여호와께서 선지자와 건축자들을 보내신 것을 알게 될 것이기 때문이다: "은총이 그에게 있을지어다"(7절), "사람들이…기뻐하리라"(10절). (대제사장 여호수아가 앞선 환상의 주제였기 때문에, 이 환상에서는 그에 대한 특별한 언급이 없다. 그러나 두 환상은 서로 병행한다).

스룹바벨이 그의 손으로 이 성전의 기초를 놓았은즉 그가 그것을 끝마칠 것이다(9절). 이 사실은 그가 머릿돌을 놓는 것으로 요약된다(7절). 10절에서 '다림줄'로 번역된 단어는 논란이 있으나, 아마 마지막으로 머릿돌을 놓은 것을 가리키는 듯하다. 다른 사람들은 그것이 스룹바벨이 성전 재건을 감독한 것을 상징한다고 말한다.

'작은 일의 날이라고 멸시하는 자'들은 나이 든 유대인들로서, 그들은 포로 이전의 성전과 비교해서 새 성전이 볼품없다고 생각했다(참조, 스 3:12~13; 학 2:3).

c. 두 감람나무의 해석(4:10하~14)

4:10하~14 '일곱'이 '여호와의 눈'이라는 말은 앞서 4장 4절에서 스가랴가 한 질문에 대한 뒤늦은 대답이라 할 수 있다. '눈'처럼 '일곱 등잔'(4:2)은 세상을 감찰하시는 하나님을 상징한다. 아무것도 그분께 감추어진 것이 없다. 어떤 사람들은 '일곱'이 앞서의 환상 속에 나타난 '일곱 눈'을 가리키는 것이라고 본다(3:9).

감람나무 두 가지와 두 금관은 12절에서 최초로 언급되었다. 감람나무 두 가지는 금관으로 기름을 흘려보냈고, 그 기름은 기름 그릇과 4개의 관을 통해 일곱 등잔대로 흘러갔다. 말하는 천사는 두 감람나무에 대한 스가랴의 의혹을 제지하기 위해 감람나무 두 가지는 온 세상의 주를 섬기기 위해 기름 부음 받은 두 사람을 가리킨다고 말했다(14절). 그 가지들은 제사장과 왕에게 기름 붓는 것을 가리키는데, 특별히 여호수아와 스룹바벨이 상징하는 것은 제사장과 왕으로서의 메시아를 예표하는 것이다.

등잔대는 스가랴의 시대에 열방을 비치는 등불로서의 이스라엘을 나타내는 것처럼 보인다(사 42:6; 49:6). 그러나 실제적으로는, 그리스도의 천년왕국 시대에 그러할 것이다. 부분적이기는 하지만 11~14절의 또 다른 성취는 장차 환란기의 두 증인에게서 찾을 수 있다(계

11:3~6, 특별히 4절).

6. 날아가는 두루마리의 환상(5:1~4)

마지막 3개의 환상은 심판의 집행과 관련되어 있다. 날아가는 두루마리의 환상은 단순하면서도 심각하다.

5:1 이 환상은 '내가 다시 눈을 들어 본즉'이라는 말로 시작했다(참조, 5:9). 이 말은 둘째, 셋째 환상에서와 유사하다("내가 눈을 들어 본즉" [1:18], "내가 또 눈을 들어 본즉"[2:1; 6:1]).

5:2 또다시(참조, 4:2, 5, 13) 말하는 천사가 스가랴에게 "네가 무엇을 보느냐"라고 물었다. 그 목적은 환상을 드러내고 그 중요성을 전달하기 위해서였다. 스가랴는 가로, 세로가 각기 30피트(약 9m), 15피트(약 4.5m)인 날아가는 두루마리를 보고 있다고 말했다. 그 두루마리는 둘둘 말린 것이 아니라, 넓은 종이처럼 활짝 펼쳐진 것으로, 양면을 볼 수 있게 되어 있었다(참조, 5:3).

그 커다란 크기는 우연히, 또는 의도적으로 성막의 크기와 동일하다. 아마 그 두루마리에 포함된 심판은 이스라엘 가운데 하나님의 거룩한 임재하심과 조화를 이루고 있음을 암시하는 것 같다. 그 두루마리가 '날아가는', 또는 '떠 있는' 상태에 있는 것은 도둑과 거짓 증거자들의 집(이스라엘)에 재빨리 들어가 심판할 수 있게 해 준다.

5:3 두루마리의 양면에 글이 써 있다는 사실은 율법의 두 돌 판에 새겨

진 글을 생각나게 한다(출 32:15). 사실 두루마리의 저주는 두 돌판에 새겨진 명령 중에서 가운데에 새겨진 것, 즉 도둑질을 금하는 제8계명(출 20:15)과 여호와의 이름을 망령되이 사용해 거짓 맹세하는 것을 금하는 제3계명(출 20:7)을 가리킨다. 이처럼 저주의 구체적인 대상은 하나님의 율법을 범하는 모든 사람을 대표한다.

5:4 심판의 혹독성('끊어지다', 5:3, 계약 집단에서 숙청됨)과 전반성("그의 집에 머무르며 그 집을…사르리라")은 천년왕국 시대에 있을 집행을 암시한다. 그 까닭은 그때 가서야 죄에 대한 하나님의 심판이 급속하고 철저하기 때문이다.

7. 에바 속의 여인의 환상(5:5~11)

a. 에바가 나타남(5:5~6)

5:5~6 말하는 천사는 스가랴의 관심을 비행하는 다른 물체로 돌렸는데, 이번에는 측량하는 용기('에바'는 일상적으로 가정에서 측량하기 위해 사용된 커다란 용기다)를 가리켰다. 에바의 용량은 마른 물건을 기준으로 할 때 대략 5~10갤런이다(역자 주: 갤런[gallon]은 3.8L이므로, 1에바는 약 19~38L 정도 된다). 이 용기는 여인 한 명이 들어가기에는 너무 작은 그릇이기에, 환상 속에서 에바가 대단히 크게 확장된 것임이 분명하다. 앞서의 환상 속에 나온 두루마리처럼 말이다.

천사는 그 그릇이 온 땅 백성의 허물을 나타낸다고 말했다. '백성의 허물'로 번역된 이 말은 NIV의 "난외" 번역에서 '외모', '모양'(appearance)

으로 번역되었는데, 이것이 히브리 단어에 더 밀접하다(이 단어의 문자적 의미는 '눈'[eye]이다). 그러므로 이 구절은 "이것은 온 땅의 모양이니라"라고 번역될 수 있다(개역개정에는 '온 땅에서 그들의 모양이 이러하니라'로 번역됨). 이 번역에는 깊은 뜻이 있다. 그러나 '허물'이라는 말도 헬라어와 시리아 번역에서 사용되었고, 이 본문에서 의미가 있다.

측량하는 그릇을 사용해 이스라엘 땅의 전체적인 악을 상징한 것은 거짓된 그릇을 사용했던 당시의 관계로 보아서 적절한 방법이라고 할 수 있다(참조, 암 8:5). 상업적인 이익 추구와 관련된 죄악들이 이 당시 이스라엘을 지배하고 있었다(느 5:1~13. 참조, 말 3:8~9). 그런데 물건을 측량하는 용기를 다만 타락한 상업주의와만 동일시하는 것은 너무 협소하다고 할 수 있을 것이다. 환상의 나머지 부분은 그릇된 우상 숭배의 개념을 포함하고 있다.

b. 에바 속의 여인의 환상(5:7~8)

5:7~8 측량하는 그릇의 재료는 밝혀지지 않았지만, 그 내용물이 유실되지 않도록 납으로 된 덮개가 있었다. 그 덮개를 들면, 그 속에는 한 여인이 있었고, 그녀는 '악'과 동일시되었다. 그 여인은 악의 화신으로서, 공동체의 윤리적, 종교적 죄악을 가리켰다(히브리어에서 '악'이라는 단어는 여성 명사다). 말하는 천사는 그 여인을 계속 감금시켜 놓았다. 이스라엘 중에서 죄악이 징계를 받을 뿐 아니라(날아가는 두루마리의 환상, 5:1~4), 악 자체가 그 땅에서 제거되지 않으면 안 되었다.

c. 에바를 제거함(5:9~11)

5:9~11 학의 날개와 같은 큰 날개를 지닌 정체불명의 두 여인이 죄악된 에바를 바벨론(문자적으로, '시날') 땅으로 옮겨 갔다. 그곳은 최근 이스라엘이 유배를 갔던 곳이었으며, 더욱이 옛날과 장차 하나님을 거역할 우상 숭배와 반역의 땅이었다(창 11:2; 계 17:3~5). 이 사실은 장차 유프라테스 강변에 바벨론의 도시가 재건되리라는 견해를 지지하고 있다(참조, 계 17~18장의 주석). 엉거(Unger) 교수는 이 여인들을 악의 여인을 보호하고, 바벨론에서의 경배를 위해 그녀를 사당에 안치해 두려는 마귀의 세력들과 동일시한다. 다른 사람들은 그 여인들을 하나님의 권세와 섭리의 중개자로 본다.

이스라엘의 집단적인 죄(우상 숭배와 관련해)는 그 땅에서 제거될 것이다. 11절의 "그것을 위하여 집을 지으려 함이니라…제 처소에 머물게 되리라"라는 말은 악의 화신인 에바가 우상으로서 사당에 세워질 것을 암시한다. 바벨론의 그런 우상들은 '무력함'의 화신으로, 이 사실은 이사야의 풍자에 많이 나타나 있다(참조, 사 44:9~20; 46:1~2).

우상의 죄를 바벨론의 근거지로 되돌려 보내시는 것은 바벨론에 대한 최후의 심판을 의미한다(계 17~18장). 이스라엘로부터 그것을 제거하는 것은 그리스도의 재림과 천년왕국을 준비하는 것이다(계 19~20장).

8. 네 병거의 환상(6:1~8)

여덟째 환상은 어느 날 밤 스가랴가 보았던 메시지를 종합하는 것으로, 이스라엘 나라의 장차 역사의 개요를 보여 준다. 그것은 첫째 환상을 회상하게 하는 것으로, 그 환상에서는 말들이 여호와의 존전에서 나와서 그 땅 전역을 두루 다녔다. 그런데 여기서 말들은 병거를 끌며, 두 놋 산 사이에서 나왔다. 첫째 환상에서 하나님에 의해 이방인에게 확정된 심판이 마지막 환상에서 하나님에 의해 위탁된 병거에 의해서 수행되었다. 그 병거를 탄 자나 병거를 모는 자에 대해서는 언급이 없다. 7절 하~8절을 제외하면, 그 대화는 스가랴와 말하는 천사 사이의 평범한 대화에 지나지 않다.

a. 환상의 묘사(6:1~3)

6:1~3 병거가 떠나온 장소는 놋으로 된 두 산으로 확인되었는데, 놋은 옛날 청동을 대신해 사용되었다(구리와 아연의 합금이다, 개역개정에는 '구리'로 번역됨). 놋은 죄에 대한 의로운 심판을 상징하는 것처럼 보인다(참조, 계 1:15; 2:18). 히브리 본문에는 '그 두 산'이라고 정관사가 있기 때문에 어떤 이들은 잘 알려진 시온 산과 감람 산(참조, 각각 욜 3:16; 슥 14:4)을 언급한 것이라고 생각한다. 감람 산과 그리스도의 재림의 관련성은 이 견해를 지지하지만, 본문에 언급된 산들은 놋으로 된 것이기 때문에 시온 산과 감람 산을 가리킨다고 보기 어렵다.

각기 다른 색깔의 말에 의해 끌리는 네 병거는 하나님의 심판의 보편성을 말하며, 그 심판은 땅 위의 모든 방향으로 향하게 될 것이다. 만일 색깔에 의미를 부여하자면, 붉은색은 전쟁과 살생을 상징하고, 검은색은 죽음과 기근, 흰색은 승리를, 어룽진 색은 역병과 질병을 가리킨다(참조, 계 6:1~8). 이곳에서와 첫째 환상에 나온 말들의 색깔에 관한 히브리 단어에 대해서는 볼드윈(Boldwin)의 《스가랴서》 138~140쪽을 참고하기 바란다.

b. 환상의 설명(6:4~8)

6:4~7상 스가랴의 요청에 따라("이것들이 무엇이니이까"[4절]. 참조 1:9, 19; 4:4, 11; 5:6) 말하는 천사가 병거들과 말들의 중요성을 설명해 주었다. '하늘의 네 바람(또는 영)'은 하나님의 심판을 가리키거나, 또는 그분의 심판을 수행하는 하나님의 능력을 가리키는 것일 수 있다(참조, 시 148:8; 렘 49:36; 단 7:2; 계 7:1). 하나님의 칭호인 '온 세상의 주'는 미래의 왕국 동안 있을 메시아의 우주적 통치를 묘사하는 천년왕국 시대의 명칭이다(참조, 미 4:13, '온 땅의 주').

'북쪽 땅'은 바벨론을 가리키며, 그들의 침략은 북에서부터 이스라엘에게 임했다. '남쪽 땅'은 물론 애굽을 가리킨다. NIV에는 '흰 말은 서쪽으로 가고'(the one with the white horses toward the west)라고 되어 있지만, 히브리 본문에 의하면 '흰 말은 그 뒤를 따르고'(역자 주: 개역개정도 이 번역을 따른다)로 되어 있다. 즉 백마가 북쪽으로 가는 검은 말을 따른다는 뜻이다. 이 번역에 의하면, 방향이 북쪽과 남쪽만 언급되었다. 이것은 이스라엘의 위치상 적절한 것이다.

6:7하~8 이 구절들에서 말씀하시는 분은 하나님이시다. 여기서는 다만 '그'(He)로 소개되었다. '내 영'(My Spirit)은 아마 여기에서 신성한 진노를 가리킬 것이다('하나님의 분노'. 참조, 겔 5:13; 16:42; 24:13). 하나님의 분노는 바벨론의 악을 심판하신 뒤에(5:5~11. 참조, 계 18:2,

10, 21; 19:1~3) 잠잠해진다. 첫째 환상에서 하나님은 안전하다고 느꼈던 나라들에 대해 분노하셨고, 이 환상에서는 그들의 심판에 만족하셨다(참조, 계 19:2, 15~19).

C. 환상을 종결짓는 상징적인 행동(6:9~15)

밤에 임했던 8개의 환상은 스가랴에게 임한 하나님의 말씀과 함께 결론에 도달했다. 하나님은 스가랴로 하여금 대제사장 여호수아에게 면류관을 씌워 주는 상징적인 행동을 취하도록 지시하셨다. 여기서 여호수아는 싹(Branch), 곧 메시아를 상징하는데, 그는 장차 성전을 재건하고, 제사장과 왕이 될 것이다.

1. 상징적 대관식(6:9~11)

6:9~11 여호와의 말씀에 의해(이 형식은 직접적인 예언적 계시로서, 밤중의 환상들이 끝났음을 암시한다) 스가랴는 대제사장 여호수아에게 은과 금으로 된 면류관을 씌우도록 지시를 받았다. 이 귀금속들은 바벨론에서 돌아온 적은 무리의 유대인들인 헬대(히브리 본문에는 '헬렘'으로 되어 있다, 14절), 도비야, 여다야로부터 받은 것이다. 이들은 성전 재건을 위해 은과 금을 가져왔던 것 같다. 그들은 다른 유대인인 스바냐의 아들 요시아의 집을 방문했음이 분명하다(요시아는 '헨'이라는 별명을 가졌는데, 그 뜻은 '은혜스러운 사람'이다, 14절).

'면류관'을 나타내는 히브리말은 복수 형태이지만, 단수로 쓰였다. 아마 이 사실은 '장엄을 나타내는 복수'(Plural of majesty)이거나, 면류관이 여러 부분, 또는 여러 층으로 구성되었음을 의미하는지도 모른다. 총독 스룹바벨이 아니라 대제사장 여호수아에게 관을 씌우는 것은 어떤 사람들에 의해 다윗의 아들 메시아에게 관을 씌우는 것으로 오해되었다. 왜냐하면 스룹바벨은 약속된 메시아처럼 다윗의 후손이요, 동시에 정치적 지도자였기 때문이다.

2. 예언적인 메시지(6:12~13)

6:12~13 하나님은 스가랴에게 여호수아가 천년왕국의 성전을 재건할 싹(Branch)을 대표하고 상징하게 될 것임을 전하라 하셨다. 관을 씌운 것은 상징적인 중요성을 지닌 것으로, 수 세기 전 멜기세덱의 경우처럼 왕이요, 제사장인 메시아를 가리킨다(창 14:18~20; 시 110:4. 참조, 히 7:11~21). '싹'이라는 칭호는 이미 지적한 대로(3:8) 메시아를 지칭하는 용어다.

스가랴의 시대에 포로 후기의 성전을 재건하라는 약속이 스룹바벨에게 주어졌으므로(4:9), 여호수아의 역할은 분명히 작았다. 그러므로 그 '싹'이 여호와의 성전을 건축하리라는 약속은 천년왕국의 성전을 세우는 메시아의 역할에 제한되어 있다(사 2:2~4; 56:6~7; 겔 40~46장; 미 4:1~2).

메시아는 영광으로 옷을 입는다. 이것은 하나님의 본질적인 영광을 지닌 자로서의 그리스도를 가리킨다(사 4:2; 요 1:14). 그리스도께서는 그분의 보좌에 앉아 다스리실 것이다(사 9:7; 렘 23:5; 미 4:3, 7;

습 3:15; 슥 14:9). 그분은 그 보좌에서 제사장으로 다스리실 것이다(히 4:15; 5:6; 7:11~21). 레위족의 제사장은 왕이 될 수 없고, 보좌에 앉을 수 없다. 그러나 그리스도께서는 제사장과 왕의 직분을 그 안에서 통일시키실 것이다. 그러한 사실은 '둘 사이에 평화의 의논이 있으리라'라는 말에 지적되어 있다('둘'이 가리키는 것은 제사장과 왕의 직분이다).

3. 가시적인 기념 면류관(6:14)

6:14 하나님은 스가랴에게 여호수아의 중요하고 상징적인 대관식을 기념해 바벨론으로부터 온 사람들에게 면류관을 주라고 말씀하셨다. 분명히 여호수아가 면류관을 받은 후에, 그 세 사람은 성전이 완성된 뒤 여호와의 전에 그 관을 두었다.

4. 우주적인 중요성(6:15)

6:15 스가랴에게 상징적인 대관식을 수행하라는 하나님의 지시는 여호와의 천사에 의한 예언과 동시에 나타난 것처럼 보인다. 그는 하나요, 동일하신 분으로, 여호와에 의해 보냄 받은 자다: "만군의 여호와께서 나를 너희에게 보내신 줄을 너희가 알리라." 비록 유대인들로 구성되었지만, 바벨론에서 온 사람들은 천년왕국의 성전의 건축을 돕기 위해 멀리서 온 사람들을 예표했다. 세계 열국에서 온 백성이 성전을 위해 그들의 재물을 가지고 올 것이다(사 60:5, 9, 11; 61:6하; 학 2:7~8).

II. 4개의 해설적인 메시지(7~8장)

A. 금식의 질문에 요구된 메시지(7:1~3)

7:1~2 밤중의 환상 이후 거의 2년이 지나 BC 518년 12월 7일(참조, 1절; 1:7), 그리고 성전 재건의 중반(BC 520~516)에 스가랴는 4개의 메시지를 전달했다. 그 메시지 중 3개는 "만군의 여호와의 말씀이 내게 임하였다"라는 구절로 시작했다(7:4; 8:1, 18). 둘째 메시지도 유사한 표현으로 소개되었다: "여호와의 말씀이 다시(역자 주: 개역개정에는 '다시'라는 말이 생략됨) 스가랴에게 임하여"(7:8).

이 메시지들은 예루살렘에 와서 이 도시의 멸망을 기억하고 금식을 계속해야 되는지를 묻는 사람들에 대한 응답으로 주어졌다. 이 사람들은 그들의 이름이 이방의 것임에도 불구하고 벧엘에서 온 유대인들이 분명하다(아마 바벨론에서 명명된 이름인 듯하다). 벧엘은 예루살렘 북쪽 12마일(약 20km)에 위치한 이스라엘의 성읍으로, 북 왕국 이스라엘의 우상 숭배의 본거지였다(왕상 12:28~29; 13:1; 암 7:13).

7:3 벧엘 사람들에 의해 제기된 질문들은 제5월(아브월, 7~8월)에 스스로 부과한 종교적인 금식 준수를 그만두고자 하는 뜻을 암시했다. 그 금식은 예루살렘과 성전이 느부갓네살에 의해 파멸된 일을 기념하기 위한 것이었다(왕하 25:8~10).

B. 여호와의 응답으로 선포된 메시지(7:4~8:23)

1. 책망의 메시지(7:4~7)

7:4~7 찾아온 무리의 질문에 대한 응답은 넷째 메시지의 시기까지는 주어지지 않았다(8:18~19). 그러나 하나님의 첫째 메시지는 하나님이 옛 선지자들을 통해 그들의 조상들에게 경고하신 것은 '하나님은 의식을 원하시는 것이 아니라 삶을 원하신다'라는 점을 상기시켜 주신 것이었다(예, 사 1:11~17; 호 6:6; 암 5:21~24). 그 질문은 스스로 부과한 금식을 책망하는 기회를 부여했는데, 그러한 금식은 남은 자들에 대해 하나님이 현재적 축복을 베풀어 주심으로 시대성을 이미 상실했고, 더욱이 적절한 계기도, 영적인 자세도 없이 준수되고 있었다. 이처럼 그 책망은 영적인 실제가 없는 공허한 형식주의를 향했는데, 그것이 금식이든 축제이든, 그들은 여호와를 위해서 준수하는 것이 아니라(5절), 자신들을 위해 행했다(6절).

포로로 잡혀간 사람들은 바벨론 체류 시 2회의 금식을 실시했다. 한 번은 제5월(참조, 7:3의 주해)에, 또 한 번은 제7월에 했다. 그러나 제7월의 금식은 대속죄일에 연례적으로 제정된 금식이 아니었다(레 16:29, 31; 23:26~32). 이때의 금식은 예루살렘 함락 후 민란의 시기에 있었던 유다 총독 그달랴의 죽음을 기념하기 위해 제정된 것이었다(렘 41:2). 그 절기는 레위기 23장의 국가적 절기와 레위기적 희생 제사와 관련된 가족들의 축제를 포함하고 있었던 것 같다(참조, 신 12:5~7).

2. 회개의 메시지(7:8~14)

7:8~10 여호와의 둘째 메시지는 포로 생활을 자초했던 이전 세대의 행위를 언급하고 있다. 포로 이전 시대에 하나님은 스가랴의 시대에서와 마찬가지로 외적인 형식주의보다는 내적인 영적 진실됨을 요구하셨다. 진실한 재판(참조, 사 1:17; 암 5:24)과 인애와 긍휼(참조, 슥 8:16~17; 미 6:8)이 모든 사람에게 펼쳐져야 했다. 그러나 특별히 과부와 고아와 나그네와 궁핍한 자에게 그러해야 했다(참조, 신 15:7~11; 24:14~15, 19~21; 26:12~13). 이들은 스스로 설 수 없는 자들로서, 종종 성경에서는 하나님의 돌보심의 대상으로 언급된다. 더욱이 하나님의 사람들은 서로 해하려고 마음에 도모해서는 안 된다.

7:11~14 이전 세대는 불순종했다. 그들은 듣기를 싫어해(참조, 사 6:10) 등을 돌리며 듣지 않았다. 그들은 마음을 금강석같이 굳게 해 만군의 여호와께서 그분의 영으로 옛 선지자들을 통해 전하신 말씀을 듣지도 않고, 순종하지도 않았다. 이 말씀은 포로 이전 선지자들의 말을 모세의 율법과 동등하게 놓았을 뿐 아니라, 하나님의 영(성령)을 인간이라는 도구를 통해 말씀하시는 예언적 영감의 근원과 동일시했다(참조, 딤후 3:16; 벧후 1:21).

계시된 진리에 대한 백성의 불순종은 하나님의 진노를 자초했다. 그 결과가 13~14절에 지적되었다: (a) 기도에 대한 응답을 거절하심(13절), (b) 열국으로 흩어 버리심(14절상), (c) 그 땅을 황폐하게 하심(14절하).

3. 회복의 메시지(8:1~17)

7장이 1장 2~6절의 회개의 요청을 닮았듯이, 8장은 밤중의 환상(1:7~6:8)을 통해 그려진 약속된 축복을 반영한다. 이처럼 셋째와 넷째 메시지는 미래의 축복과 천년왕국 시대의 번영의 전조로써, 스가랴 시대에 포로에서의 귀환을 그리고 있다. 그 메시지들은 의와 정의와 평화가 온 땅을 가득 채우는 미래를 강조하고 있다.

8:1 스가랴는 이 메시지를 하나님의 계시와 동일시했다(참조, 7:4, 8; 8:18). 이 메시지는 반복되는 구절인 "만군의 여호와가 말하노라"라는 말에 의해 7개 부분으로 구분되어 있다(8:2~4, 6~7, 9, 14). 각 부분은 스가랴가 구두로는 전달했지만, 기록하지 않은 보다 더 긴 메시지를 요약한 것인지의 여부는 이 본문만으로는 확인할 수 없다.

8:2 하나님의 시온(즉 예루살렘의 백성)을 대신한 열정이 최고의 형태로 표현되어 있다(참조, 1:14; 욜 2:18).

8:3 하나님이 시온으로 돌아와 예루살렘 가운데 거하실 때(참조, 2:12), 하나님이 그분의 백성과 함께 계시는 것은 그리스도께서 다윗의 보좌에 앉아 직접 통치하실 천년왕국을 예표한다. 바로 그때에는 그분의 진리와 거룩함이 그 성읍에 전파되고, 또한 온 땅에 전해질 것이다(참조, 욜 3:17; 옵 1:17). 원래 시온은 여부스 족속이 살던 구릉의 이름이었는데, 그 성채를 다윗이 정복했다(삼하 5:7). 그 후 시온(또는 시온산)은 예루살렘 성전 자리의 이름이 되었다(시 2:6; 사 8:18; 욜 2:1).

또한 시온은 예루살렘 성읍과 동의어가 되었다(사 2:3; 4:3; 33:20; 암 1:2; 미 3:10, 12). 시온과 예루살렘은 스가랴에 의해 몇 번에 걸쳐 동시적으로 언급되었다(1:14, 17; 8:3; 9:9).

8:4~5 예루살렘은 나이 많은 시민과 어린아이들에게도 안전하고 평안한 도시가 될 것이다(참조, 사 65:20~22).

8:6 그와 같은 미래의 축복은 앞서 있을 파국과 대조되어 남은 백성에게 놀라운 축복으로 보였을 것이다(참조, 마 24:15~25). 그러나 그러한 기적적인 성취는 하나님께는 어려운 일이 아니다(참조, 창 18:14; 마 19:26).

8:7~8 다시 한 번 여호와께서는 장래에 유다와 이스라엘을 다시 모을 것을 약속하셨다. '해가 뜨는 땅'과 '해가 지는 땅'은 온 땅에 흩어진 모든 나라를 가리키는 상징적인 표현이다(참조, 사 11:11~12; 43:5~6). 이러한 회복의 세계적인 규모는 예루살렘이 이스라엘을 대표한다는 것을 암시한다. 이렇게 모아들임으로 하나님과 이스라엘 간에 새로운 관계의 수립을 드러내고("그들은 내 백성이 되고." 참조, 13:9; 호 2:21~23), 그 관계 가운데 하나님의 신실하심과 의로우심이 가장 확실하게 나타날 것이다(참조, 호 2:19~20).

8:9~13 선지자들(스가랴와 학개)에 의해 전해지는 말씀을 듣는 백성이 힘을 내어 성전 재건을 완수하도록 격려받고 있다: "너희는 손을 견고히 할지어다"(참조, 학 2:4). 미래의 축복에 관한 하나님의 약속들은

항상 그분의 백성에게 현재의 일에 충성하도록 격려한다.

'이날 전에는'(백성이 성전 건축을 시작했을 당시) 그들의 일에 대한 결과가 극히 미약했다(학 1:16, 9~11; 2:16~19). 그리고 대적들도 그들을 불안하게 만들었다. 이스라엘의 장래 축복은 그 땅의 생산력에 관계될 뿐 아니라(12절), 열방들 속에서 이스라엘의 기능과도 연관되었다(13절). 그때 이방인 가운데서 저주가 되었던(참조, 신 28:37) 유다와 이스라엘은 복이 될 것이다(참조, 미 5:7; 슥 8:22~23). 그러므로 백성은 두려워하지 말아야 했다(참조, 8:15).

8:14~17 그때 여호와께서 미래의 축복에 관한 그 약속을 확실히 수행할 것을 다시금 확인하셨다. 그분은 범죄했던 조상들에게 부어졌던, 이미 성취된 과거의 재난과 앞으로 다가올 축복을 대조시키셨다(참조, 14~15절; 7:11~14). 재난과 축복의 선택 앞에서, 하나님은 그분의 백성에게 그들의 영적 실재를 반영하는 항목들을 열거하셨다. 여기에는 그들의 조상들을 특징지으면서, 동시에 그들을 위협했던 위선적인 형식주의는 내포되어 있지 않았다. 그들의 개인적인 삶과 사회적 영역에 있어서, 진실과 정의와 자비와 정직이 그들을 주장하도록 해야 했다(참조, 7:9~10). 간단히 말해서 그 메시지는 "하나님이 사랑하시는 일을 행하고, 하나님이 미워하시는 것을 피하라"라는 것이었다.

4. 기쁨의 메시지(8:18~23)

8:18 스가랴를 통한 하나님의 이전의 말씀과 같이, 이 부분도 반복되는 구절인 "만군의 여호와가 말하노라"라는 말에 의해 몇 단락으로 구

분되었다(19~20, 23절).

8:19 여호와께서는 벧엘에서 온 사람들에 의해 제기되었던 금식에 관한 질문에 응답하기 위해 지금까지 기다려 오셨다(7:2~3). 그분은 금식은 기쁨과 즐거움과 희락의 절기가 되리라고 말씀하셨다. 두 가지 추가적인 금식이 포함되었는데, 이것들은 이전부터 하지 않았던 것들이었다. 하나는 제10월 10일의 금식으로, 예루살렘의 포위가 시작된 것을 기념하는 것이었고(왕하 25:1~2; 렘 39:1), 또 하나는 제4월 9일의 금식으로, 느부갓네살에 의한 예루살렘의 함락을 기념하는 것이었다(제4월 9일은 예루살렘 성읍의 성벽이 파괴된 날이다. 왕하 25:3~4; 렘 39:2).

이 금식들은 모두 스스로 부과한 것으로, 애통하는 마음과 그릇된 동기로(참조, 7:5~7) 70년 동안이나 지켜져 왔다. 이 금식은 지금도 일부 유대인들에 의해 지켜지고 있다. 그러나 주님의 재림 시에 이 금식들은 축제로 바뀔 것인데, 이것은 천년왕국의 기쁨을 상징한다. 그러므로 스가랴 시대의 백성은 그들의 장래 희망을 바라보고 힘을 얻어서 하나님이 사랑하시는 것을 사랑하도록 격려받았다. 즉 진리와 화평을 사랑하라는 것이다.

8:20~23 종말적인 축복의 시대에, 온 땅의 백성은 유대인들의 하나님과의 관련성 때문에 유대인들과 연합하게 될 것이다. 백성은 하나님이 이스라엘과 함께하시고, 그들이 하나님의 백성인 것을 알게 될 것이다(8:8). 그 결과 많은 나라가 예루살렘으로 나아와서 천년왕국 동안 예배하게 될 것이다(참조, 14:16~19; 사 2:3).

Ⅲ. 2개의 계시적 신탁(9~14장)

이 책의 마지막 부분은 메시아 왕과 왕국을 대망하는 두 개의 신탁으로 구성되어 있다(참조, 9:1~8의 주해). 9~11장은 대부분 그리스도의 초림을 언급하면서 그분이 배척받으실 것을 강조하지만, 동시에 마지막 때에 이스라엘의 예언적 역사를 묘사하고 있다. 12~14장은 메시아의 재림에 초점이 맞추어져 있으며, 이스라엘 역사의 찬란한 결국을 가져오실 그분의 영화로운 통치를 강조한다.

이 두 가지 신탁은 8개의 환상들의 주요 주제들과 쌍을 이루는 여러 가지 내용들을 포함하고 있다. 그래서 스가랴서 전체의 단일성을 증거한다. 이스라엘과 예루살렘의 장래 영화(첫째 환상, 1:7~17)는 첫째 신탁(10:6~9)과 둘째 신탁(12:6~8; 14:11)과 병행한다. 열방들의 멸망(둘째 환상, 1:18~21)은 첫째 신탁(9:1~8)과 둘째 신탁(12:1~6, 14:1~3)에서 재확인된다. 예루살렘을 하나님이 보호하시고 존귀하게 하심(셋째 환상, 2장)은 첫째 신탁(9:9~17)과 둘째 신탁(12:7~9; 14:4~11)에서 계속 전개된다.

이스라엘의 영적 정화(넷째 환상, 3장)는 첫째 신탁(10:2~3)과 둘째 신탁(12:10~14; 14:8)에서 더욱 분명해진다. 하나님이 이스라엘을 견고하게 하심(다섯째 환상, 4장)은 첫째 신탁(10:1~6)과 둘째 신탁(13:1~6)에서 설명된다. 죄인들에 대한 하나님의 심판(여섯째 환상, 5:1~4)은 첫째 신탁(11장)과 둘째 신탁(13:7~9; 14:12~15)에서 상세히 표현된다. 이스라엘 땅에서 죄악을 제거하기 위한(일곱째 환상, 5:5~11) 조건이 둘째 신탁(14:20~21)에 나와 있다(그 조건은 예루살렘과 유다의 성결이다). 온 세상에 대한 하나님의 심판과 통치(여덟째 환상, 6:1~8)가 둘째 신탁(14:16~19)에 반영되어 있다.

A. 기름 부음 받은 왕이 배척됨(9~11장)

1. 이스라엘 주변 나라들에 대한 심판(9:1~8)

NIV에서는 '여호와의 말씀'으로 시작된 1절부터 서두를 따로 분리시켜서 '경고'(oracle)로 시작한다(An Oracle The Word of the Lord is against the lord of Hadrach…, NIV. 참조, 12:1). 이러한 번역은 KJV의 번역보다 더 정확하다고 할 수 있다(KJV에는 'The burden of the word of the Lord'로 되어 있음).

'경고'로 번역된 히브리어는 '나르다', '들어 올리다'라는 뜻을 가진 말에서 유래했다. 일부 번역(KJV, ASV)과 어떤 학자들은 '경고'라는 말을 '부담'(burden)이라는 말로 이해하고, 예언적 메시지에 의해 전달된 불길한 심판의 메시지로 생각했다. 그러나 그 말은 다른 뉘앙스를 지닌 말, 즉 '소리를 높이다'라는 말에 근거한 것으로 사료된다(참조, 삿 9:7, '외치다'; 사 3:7; 42:2, '외치다', '목소리를 높이다'). 이 말은 민수기 23장 7절과 24장 3, 15~16절에서도 동일한 의미로 사용되었다. 그러므로 1절과 12장 1절에서의 명사는 '경고', 또는 '신탁'으로 번역되어야 한다. 그것들이 경고이든 약속이든 소리 높여 외쳐지는 것이라는 뜻에서 그렇다.

스가랴서의 배경에서는 두 개의 신탁이 주요 구원의 약속으로 제시되고 있다. 대부분의 보수적인 주석가들은 1~8절을 BC 333년 이수스 (issus) 전투 끝에 알렉산더 대왕이 팔레스타인 전역을 정복할 것을 예언한 내용으로 보고 있다. 메대[페르시아] 제국 시대에 살고 있었던 스가랴는 다가오는 그리스 제국(1~8절; 8:13)과 로마 제국(11:4~14)과 마지막 때 이스라엘의 미래를 예언했다.

9:1~2 알렉산더 대왕은 이 구절과 다음 구절에 기록된 멸망을 가져오는 인간적인 수단이었던 것 같다(도시들의 순서는 알렉산더가 진군해가는 과정과 일치하는 것처럼 보인다). 그러나 그의 개입은 이 예언에서 그냥 지나쳐 버렸는데, 그 까닭은 이스라엘로부터 시작해서 일부 도시들과 국가들에 대한 하나님의 궁극적인 행동을 강조하기 위함이다.

북쪽에 위치한 하드락은 하맛 북쪽에 위치한 도시국가 하타리카를 가리키는 것 같다. 이 도시는 앗수르의 설형문자 비문에 언급되어 있다. 다메섹은 아람(수리아)의 수도였다. "사람들과 이스라엘 모든 지파의 눈이 여호와를 우러러봄이니라"(1절)라는 말씀은 그들의 도시들에 임한 하나님의 심판으로 인해 모든 백성이 두려워한다는 것을 가리킨다. 하맛은 오론테스 강변에 있는 다메섹의 북쪽에 위치한 수리아의 도시였다. 서쪽 해변에는 베니게의 도시 두로와 시돈이 있었다.

9:3~4 두로는 살만에셀 5세 때 5년 동안 앗수르의 포위 공격을 견뎌내고, 수년 후 13년에 걸친 바벨론 느부갓네살의 군대에 의한 공격을 견뎌 낸 성채였다. 두로의 상업적, 경제적 풍성함은 은이 티끌같이 흔하고, 금이 진흙처럼 풍부했다는 비유의 말에 반영되어 있다(참조, 겔 28:4~5; 27:33). 알렉산더의 비교적 짧은 기간(5개월)에 걸친 포위 공

격으로 두로가 멸망하고 궁핍하게 된 것은 해변에 위치한 그 도시의 권세를 파멸시키신 하나님의 행위에 기인한 것이다(NASB에는 '그의 부를 바닷속으로 던져 넣는다'라고 되어 있다. 참조, 겔 26:17~21; 27:27, 34).

9:5~7 블레셋의 5개 주요 도시 중에 4개 도시가(가드가 빠짐) 임박한 심판 앞에 놓여 있었다(참조, 암 1:6~8; 습 2:4; 렘 25:20). 피와 가증한 음식(우상 숭배로 드려진 것)을 블레셋 사람들의 입과 잇사이에서 제해 버림은 그들이 우상 숭배에서 떠나 이스라엘의 하나님께 속하고 유다 중에 지도자가 되는 것을 지적한다. 여부스 족속처럼, 그들은 하나님의 백성의 인구 속에 흡수될 것이다. 알렉산더의 침입 시 이 일이 성취되었다는 증거가 없으므로, 이 일은 메시아의 통치 시에 뒤따를 미래적 축복을 기다리고 있다(9:10).

9:8 알렉산더의 마케도니아 군대는 예루살렘을 거듭 지나갔지만, 그곳을 포위해 공격하지 않았다. 이 일의 궁극적인 원인은 하나님이 그 도성을 보호하셨기 때문이다: "내가 내 집을 둘러 진을 쳐서." 이 방비는 천년왕국 시대에 하나님이 그 도성을 마침내 보호하실 것을 약속하고 있다. 그때는 대적들이 다시는 예루살렘을 침범하지 않을 것이다(참조, 욜 3:17).

2. 메시아의 축복들(9:9~10:12)

a. 평강의 왕이 오심(9:9)

9:9 예루살렘의 주민들은 '시온의 딸'과(참조, 2:10; 사 1:8) '예루살렘의 딸'로 의인화되었다. 그들은 이스라엘의 모든 백성을 대표해 도래하는 왕을 두려움이 아니라 기쁨과 즐거움으로 환영할 것을 격려받고 있다. '네 왕이 네게 임하시나니'라는 말은 오랫동안 기다려 왔던 왕과 메시아를 가리킨다(참조, 사 9:5~7; 미 5:2~4; 눅 1:32~33). '공의'는 그분의 성품과 통치를 모두 가리킨다(참조, 시 45:6~7; 사 11:1~5; 32:17; 렘 23:5~6; 33:15~16). '구원을 베푸시며'라는 구절은 그분이 구원자로 오셔서 다른 사람들에게 구원을 베푸신다는 뜻이다(참조, 사 62:11).

그분의 평화로운 입성(나귀를 타고 오심)은 영광스러운 입성 시에(마 21:1~5) 이스라엘에게 그분 자신을 나타내셨을 때 성취되었다. 고대 근동 지방에서는 만일 어떤 왕이 평화로이 나아올 때 전쟁의 말을 타는 대신 나귀를 타곤 했다. 그리스도께서는 나귀 새끼를 타고 오셨다(그리스도께서 한 마리의 나귀를 타셨는지, 두 마리의 나귀를 타셨는지에 대해서는 마 21:2의 주석을 참조하라).

다른 구약의 예언과 같이(9:9~10) 이 사실은 두 가지 사건을 하나의 전망으로 혼합시킨다. 그 사건들은 신약성경이 그리스도의 임하심을 교회 시대를 중심으로 두 개의 별개의 사건으로 보는 것과 같다(참조, 사 9:6~7; 61:1~2; 눅 4:18~21). 초림 시에 그분은 나귀를 타고 그 자신을 이스라엘 백성에게 나타내셨지만, 그들은 그분을 왕으로 인정하지 않았다. 그래서 그분의 세계적 통치는 그분이 다시 오실 때 성취될 것이다(9:10).

b. 평강의 왕의 왕국(9:10~10:12)

(1) 메시아가 평화를 가져오실 것임

9:10 하나님이 전쟁의 도구를 부수어 버리시는 것(병거, 말, 전쟁하는 활을 끊으심)은 천년왕국 시대에 전쟁이 종식됨을 의미한다(참조, 사 2:4; 미 4:3). 도래할 메시아 왕의 평화로운 통치는 바다에서 바다로 확장되며 (유브라데 강에서, 미 7:12; 사 7:20) 땅끝까지 이를 것이다. 이러한 표현들은 메시아 왕국의 세계적인 범위를 분명하게 지시하고 있다.

(2) 메시아가 이스라엘을 구원하실 것임(9:11~17)

9:11~12 하나님이 이스라엘과 맺으신 약속의 신실성은 이스라엘을 세계의 흩어짐에서 건지시는 근거가 된다. 이 구절들에서 언급되고 있는 대상들은 여전히 바벨론에 살고 있는 유대인들이었던 것 같다. 그러나 약속의 성취 내용은 이스라엘의 마지막 때에 그들을 다시 모으실 것을 암시한다. 적어도 그 나라의 장래 희망은(메시아의 구원) 스가랴 시대 당대의 격려의 근거가 되었다.

'너와 나의 언약의 피'(the blood of my covenant with you, NIV, 개역 개정에는 '네 언약의 피'로 번역됨)는 모세 계약의 희생 제물을 가리킨다고 볼 수 있으나(출 24:8), 피의 제물로 확정된, 보다 오래된 아브라함 계약과 관계된다고 할 수 있다(창 15:8~21). '물 없는 구덩이'(감옥으로 사용된 빈 구덩이)는 유배 장소를 상징하는 것이리라. '요새'는 예루살렘을 가리킨다. 바벨론에 있는 포로들은 '소망을 품은 자들'로 불리는데, 그 까닭은 그들이 하나님이 다시 불러들이겠다고 하신 약속을 지니고 있었기 때문이다. 하나님은 두 배나 더 많이 회복시키실 것이다. 즉 그분의 축복은 천년왕국에 이르러 그때까지 이스라엘이 알았던 모든 것을 능가할 것이다.

9:13 적어도 이 구절과 이 장의 나머지 부분은 마카비 가문(BC 169~135)과 시리아 왕 안티오쿠스 4세 에피파네스(단 11:32; 참조, 단 8:9~14의 주석), 안티오쿠스 5세 유파터(Eupator), 안티오쿠스 6세와 7세의 갈등을 언급한 것이다. 유대인들의 승리는 하나님이 그들을 천년왕국의 축복으로 인도하실 때 이스라엘이 맞이할 최후의 갈등과 승리를 미리 보여 준다. 활과 화살이 서로에게 꼭 필요한 것처럼, 유다와 에브라임은 서로 연합될 것이다(에브라임은 이스라엘의 북쪽 10지파를 대표한다). 이러한 전쟁 무기가 언급된 것은('용사의 칼' 등) 하나님이 자기 백성을 능하게 하셔서 원수 된 헬라 자식들을 패배하게 하실 것을 가리킨다.

9:14~15 하나님이 다스리시는 회오리바람은(14절) 대적을 무찌르기 위해 이스라엘이 힘을 부여받는 것을 시적으로 묘사한 것이다(15절). 하나님의 나타나심은 마카비 시대에 섭리의 수단이기도 했지만, 그리스도께서 재림 시 승리자로서 나타나실 때 문자적, 가시적으로 성취될 것이다. 15절의 나머지 부분은 하나님의 능하신 구원으로 이스라엘이 억제할 수 없을 정도로 기쁨과 즐거움이 충만할 것을 묘사하고 있다.

9:16~17 여기서 예언된 하나님의 구원은 그날, 즉 마지막 날에 이루어질 것이다. 마치 목자가 그의 양 떼를 돌보듯이, 하나님은 그들을 돌보실 것이다(참조, 10:3). 그때 이스라엘은 왕관의 보석같이 여호와의 땅에 빛날 것이다(참조, 암 9:11~15). 그들은 하나님이 그들을 위해서 행하신 모든 일에 있어 아름답고도 매력적인 상징이 될 것이다. 자연에 임한 하나님의 축복은 풍요한 조건을 가져와서(참조, 욜 2:21~27) 육체의 강건함이 보장될 것이다.

(3) 메시아가 재림 시에 거짓 목자들을 멸하실 것임
10:1~5 1절의 권면은 과도기적으로, 자연의 축복(비와 밭의 채소)의 근원은 우상 숭배하며 속이는 거짓 목자들이 아니라(2~3절), 여호와이심을 가리킨다. 거짓 선지자들과 복술자들 때문에 하나님의 백성은 양처럼 방황했다. 그래서 하나님은 거짓 목자들에게 분노와 심판을 가져오고, 그분의 양 떼에게는 승리를 가져다주리라고 공고하셨다(참조, 미 5:4).

백성이 속임을 당한 데 대한 치유로써 메시아의 도래에 초점이 맞추어져 있는데, 모두 4가지로 묘사되었다: 모퉁잇돌(참조, 사 28:16), 말뚝, 싸우는 활(참조, 시 45:5), 그리고 권세 잡은 자(참조, 창 49:10; 미 5:2)다. 이러한 용어들은 메시아 통치의 강하고, 안정되고, 승리를 거두고, 신뢰할 수 있는 성격을 강조한다. 여호와께서 그 싸움을 싸우시는 것이 아니라, 그분의 백성을 강하게 해 용사처럼 정복하게 하실 것이다. 그분이 함께하심으로 그들로 승리하게 하실 것이다.

(4) 메시아는 모든 이스라엘 백성을 다시 모아들이실 것임(10:6~12)

이스라엘과 유다와 관련된 이 예언과 선택된 백성을 대신하시는 하나님의 활동과 관련된 예언의 세계적 범위는 메시아의 재림 전에 이스라엘을 다시 모아들일 것을 전망하고 있음을 지적하고 있다.

10:6~7 하나님은 모든 이스라엘을 견고하게 하고, 그들을 구원하실 것을 예고하셨다(요셉은 북쪽의 두 부족 에브라임과 므낫세의 아버지다). 하나님의 긍휼 때문에 그들은 회복되고 다시 연합될 것이다(참조, 호 1:11). 그들의 죄가 용서되고 잊힐 것이며, 그들은 하나님이 과거에 버리지 않으셨던 것 같을 것이며, 하나님과의 교제를 기뻐할 것이다: "내가 그들에게 들으리라"(6절). 북쪽 지파 에브라임의 이름은 종종 북왕국을 대신해 사용되었다(참조, 호 10:6; 11:8, 12). 이스라엘 백성은 그들에게 내려진 하나님의 축복으로 말미암아 여호와 안에서 기뻐하고 즐거워할 것이다.

10:8~10 이스라엘은 그때 세계적으로 흩어진 상태에서 다시 모아들여질 것이다. 여호와께서는 이렇게 말씀하셨다: "내가 그들을 향하여 휘파람을 불어 그들을 모을 것은"(8절). '휘파람'(signal)이라는 단어는 '호각'(whistle)을 의미한다(벌레를 부를 때 사용되는 것처럼. 참조, 사 7:18). 또는 목자가 그의 양 떼를 불러들일 때 사용하는 갈대 파이프를 의미하기도 한다(참조, 삿 5:16). 본문의 전반적인 맥락에서 목자와 양의 이미지가 사용된 것을 고려할 때 갈대 파이프를 의미한다고 볼 수 있다(9:16; 10:2~3; 11:4~16; 13:7). 그들을 불러들이실 때 구원과 수적 증가도 함께 있을 것이다(8절하. 참조, 호 1:10). 인간적인 측면에

서는 그들이 돌아올 때 하나님을 기억하게 되리라는 사실을 포함하고 있다. 하나님의 편에서는 하나님이 그들을 돌아오게 하리라고 말씀하셨다.

애굽과 앗수르는 이스라엘이 흩어져 사는 모든 나라를 대표한다(호 11:11; 슥 10:11). 길르앗과 레바논은 아브라함에게 약속된, 이스라엘이 정복하게 될 동쪽과 북쪽의 범위를 지적하기 위해 언급되었다(창 15:18. 참조, 신 30:3~5).

10:11~12 하나님은 이스라엘을 약속된 땅으로 다시 불러 모으실 때, 옛날 바다와 마른 땅을 통해 이스라엘을 인도하셨을 때처럼 모든 장벽을 제거하심으로 그들을 회복시키실 것이다. 또다시 이스라엘의 모든 대적을 대표해 애굽과 앗수르가 언급되었다(참조, 10절). 예언은 서두의 구절을 사용함으로 끝을 맺었다: "내가 그들로…견고하게 하리니"(12절). 그래서 이스라엘이 여호와의 이름으로 행하게 될 것이다(이스라엘은 하나님께 순종함으로 하나님을 영화롭게 할 것이다).

3. 선한 목자의 배척과 이스라엘의 결국(11장)

이 음울한 장은 이스라엘이 10장의 축복을 깨닫는 것이 더딘 이유를 말해 준다.

a. 다가올 진노가 소개됨(11:1~3)

11:1~3 이 우울한 애가는 참되고 선하신 목자로서의 메시아를 거역

하는 백성의 죄로 말미암아 야기될 임박한 황폐함을 그리고 있다(4~14절). 여기 사용된 언어는 분명히 의인화 용법이다. 그러나 레바논의 백향목, 바산의 상수리나무, 요단의 무성한 숲에 대한 언급은 북쪽에서 남쪽까지 모든 주민을 포함해 이스라엘 전역의 황폐함을 암시한다. 이 모든 지역(레바논, 바산, 요단)은 두터운 삼림으로 울창한 땅이었다. 목자들은 그들의 초장이 황폐함을 인해 곡할 것이다.

황폐함에 대한 전체적인 묘사는 문자적으로 받아들여야 할 것이다. 그런데 어떤 저자들은 이 나무들이 예루살렘의 영광, 특히 부분적으로는 목재로 지어진 성전의 영광을 나타낸다고 보았다. 이 주장이 의심스럽기는 하지만, 문자적이든 상징적이든 파괴의 대체적인 기간은 AD 70년 로마에 의한 예루살렘의 파괴를 함축하고 있다.

b. 파괴의 이유가 지적됨(11:4~14)

이 어렵고도 메시아적 의미가 담긴 말씀에서, 스가랴는 하나님에 의해 이스라엘의 참되신 목자 메시아를 묘사하도록 지시받았다. 그리고 스가랴는 못된 목자, 즉 마지막 때의 적그리스도를 묘사하도록 지시받았다(11:15~17). 이 본문은 엄격하고 극적인 묘사가 목적은 아닌 것 같다. 그리스도의 사역 때 이스라엘의 영적인 상태에 주의를 집중하고 있고, 참 목자 되신 그리스도를 배척한 결과에 초점이 맞추어져 있다.

11:4 하나님이 스가랴에게 말씀하셨다: "너는 잡혀 죽을 양 떼를 먹이라." '먹이라'(pasture)라는 말은 음식을 먹이는 것뿐 아니라, 방향을 지시하고 보호하는 것을 포함한다. '양 떼'는 하나님이 로마군에 의해 살

륙하기로 작정하신 이스라엘을 말한다.

11:5 양 떼를 사들인 사람들과 양 떼를 판 사람들이 유대의 지도자들인지, 외국의 압제자들인지에 대해서는 논란이 있다. 그러나 '그들의 목자들'은 그 백성을 돌볼 책임을 다하지 못한 유대 지도자들을 가리킨다(참조, 10:3).

11:6 이스라엘의 가련한 처지의 결정적인 국면은 하나님이 연민을 거두시는 것이다: "내가 다시는 이 땅 주민을 불쌍히 여기지 아니하고." 하나님이 긍휼을 거두어 가신 이유는 그 백성이 참 목자 메시아를 배척했기 때문이었다(참조, 11:8~13). 하나님이 이스라엘을 넘겨주신 왕은 분명히 로마 황제였다(참조, 요 19:15, "가이사 외에는 우리에게 왕이 없나이다"). 하나님은 그런 백성을 로마 군대에게서 구원하시지 않을 것이다.

11:7 명령을 받은 대로, 스가랴는 잡혀 죽을 양 떼를 돌보는 목자의 일을 묘사했는데(참조, 11:4), 특별히 '가련한 양들'로 묘사했다. 이들은 메시아의 초림 때 그분을 믿는 소수의 성도를 가리키는 것처럼 보인다. 다른 선한 목자와 마찬가지로 스가랴는 양 떼를 인도하고 보호하는 데 사용할 막대기 두 개를 취했다. 그 막대기에는 각기 상징적인 이름들이 부여되어 있는데, 하나는 '은총'(또는 '아름다움', '은혜', '감미로움')이요, 또 하나는 '연합'(또는 '결속', '띠')이었다. 이 이름들은 하나님의 백성에 대한 하나님의 은총(참조, 9:14~17)과 이스라엘과 유다가 한 국가로서 내적으로 연합되는 것을 묘사한다(참조, 호 1:11).

11:8~9 참되신 목자에 의해 버린 바 된 세 목자들의 정체는 지적되지 않았다(8절에 대한 해석은 40가지가 넘는다!). 아마도 이 목자들은 세 종류의 유대인 지도자들을 가리키는 듯하다. 즉 선지자(율법을 간수함), 제사장, 왕 말이다. 그러나 이들은 모두 부적합한 존재들이었다. 이 세 목자들을 끊어 버린 것과 긴밀히 관계된 것은 양 떼들이 미워해 참되신 목자를 버린 행위다. '미워한다'라는 말은 구약에서 이곳에만 사용된 언어로, 구토를 느낄 정도로 싫어하는 것을 의미한다.

스가랴가 묘사한 메시아는 목자로서의 직무를 거부하시고("내가 너희를 먹이지 아니하리라"), 외적을 이용해 양 떼를 파멸로 내버리셨다("죽는 자는 죽는 대로, 망하는 자는 망하는 대로…두리라"). 또한 내적인 투쟁을 통해 망하도록 내버려 두셨다("나머지는 서로 살을 먹는 대로 두리라"). 이 구절에 대한 또 다른 해석은 AD 70년, 예루살렘이 로마 군대의 포위 공격 시 실제로 있었던 인육을 먹은 사건을 가리킨다고 본다.

11:10~11 폐지된 계약(은총이라 하는 막대기를 취해 꺾음으로 상징됨)은 모든 백성과 맺었던 계약으로서, 하나님의 섭리 가운데 이스라엘을 보호하시기 위해 체결된 것으로 본다. 이스라엘이 참되신 목자를 거역함으로 그들에게 내려진 하나님의 심판은 영적인 어두움(롬 11:25)과 국가적 파멸과 흩어짐의 결과를 가져왔다. 오직 신실한 남은 자들만이 (양 떼 중 박해를 받은 자들, 즉 "내 말을 지키던 가련한 양들") 예수님을 참 목자로 이해했고, 그분의 하나님 되심을 인식했다.

11:12~13 이스라엘은 그들의 참 목자에게 은 30으로 가격을 매겼

다. 이 금액은 수소에 받힌 종을 보상하는 금액이었다(출 21:32). 볼드윈(Boldwin)은 모세의 율법에서 종의 목숨 값으로 은 30을 정한 것은 '인간의 생명을 위해 책정된 높은 가격'이라고 생각했다. 이것이 옳은지 그른지를 떠나서 종의 가격을 선택한 것은 선한 목자를 모욕하기로 의도한 것으로, 그분께 어떤 값도 매기지 않은 것보다 더 악한 처사라 할 수 있다. 토기장이에게 보잘것없는 돈을 던지는 것은 그 가치의 미미함을 보여 준다(토기장이는 노동자의 신분 중 가장 낮은 부류에 속했다). 이 예언은 유다가 그리스도를 배반함으로 성취되었다(마 26:14~16; 27:3~10).

11:14 스가랴는 연합이라 하는 둘째 막대기를 꺾어서 유다와 이스라엘의 국가적 연대성이 해체되는 것을 묘사했다. 유다 내의 불화는 AD 70년 예루살렘의 파멸과 세계적 분산으로 이끌어 가는 한 가지 요인이 되었다.

c. 참되신 목자를 거역한 결과(11:15~17)

참되신 목자를 거절한 후에, 이스라엘은 어리석고 무가치한 목자를 영접할 것이다. 이것은 마지막 때 적그리스도에 대한 예언으로, 적그리스도는 참 목자 되신 그리스도와 모든 면에서 반대되는 존재가 될 것이다(참조, 요 5:43).

11:15~16 스가랴는 예언자의 둘째 기능을 묘사하도록 부름 받았는데, 이번에는 어리석은 목자에 대한 것이었다. '어리석다'의 히브리어

(אֱוִיל)는 거칠고 굳은 마음의 바보를 가리키는 말이다. 그 목자는 양 떼와 그들의 필요에 대해 관심이 없고, 자신의 탐욕에만 관심이 있다. 어리석은 목자는 양 떼를 보호하는 대신, 그들을 파괴할 것이다(참조, 계 13:7).

11:17 어리석은 목자는 또한 쓸모없는 목자로서, 그는 자신에게 선고된 정죄를 받아 마땅하다. '팔'은 그의 힘을 가리키고, '눈'은 총명을 가리킨다. 참되신 목자가 돌아올 때, 쓸모없는 목자의 어리석은 계획은 폐기될 것이다(참조, 12:10; 계 19:19~20).

B. 배척된 왕이 보좌에 오름(12~14장)

12~14장은 하나님의 백성 이스라엘에 관한 '여호와의 말씀의 경고'다(참조, 9:1). 예언된 사건들은 미래의 어떤 때를 취급하며(13:7은 제외하고), 예루살렘 성을 중심으로 예언되었다. 따라서 이 장들의 예언들은 구약성경에서 가장 중요한 부분으로 간주된다.

1. 이스라엘의 구속(12~13장)

장차 이스라엘의 메시아적 왕국이 수립되기 위해서는 두 가지 조건이 따른다: (a) 이 왕국의 수립을 대적하는 이방의 세력들이 전복될 것, (b) 하나님이 아브라함과 다윗의 언약들을 완성하실 때 그 나라를 구성할 개개인의 유대인들이 중생할 것. 12~13장에서 보는 바와 같이, 이 두 가지 조건들은 주님에 의해 성취될 것이다. 그분은 외적들로부터 이스라엘을 구원하시며(12:1~9), 또한 심령을 회복시키실 것이다(12:10~13:9).

a. 외적들로부터의 구원(12:1~9)

12:1~3 장차 있을 열방에 의한 예루살렘의 포위 공격이 여호와의 말씀을 통해 계시되었다(참조, 14:1~5). 그분은 자신의 피조물을 보존하시는 위대한 분으로 묘사되고 있다: "하늘을 펴시며 땅의 터를 세우시며 사람 안에 심령을 지으신 이"(1절). 이와 같이 여호와의 전능한 능력이 언급되는 이유는 다음 구절들에서 예언된 구원을 완성하시는 그분의 능력을 확신시키기 위함이다.

서론적인 요약이 비유적인 언어로 표현되었는데(2절), 결론적인 요약은 명확하게 문자적인 언어로 표현되었다(9절). 하나님이 그날에 유다와 예루살렘을 포위 공격하는 모든 주변 국가를 멸하실 것이다.

'그날'(12:3~4, 6, 8~9에 5회, 13장에 3회[13:1~2, 4], 14장에 7회 사용되었다[14:4, 6, 8~9, 13, 20~21])은 장차 아마겟돈 전쟁을 가리키는 것으로, 그때 열방의 군대들이 예루살렘을 대항해 모여들 것이다(참조, 14:1~3; 계 16:16; 19:19). 어떤 사람들은 하나님이 예루살렘 주민들을 강건하게 하심을 열방이 깨닫기까지(12:5) 유다가 그들 편에 있을 것이라고 생각한다.

두 가지 은유적인 표현이 열방을 멸하기 위한 수단으로서 예루살렘을 사용하시는 하나님의 방법을 묘사하고 있다: (1) 예루살렘은 취하게 하는 잔이 될 것이다(2절). 이 평범한 예언적 문구는 하나님의 심판을 묘사한다(참조, 사 51:17, 21~22; 렘 25:15~28). (2) 예루살렘은 무거운(움직일 수 없는) 돌이 될 것이다(3절). 아마겟돈 군대들의 패배는 자신이 수용할 수 있는 양보다 더 많이 마신 사람, 또는 자신이 들어 올릴 수 있는 것보다 더 무거운 무게를 옮기고자 하는 사람과 관련되어 있다. 예루살렘을 공격하는 자들은 결국 그들 자신의 파멸을 목도하고야 말 것이다.

12:4~5 4~9절에 장차 유다가 여호와에 의해 구원받을 일이 더욱 자세하게 묘사되었는데, 그것은 열방의 멸망을 통해서가 아니라 유다와 예루살렘의 승리를 통해서도 묘사되었다. 여기서 기병들의 패배로 인한 커다란 혼돈은 하나님의 개입 탓으로 돌려지고 있다. 하나님이 모든 말들로 놀라게 하실 것이며, 모든 탄 자들로 미치게 하시고, 말들은 눈이 멀게 하실 것이다(참조, 14:15; 겔 39:9~11의 주석. 마지막 전쟁의 때에 문자적인 말들이 사용되는지의 여부가 설명되어 있음).

그와 대조적으로, 유다에 대한 하나님의 보호와 배려는 그분이 유다를 지켜보고 계신다고(I will keep a watchful eye, NIV, 개역개정에는 '내가 돌보고'로 번역됨) 의인화 용법으로 기술되어 있다. 유다의 우두머리들은 승리를 가져오신 하나님의 능력의 원천을 믿음 안에서 인식하고, 그들의 적들에 대한 승리를 위해 또다시 하나님을 신뢰하게 될 것이다.

12:6~7 장차 유다의 군사적 승리가 두 가지 비유로 묘사되었다: (1) 나무 가운데에 화로, (2) 곡식단 사이에 횃불. 열방들의 군대들은 예루

살렘이 주목할 때('그 자리에서 해를 입지 않고'[intact in her place], NIV, 개역개정에는 '다시 그 본 곳…에 살게 되리라') 신속하고 철저하게 황폐해질 것이다. 다른 곳에서 유다의 대적들은 불에 타서 없어지는 그루터기처럼 소멸될 것이라고 말한다(참조, 사 47:14; 옵 1:18; 말 4:1). 유다의 승리는 여호와로부터 올 것이다: "여호와가 먼저 유다 장막을 구원하리니"(7절). 예루살렘의 구원보다 유다의 구원이 우선한 것은 전 국민이 예루살렘의 주민들과 연합될 것을 보증할 것이다.

12:8~9 하나님은 예루살렘을 방패처럼 보호하실 것이며, 예루살렘 주민들을 약한 자로부터 강한 자까지 하나님의 능력으로 강하게 하실 것이다. 하나님의 능력은 가장 연약한 자라도 위대한 장군 다윗같이 강하게 만들며, 그 성읍의 지도자들(여기서 '성읍'은 다윗의 집을 가리킨다고 봄, 개역개정에는 '다윗의 족속'으로 번역됨)에게 초인간적인 힘을 부여할 정도로 강하다. 어떤 학자들은 '다윗의 족속'이란 그리스도의 재림 시에 그리스도를 가리키는 개인적인 명칭으로 보지만, 그 말은 12장 10절과 13장 1절에서 단순히 이스라엘의 정치적 지도자들을 가리키는 것이 분명하기 때문에 사실과 다르다고 할 수 있다. 그래서 9절은 예루살렘을 대항하는 열방들의 멸망에 관한 결론적 요약이다(참조, 서론적인 결론은 2절).

b. 이스라엘의 영적인 구원(12:10~13:6)

이스라엘이 그리스도의 재림 시에 영적으로 구원받는 일은 오직 하나님이 제공하시는 죄를 씻는 샘(13:1)과 성령을 부어 주심으로 개개인의 이스라엘 사람들이 예수를 그들의 메시아로 믿는 회개를 통해 이루어질 것이다(12:10~14).

(1) 성령의 부으심

12:10상 지도자들(다윗의 집)과 평민들(예루살렘 주민) 모두가(그러므로 이스라엘 사람 중에 제외되는 사람은 아무도 없다[참조, 13:10]) 은총과 간구하는 심령이 부어지는 대상이 될 것이다. 이것은 '성령'을 가리키는 말로 간주된다. 왜냐하면 성령은 죄 중에 있는 이스라엘에게 은혜로이 역사하시어 이스라엘로 간구와 회개에 이르게 하실 것이기 때문이다.

(2) 이스라엘 국가의 통곡(12:10하~14)

12:10하 이스라엘 백성은 하나님의 도우심으로 그들이 찔른 메시아를 보게 될 것이다. 여호와께서는 '그'(Him)를 찔렀던 백성의 행위를 언급하셨는데, '찔렀다'라는 용어는 '찔러 죽였다'라는 뜻을 가지고 있다. '찔렀다'라는 것은 성육신한 하나님이신 그리스도를 배척하고, 그분을 십자가에 못 박은 것을 분명히 가리킨다. 비록 그 말이 특별히 십자가의 처형을 가리키고 있지는 않지만, '바라본다'라는 말은 육체의 눈으로 보는 것이거나, 영적으로 보는 것을 의미할 수 있다. 그런데 여기서는 두 가지 사실 모두를 가리킬 수 있다. 그 이유는 그리스도의 재림 시에 이스라엘이 그들의 메시아를 알아보고 그분께로 돌아갈 때 이 모든 일이 발생할 것이기 때문이다.

'그를 위하여 애통하기를'이라고 3인칭을 사용하는 것은 예언서에서 흔히 있는 표현이다. 성령의 부으심으로 인해 죄를 애통하는 것은 개인적인 애통(10절)과 집단적인 애통(12:11)으로 표현되어 있다. 독자를 잃고, 장자를 잃어버리는 고통은 그 가문을 이어 가고 재산을 상속받을 후계자가 없다는 사실과 관련되어서 더욱 저주받은 느낌을 준다.

12:11 장차 이스라엘이 그들의 메시아로 인해 애통하는 것은 멸망해 가는 유다 국가의 마지막 희망인 경건한 요시야 왕이 바로 느고 2세에 의해 하다드림몬에서 살해되던 날의 애통과 비유되고 있다. 그 지역은 전통에 의하면, 므깃도 평야의 이스르엘 마을과 동일시된다(참조, 대하 35:20~27). 성령의 부음 받는 마지막 때의 커다란 애통은 이스라엘 나라의 가장 커다란 개인적(10절)이고도 집단적(11절)인 슬픔과 비교될 수 있다.

12:12~14 이 구절들은 장차 각 족속의 애통이 세계적이며 심각한 것임을 묘사한다. 다윗에게는 나단이라고 불리는 아들이 있었고(삼하 5:14), 레위에게는 시므이라고 불리는 손자가 있었다(민 3:17~18). 다윗의 시대에는 선지자 나단도 있었다(참조, 삼하 7:1~17). 다윗의 족속과 나단의 족속과 레위의 족속과 시므이의 족속이 언급된 것은 왕과 선지자와 제사장의 회개를 의미하는지도 모른다. 또한 여기 언급된 나단이 다윗의 아들이라면, 왕과 제사장의 족속만이 명시되었다고 할 수 있다. '각 족속이 따로 하고 그들의 아내들이 따로 한다'라는 구절들은 그 애통함이 단지 외적인 준수가 아니라, 개별적이고 진지한 애통임을 가리킨다고 볼 수 있다.

(3) 이스라엘 백성을 깨끗하게 하심(13:1~6)

13:1 '그날'은 장차 여호와의 날을 가리킨다(참조, 14:1). 12장부터 14장까지 마지막 세 장에서 '그날'이라는 구절이 16회나 나타나 있다 (12:3~4, 6, 8~9, 11; 13:1~2, 4; 14:4, 6, 8~9, 13, 20~21). 그리스도께서 십자가에서 처형되시던 날에 온 이스라엘과 전 세계를 위해 잠재적으로 샘이 열렸다. 그리스도의 재림 시에 그 샘은 유다 백성을 위해 경험적으로 열릴 것이다. 이 백성이 영적으로 깨끗해지는 일은 성경의 다른 본문에서 이스라엘의 영적인 중생과 새 계약의 체결과 연관되어 있다(참조, 렘 31:31~37; 겔 36:25~32; 롬 11:26~27).

'다윗의 족속'(정치적 지도자들)과 '예루살렘 주민'은 씻음을 필요로 하는 그 땅의 모든 족속을 포함한다(참조, 12:10). '죄와 더러움'이라는 말은 특별히 우상 숭배를 가리킬 수 있다(참조, 13:2의 '더러운 귀신'[역자 주: Spirit of impurity, '더러움의 영', '부정한 영'을 가리킴], 겔 7:19~20에서는 금을 '부정한 것'으로, 우상을 '가증한 것'이라 말한다). 그러나 여기서 그 말은 백성의 전체적인 죄악된 상태를 가리키는 것으로 보인다.

13:2상 여호와께서는 그 땅에서 우상의 이름을 끊어 버리시려는 의도를 공고히 하셨다(참조, 미 5:13~14). 그분은 하나님을 예배하는 데 방해되는 모든 요인을 제거하실 것이고, 모든 우상 숭배는 사라질 것이다. 그리스도의 재림 시 우상 숭배에는 예루살렘 성전에서 짐승의 우상을 경배하는 일도 있을 것이다(단 9:27; 11:31; 마 24:15; 살후 2:4; 계 13:4). 물론 다른 형태의 우상 숭배도 있을 것이다(계 9:20).

13:2하~3 우상 숭배의 제거와 함께 거짓 예언도 제거될 것이다. 거짓 예언자들은 거짓 선지자들과 초인간적인 더러운 귀신을 가리킨다(참조, 13:1). 더러운 귀신은 은혜의 성령과 대조되어, 거짓 선지자들에게 영감을 불어넣는 악의 중개자로 이해할 수 있다. 신명기 18장 20절(참조, 신 13:6~11)에는 거짓 선지자들을 죽이는 일이 가장 가까운 친족, 그의 부모에 의해 수행되었는데, 이것은 이 땅에서 거짓 선지자들을 제거하기 위해서였다.

13:4~6 의가 승리함에 따라 거짓 선지자들은 모든 거짓된 거래를 포기할 것이다. 그들은 선지자들의 털옷을 입고 미혹하던 일을 그칠 것이다. 몇몇 진정한 예언자들은 털옷을 입었었다(참조, 엘리야[왕하 1:8]와 세례 요한[마 3:4]). 또한 혐의가 있는 거짓 선지자들은 발견되는 것을 피하기 위해 일평생 농부로 살아왔다고 주장하게 될 것이다. 더욱이 거짓 선지자들은 그들의 몸에 있는 상처의 이유에 대해 거짓말을 할 것이다. 이 상처는 아마 가슴에 있는 것 같다(비록 히브리 표현은 문자적으로 '두 손 사이'로 되어 있고, 개역개정에는 '두 팔 사이'로 번역되었으며, NIV에서는 등을 가리키고 있지만). 이 상처들은 물론 우상 숭배와 관련해 스스로 입힌 상처일 것이다. 그들은 우상 숭배에 관련되었다는 비난에 대답하기 위해 그들을 사랑하는 사람들(그들의 부모나 죽마고우)에 의해 받은 상처라고 주장할 것이다.

어떤 학자들은 6절과 7~9절을 연관시켜서, 6절이 메시아를 가리킨다고 말한다. 그러나 그런 주장은 5절에서 6절로 진행되는 메시지의 흐름을 갑작스럽게 중단시켜 버린다. 6절에 있는 내용은 거짓 선지자들에 대한 이전의 구절들과 더 잘 어울린다.

(4) 참된 목자를 보내심(13:7~9)

거짓 선지자들과 비교해(13:2~6) 여호와께서는 그분의 참된 예언자, 메시아를 보여 주시는데, 여호와께서는 그분을 '내 목자'라고 부르셨다. 이 시적인 문단은 앞서의 예언을 부각시키는데, 그곳에는 메시아를 찌르는 것(12:10. 참조, 11:7~8), 양들이 배척하는 것(참조, 11:9), 계약 관계를 회복시키는 것(참조, 13:1~2)이 포함되어 있었다. 여기서는 매를 맞는 목자(7절 상), 흩어진 양 떼(7절 하~8절), 구원받은 남은 자들에 대해서 말한다.

13:7상 만군의 여호와에 의한 매우 시적인 이 표현은 여러 가지 수사적인 말이 결합되어 있다. 갑작스럽게 비인격적인 대상에게 말하는 것("칼아! 깨어라")은 두 가지 수사법으로 구성되었다. 첫째는 돈호법(어떤 물체를 향해 마치 인격체인 것처럼 직접 말하는 것)이고, 둘째는 의인화다. 이 말들은 생명 없는 물체에게 듣고, 말하고, 잠에서 깨어나는 능력이 있다고 가정한다. '칼'이란 일종의 제유법(일반적인 것을 나타내기 위해 한 가지 특별한 사물을 언급함)으로, 죽음을 가져오는 모든 도구를 대표한다(참조, 삼하 11:24; 12:9. 우리아가 화살에 죽었는데도 칼로 죽었다고 표현되었다).

기본적인 사상은 바로 여호와께서 그 목자의 죽음을 지시하신다는 것이다. 그분은 참된 목자, 메시아이시다(참조, 11:4~14; 요 10:11, 14, '선한 목자'; 히 13:20, '큰 목자'; 벧전 5:4, '대제사장').

여호와께서 또 말씀하시기를, 그 목자는 자신에게 가까운 자라고 하셨다. '내게 가까운 자'(개역개정에는 '내 짝 된 자'로 번역됨)라고 번역된 히브리어는 다만 레위기에서만 발견되는데(레 6:2; 18:20 등), 가까운 친족을 가리킨다. 7절에서 여호와께서는 그 목자가 본성이나 본질상 자신과 동일함을 주장하셨는데, 이것은 메시아의 신성을 강하게 확인하는 것이다.

13:7하~8 여호와께서는 칼을 휘두르는 자에게 목자를 치라고 요청하시고서는 그 결과를 지적하셨다: "양이 흩어지려니와." 십자가의 처형 때 그리스도께서는 매를 맞으셨다(사 53:4, 7, 10). 그분의 제자들은 마치 흩어지는 양들처럼 그분을 버렸다(마 26:31, 56).

'작은 자들 위에는 내가 내 손을 드리우리라'(역자 주: turning His hand against the little have. 참조, '작은 자들을 대적해서 그분의 손을 향한다'라는 원뜻)라는 말은 사도행전에 있는 대로 유대인 그리스도인들에게 핍박을 허락하시는 것을 의미할 수도 있다. 양들이 흩어지는 것은 AD 70년 로마군들에 의해 예루살렘이 파멸될 때 유다 백성이 흩어지는 일을 가리키는 것처럼 보인다. 감람 산에서의 예언 말씀(마 24~25장; 막 13장; 눅 21장)이 AD 70년에 성취된 유다 백성의 흩어짐과 아울러, 장차 환난 시대 후반기에 성취될 예언을 조망하는 것처럼, 여기서 스가랴는 두 기간과 유다 백성의 흩어짐을 한 초점으로 결합시켰다.

이처럼 스가랴 13장 8~9절은 환난 시대에 이스라엘의 흩어짐 속에서 최종적으로, 완전히 그 예언이 성취될 것으로 보고 있다(참조, 계 12:6, 13~17). 그때에 유다 백성의 3분의 2가 멸망할 것이나 그 나머지는 살아남을 것이며, 여호와와 맺은 계약 관계가 회복될 것이다.

13:9 남아 있는 족속들은 그리스도의 재림 시 생존해 있는 이스라엘 백성에게 내려진 하나님의 심판에 의해서처럼, 환난 시의 핍박에 의해

연단되고 정화될 것이다(참조, 겔 20:33~38; 마 25:1~30). 그들은 믿음으로 여호와의 이름을 부를 것이며(12:10~13:1), 회복된 백성이 될 것이다(롬 11:26~27). 하나님과의 새로운 언약 관계가 (호 1~2장; 렘 32:38~41; 겔 37:23~28) 하나님의 말씀에 반영될 것이다: "이는 내 백성이라"(참조, 8:8). 그 백성의 반응은 "여호와는 내 하나님이시라" 할 것이다(참조, 호 2:21~23).

2. 왕이 돌아옴(14장)

이 장은 이스라엘의 메시아가 거룩한 왕으로 승리를 구가하며 돌아오시는 것을 묘사한다. 그래서 종말론적인 시편들(시 93편; 96~97편; 99편 등)이 성취되는 것을 묘사하는데, 그 결과 여호와께서 우주적인 지상 통치를 이룩하시게 된다. 이 통치는 성경의 다른 부분에서는 메시아가 다윗의 보좌에서 친히 통치하시는 것으로 알려져 있다. 14장에는 장차 환란의 마지막 때에 이르러, 초기에 예루살렘이 약탈되는 것으로 시작해, 메시아의 재림 때 이방의 군대들이 심판의 재앙을 받고, 메시아의 천년왕국이 수립되고, 천년 기간 동안 예루살렘에서 예배드리는 것까지 기술되어 있다. 이러한 사건들이 아직 일어나지 않고 있다는 사실은 그리스도께서 천년왕국 이전에 돌아오신다는 사실을 가리킨다.

a. 열방으로부터 예루살렘을 구원하심(14:1~3)

14:1 이 요약적인 구절은 여호와의 날에 예루살렘이 약탈될 것을 고지하는데, 환란 시대의 극심한 심판과 관계되어 구약성경에 여러 차

례 나타난 주제다(참조, 습 1:14~18). 그것은 또한 이곳에서처럼 그리스도의 재림 시에 있을 환란을 가리키기도 한다. 신약성경에서는(벧후 3:10) 천년왕국 시대가 여호와의 날에 포함되었다는 사실을 분명히 밝히고 있다. '나누어질 재물'은 예루살렘 성 안에서 이방의 군대들에 의해 취해질 예루살렘 내의 귀중품을 가리킨다. 이것은 정복자들의 자기 확신과 안전에 대해 말해 준다.

14:2 이방 나라들에 의한 예루살렘의 포위는 앞서 12장 2~9절에 묘사된 이방 연합군에 의한 포위의 초기 단계로서(참조, 사 34:2; 욥 1:15; 계 16:14, 16) 아마겟돈 전쟁으로 알려져 있다.

유다와 예루살렘 백성이 승리를 위해 능력을 받기 전에(12:6~8; 14:14), 여호와께서 이방 군대의 멸망을 가져오시기 전에(12:9; 14:12~15) 이방인들은 먼저 예루살렘에서 승리를 맛보게 될 것이며, 그 승리 가운데는 2절에 묘사된 정복의 전형적인 특징들도 포함될 것이다. 예루살렘 인구의 절반이 그 성읍에 남아 있거나(아마 이방의 점령 아래), 그들 이방의 작업이 반도 완수되기 전에 여호와께서 재림해 그들을 멸망시키실 것이다.

14:3 메시아의 군사적 개입과 관련해, 스가랴는 "여호와께서 나가사 그 이방 나라들을 치시되"라고 고지했다. 전쟁 상황에서 '나간다'(go out)라는 용어는 왕이 전투를 위해 출전하는 것을 가리키는 전문적인 용어인데, 여기서 더욱 분명한 의미를 가진다. 여호와께서 용사와 같이 싸우실 것이다(참조, 출 15:3; 사 42:13; 계 19:11~21).

b. 구원자가 돌아오심(14:4~5)

14:4~5 메시아가 군사적으로 개입하신다는 사실을 확인한 후에, 스가랴는 그 자세한 성취 내용을 설명했다. 그 일은 메시아가 친히 나타나심으로 시작될 것인데, 그분의 발이 감람 산에 서실 것이다. 그곳은 그분이 하늘로 올리우셨던 곳이다(행 1:11~12). 흥미롭게도 에스겔의 환상에서 하나님의 영광(겔 11:23)은 예루살렘 동편 산에서 예루살렘을 떠났다. 감람 산을 동에서 서로 두 쪽으로 갈라놓을 지진은 거룩하신 왕의 직접적인 개입으로 보인다. 그곳은 예루살렘 동쪽 아셀에 이르기까지(이곳은 알려지지 않은 지명이다) 커다란 골짜기를 형성해 그 사이로 유대의 남은 자들이 도망할 것이다. 이곳은 요엘에 의해 언급된 여호사밧 골짜기일지도 모르는데, 그곳에서 하나님은 이방을 심판하실 것이다(참조, 욜 3:2, 12의 주석). 여호와께서는 그 골짜기를 '나의 산 골짜기'(my mountain valley, NIV, 개역개정에는 '그 산 골짜기'로 번역됨)라고 부르실 것이다

'웃시야 때의 지진'은 아모스 1장 1절에 언급되어 있지만, 역사서에는 언급되어 있지 않다. 요세푸스는 웃시야가 성전에 들어가서 제사장의 기능을 수행하려고 한 데 대한 하나님의 형벌로 그 사건을 간주했다(대하 26:16). 여호와께서는 돌아오실 때 모든 거룩한 자들을 대동하실 것이다. 아마 그들은 천사들이나 구속받은 자들의 영혼을 가리키는 것 같다(참조, 살전 3:13).

c. 메시아 왕국의 수립(14:6~11)

이 부분의 중심은 "여호와께서 천하의 왕이 되시리니 그날에는 여호와께서 홀로 한 분이실 것이요"(9절)라는 위대한 선언이다. 이 선언은 하나님이 예루살렘과 팔레스타인, 그리고 물론 천년왕국 기간 동안 온 땅에 가져오실 빛과 기후, 그리고 지형의 변화와 연관된다.

(1) 왕국의 현상(14:6~8)

14:6~7 '빛이 없고 광명한 것들이 떠나는 날'은 여호와 재림의 실제적인 날을 가리킬 수도 있다. 그때 하나님의 심판에 따르는 하늘의 어둠은 어두워 갈 때 빛으로 대체될 것이다. 이처럼 그리스도 재림의 시기에는 전례 없는 자연 현상이 동반될 것이다(사 13:10; 34:4; 욜 2:10, 30~31; 3:15; 마 24:29).

14:8 영구한 생수(빗물과 반대되는)가 예루살렘에서 솟아나 동편(사해)과 서편(지중해)으로 흘러가게 될 것이다. 1년 내내 계속되는 물의 흐름은 온 땅을 비할 바 없이 윤택하게 만들어 줄 것이다(참조, 사 27:6; 35:1~3, 6~7; 암 9:13~14).

(2) 메시아 왕의 절대적인 주권(14:9)

14:9 메시아는 이스라엘의 왕으로 통치하실 뿐 아니라 천하의 왕이 되실 것이다. 그분의 통치의 세계적인 규모는 스가랴가 그분을 '온 세상의 주'(4:14; 6:5. 참조, 미 4:13)로 묘사한 데서 더욱 확실하다. 이 사실은 또한 사도 요한이 그분을 '만주의 주시요 만왕의 왕'(계 17:14; 19:16)

으로 묘사한 데서 확인되고 있다. 그분은 항상 유일하고, 비교할 수 없고, 성별된 존재임에 있어 항상 주님이셨다(참조, 사 37:16; 45:5~6, 14, 18, 22; 46:9). 그분이 천년왕국을 수립하실 때 그분은 우주적으로 그렇게 인식되실 것이고, 참되신 유일한 하나님으로(계 21:3) 경배받으실 것이다. 우상 숭배와 거짓 숭배가 땅에서 끊어질 때(13:1~2) 그분의 이름은 백성의 예배 가운데 유일한 이름으로 인식될 것이다(참조, 행 4:12).

(3) 유다의 개혁과 예루살렘의 안전(14:10~11)

14:10~11 북쪽 변경의 게바(수 21:17)에서 남쪽 변경의 림몬(예루살렘 남동쪽 35마일[약 56km] 지점)까지 온 유대 땅이 아라바처럼 광활한 골짜기로 기적적으로 정지가 될 것이다. 이 지역은 헐몬 산 아래에서부터 뻗어나와 요단 강 계곡과 사해와 아카바 만까지 연결되어 있다. 이로써 예루살렘은 위대한 왕의 수도로서 더욱더 뛰어나게 될 것이다.

도시의 문들을 언급한 것은 전체 도시를 가리킨다. 베냐민 문은(참조, 렘 37:13; 38:7) 북쪽 벽의 동편에 있었을 것이다. 첫 문(the First Gate)의 자리는 알려지지 않고 있다. 성 모퉁이 문은 서쪽 벽에 있었다. 하나넬 망대(참조, 느 3:1)는 북쪽 벽에 있었다. 왕의 포도주 짜는 곳은 아마 성의 남쪽에 있었던 것 같다.

예루살렘은 많은 사람이 살 것이고(참조, 욜 3:20), 거룩한 전쟁과 관련된 저주나 파괴로부터 자유로울 것이다. 그곳은 영원히 안전할 것이다(참조, 사 32:18; 33:20; 암 9:15; 미 4:4; 슥 3:10).

d. 이스라엘 대적들의 멸망(14:12~15)

14:12~15 이 삽입구적인 회상에서('예루살렘을 친 모든 백성'이라는 말은 14장 2절과 연관된다) 스가랴는 이방 동맹군들에 의한 예루살렘 침범의 제2단계를 묘사했다. 이때에 이방 군대들은 예루살렘 주변에서 파멸될 것이다(12:2~9에 이미 묘사된 대로).

14장의 이 부분은 다음 사항들을 요약한다: (a) 대적들의 사람과 짐승에게 임한 하나님의 재앙(12, 15절. 참조, 12:4), (b) 여호와께로부터 온 공포(13절), (c) 이방 군대로부터 탈취한 노략물(14절). 그중 많은 것이 이방인들이 예루살렘에서 빼앗아 간 것들이었다(14:1~2).

e. 열방에 의한 메시아 왕의 경배(14:16~19)

14:16 예루살렘이 안전해지고, 메시아의 세계적인 지배가 확고히 선 후에(14:9~11), 이방 나라들 중에 남은 자가 매년 예루살렘에서 여호와를 경배할 것이다. 여기서 '남은 자'는 열국에 흩어졌던 유대인의 남은 자들이 아니다. 그 까닭은 유대인의 남은 자들은 그리스도의 재림 시에 이미 그 땅으로 모아들여졌기 때문이다. 그보다도 이 잔존자들은 그들의 군대가 예루살렘을 침입할 때 메시아에 의해 파멸되었던 나라들의 민간인들을 가리킨다(14:1~5. 참조, 계 19:19).

아마겟돈 전쟁 시의 군대들은 파멸될 것이나 그들 나라의 백성은 살아남을 것이다. 더욱이 그들은 이방 나라에 내린 하나님의 심판에서도 살아남아서 그리스도의 나라에 '양'으로 들어갈 것이다. 그때 '염소'들은 천년왕국에 참여하는 것이 금지될 것이다(마 25:31~46).

이방인들이 예배를 위해 예루살렘으로 올라가는 것은(참조, 사 2:2; 14:1; 66:23; 슥 8:23) 구약 시대처럼 그들이 유대인의 개종자가 된다는 뜻이 아니다. 천년왕국 시대의 예배(종교)는 유대주의가 회복되는 것이 아니라, 유대인과 이방인을 모두 수용하는 새롭게 수립된 세계적인 종교 체계가 될 것이다. 그것은 예루살렘에 중심을 두고, 구약시대의 예배와 유사한 특징들로 구성될 것이다. 그 특징 중 한 가지는 매년 초막절을 지키는 것이다(참조, 레 23:33~43; 슥 14:18~19). 예배를 위해 예루살렘으로 올라가야 하는 이유는 그곳에 예배의 대상이 존재하시기 때문이라 할 수 있다(예루살렘의[사 24:23] 다윗의 보좌에서 통치하실 예수 그리스도요, 왕이요, 만군의 여호와이시기 때문이다[삼하 7:13, 16; 눅 1:32]).

14:17~19 매년 예루살렘에서 예배드리는 것은 그 백성이 풍성한 수확을 즐기기 위해 필요하다. 예배를 거부하고 소홀히 여기는 나라들에게는 물의 공급이 중단될 것이다. 이 사실은 비가 내리지 않을 것임을 의미한다. 애굽의 경우 관개가 비에 직접적으로 의존하지 않고 나일 강에 의존하지만, 그들도 여호와의 형벌 때문에 가뭄의 재앙을 겪게 될 것이다. 물론 초막절을 지키러 올라가지 않은 다른 나라들에게도 마찬가지일 것이다.

f. 메시아 통치 기간 유다와 예루살렘의 거룩함(14:20~21)

14:20~21 그날에 있을 천년왕국 생활을 특징짓는 것은 거룩함이다(참조, 8:3). 그것이 공적인 생활이든('말 방울'), 종교적인 생활이든

(천년왕국 성전에서, 즉 '여호와의 전에 있는 모든 솥'. 참조, 겔 40~43장), 개인 생활이든('예루살렘과 유다의 모든 솥') 아마 일반적인 사상은 세속적인 생활과 종교 생활 간의 구분을 철폐하는 것이라 할 수 있을 것이다. 구약성경에서 가나안 사람은 의식적으로 불결하고 불경건한 것을 상징했다(호 12:7의 부정직한 '상인'은 문자적으로, '가나안 사람'을 가리킨다). 천년왕국의 성전에서는 그런 부정한 일은 결코 발생할 수 없다.

회개의 촉구로 시작된 스가랴의 예언서(1:2~6)는 모든 사람, 모든 것이 여호와께 성결할 것이라는 확인과 함께 종결했다. 그분은 만군의 여호와요, 거룩한 분이시기에 영광스러운 천년왕국을 통해서도 거룩함을 굳게 세우실 것이다.

참고문헌

- Baldwin, Joyce G. *Haggai. Zechariah, Malachi: An Introduction and Commentary*. The Tyndale Old Testament Commentaries. Downers Grove, Ill.: InterVarsity Press, 1972.
- Baron, David. *The Visions and Prophecies of Zechariah*. Reprint. Grand Rapids: Kregel Publications, 1972.
- Feinberg, Charles L. *The Miner Prophets*. Chicago: Moody Press, 1976.
- Keil, C. F. "Zechariah." In *Commentary on the Old Testament in Ten Volumes*. Vol. 10. Reprint (25 vols. In 10). Grand Rapids: Wm. B. Eerdmans Publishing Co., 1982.
- Laney, J. Carl. *Zechariah, Everyman's Bible Commentary*. Chicago: Moody Press, 1984.
- Leopold, H. C. *Exposition of Zechariah*. Grand Rapids: Baker Book House, 1965.
- Luck, G. Coleman. *Zechariah*. Chicago: Moody Press, 1969.
- Moore, T. V. *A Commentary on Haggai, Zechariah, Malachi*. London: Banner of Truth Trust, 1960.
- Robinson, George L. *The Prophecies of Zechariah*. Chicago: University of Chicago Press, 1896. Reprint. Grand Rapids: Baker Book House, 1926.
- Tatford, Frederick A. *The Minor Prophets*. Vol. 3. Reprint (3 vols). Minneapolis: Klock & Klock Christian Publisners, 1982.
- Unger, Merrill F. *Commentary on Zechariah*. Grand Rapids: Zondervan Publishing House, 1962.

בְּיַד מַלְאָכִי אָהַבְתִּי אֶתְכֶם אָמַר יְהוָה וַאֲמַרְתֶּם וְאֶת־עֵשָׂו
נְאֻם־יְהוָה וָאֹהַב אֶת־יַעֲקֹב מַשָּׂא דְבַר־יְהוָה אֶל־יִשְׂרָאֵל
בַּמָּה אֲהַבְתָּנוּ הֲלוֹא־אָח עֵשָׂו לְיַעֲקֹב

The Bible Knowledge
Commentary 18

Malachi
서론

서론

역사적 배경

말라기는 BC 5세기에 사역했다. 이때는 BC 538년 고레스가 칙령을 발해 유대인들에게 포로 생활에서 유대로 돌아가도록 허용한 지 약 100년이 지난 때였다. 학개와 스가랴의 예언 사역에 대한 반응으로, 다시 돌아온 유대인들은 성전 재건을 시작해 BC 515년에 완공했다. 가옥들도 재건되었다. 말라기 시대에는 거의 확실하게 예루살렘의 성벽이 건축 중이었거나, 완공된 상태였을 것이다.

생활이 쉽지 않았다. 유대인들은 페르시아의 정치적 지배 아래 있었다(1:8의 '총독'은 페르시아의 명칭이다. 스 5:3, 6, 14; 6:6~7, 13; 단 3:2~3, 27; 6:7에서도 사용되었다). 농작물 수확은 보잘것없었고, 황충(개역개정에는 '메뚜기'로 번역됨)의 피해를 쉽게 입었다(말 3:11). 대부분 사람들의 마음은 하나님에 대해 무관심하거나 분개하고 있었다. 제사장이나 백성이나 모두 제사와 십일조와 제물에 관한 모세의 규례를 범하고 있었다. 하나님의 계약 성취에 대한 백성의 소망은 희미했다. 그 증거로는 (a) 이방인들과 혼혈 관계, (b) 이혼, (c) 일반적인 도덕적 양면성 등을 들 수 있다.

연대

말라기서에 페르시아의 총독이 언급된 사실은(1:8) 이 책이 BC 538년 이후에 쓰인 것임을 보여 준다. 대부분 학자들은 말라기서가 대략 BC 450~430년에 기록되었다는 데 동의한다. 그 이유는 (1) 제사장들이 성전에서 업무를 수행하지 않는 데 대한 말라기의 책망은 성전이 이미 완공되었고, 제사장 제도가 다시 수립되었음을 보여 주기 때문이다. (2) 말라기가 언급하는 도덕적, 영적 상태는 BC 458년에 귀환한 에스라나 BC 444년에 귀환한 느헤미야가 목도했던 것과 유사했다. 이때의 현상 중에는 이방인들과의 혼혈(2:10~11. 참조, 스 9:1~2; 느 13:1~3, 23~28), 레위 족속에 대한 백성의 지원 부족(3:10. 참조, 느 13:10), 가난한 자들을 압제함(3:5. 참조, 느 5:4~5) 등이 있었다. 말라기는 에스라, 느헤미야와 동시대에 말씀을 전했거나, 아니면 에스라와 느헤미야의 개혁 후 후세대에 사역했거나 둘 중에 하나일 것이다.

저자

전통적으로 말라기('나의 사자', 1장 1절 '말라기'의 난하주를 참조하라)는 세례 요한 이전까지 구약성경 시대의 마지막 선지자로 간주되어 왔다. 그는 세례 요한의 사역에 대해 예언했다(3:1).

그런데 많은 사람이 '말라기'라는 말은 익명의 명칭이요, 실제적인 이름이 아니라고 주장해 왔다. 그들은 그 주장을 뒷받침하기 위해 4가지 사실을 제시한다: (1) 말라기는 이름의 형태가 아니다. 그런데 다른 어떤 예언서도 익명으로 되어 있지 않다. 아마 말라기는 더 긴 형태의 이름 '말라기야'의 축약인 것 같다(참조, 왕하 18:2의 '아비', 대하 29:1의 '아비야', 왕상 4:19의 '우리', 대상 11:41의 '우리아'). (2) 탈굼(구약의 아람어역)에서는 말라기 1장 1절의 '말라기'를 개인적인 이름으로 간주하지 않는다. 그런데 탈굼에서는 이 사자가 에스라라고 추가한다. 그러나 이를 지지하는 의견이 별로 없다. (3) 말라기 3장 1절에서도 말라기는 익명의 명칭이므로, 말라기 1장 1절에서도 그러해야 한다. 그러나 3장 1절의 익명 말라기는 1장 1절의 예언자 이름의 말장난에 불과하다. (4) 일부 학자들에 의한 또 다른 제안은 말라기서는 소선지서에 첨부된 3가지 익명 메시지 중에 하나라는 것이다(다른 두 곳은 슥 9~11장과 12~14장). 이 주장에 대한 근거는 '말씀하신 경고'(맛사 [מַשָּׂא]: 짐, 또는 신탁)라는 말을 각기 성경들이 도입하고 있기 때문이다(슥 9:1; 11:1; 말 1:1). 그러나 말라기가 그의 예언서를 소개하는 방법은(문자적으로, '말라기의 손에 의해 이스라엘에게 보내는 하나님의 말씀의 신탁'이다) 스가랴가 그의 두 가지 신탁을 소개한 방법과 다르다.

말라기서의 내용은 이 책이 분명히 선지자에 의해 기록되었음을 지적한다. 그의 족보에 관해서는 아무것도 알려지지 않았고, 성경의 다른 곳에서 그 이름이 언급되지도 않았다(역자 주: Brevard Childs의 *Introduction to Old Testament as Scripture*, Philadephia, 1979, p. 489-92

참조).

문체

말라기서의 문체는 다른 선지자들의 책과 다르다. 말라기는 직접적으로 말씀을 선포하기보다 변증적이고 논쟁적인 문체를 사용했다. 이러한 문체로 그는 백성에게 명령하거나 책망하는 6개의 메시지를 소개했다(참조, 개요 Ⅱ~Ⅶ). 그리고 나서 말라기는 백성이 6개의 책망 중에 5개에 대해 질문하는 것으로 묘사했다. 그 후 각각의 책망이 옳았다는 증거를 제시했다. 이러한 문체는 종교적 열정을 상실한 이스라엘 백성을 대면하기 위한 적절한 방법이었다.

메시지

말라기서의 메시지는 다른 선지서들의 메시지와 유사하다. 계약의 축복은 계약에 성실한 태도를 요구한다는 것이다. 각 세대의 백성이 모세 계약의 요구 사항에 순종함으로 그들은 무조건적인 아브라함 계약에 기초한 축복에 참여했다. 율법에 대한 순종은 약속의 땅에서의 축복으로 보상되었다. 반면에 불순종은 백성에게 저주를 가져왔고, 결국 포로 생활에 이르게 했다. 이러한 계약은 구약시대에 하나님과 이스라엘의 관계를 규정했다.

말라기서의 메시지는 포로 후기의 문제들에 모세의 계약을 적용시켰다(태만의 문제, 편의주의, 노골적인 불순종 등). 이러한 문제들의 근저에는 하나님이 언약에 충실하시다는 사실을 제대로 전망하지 못하고, 하나님의 왕국이 수립되리라는 소망에 대한 결여가 깔려 있다. 이러한 무지와 불신은 전체적인 불신앙을 가져왔고, 백성의 성전 예배와 가정에서의 결혼 관계에 영향을 끼쳤다. 말라기는 하나님이 이스라엘을 다루셨던 과거와 현재와 미래를 지적함으로, 그들의 전망을 새롭게 하며, 그들로 하여금 소망을 다시 갖게 하고, 그들을 언약에 충실한 백성으로 만들고자 했다.

The Bible Knowledge
Commentary

개요

Ⅰ. 서론: 말라기의 계시(1:1)

Ⅱ. 첫째 계시: 하나님의 사랑에 응답하라(1:2~5)

    A. 이스라엘에 대한 하나님의 사랑(1:2상)
    B. 사랑을 의심하는 이스라엘(1:2중)
    C. 하나님의 사랑을 증명하심(1:2하~5)
      1. 에돔보다 이스라엘을 선택하심(1:2하~3상)
      2. 에돔을 심판하심(1:3하~5)

Ⅲ. 둘째 계시: 하나님을 공경하라(1:6~2:9)

    A. 불경죄를 책망하심(1:6상)
    B. 이스라엘의 반문(1:6하)
    C. 하나님의 책망에 대한 증거(1:7~14)
    D. 제사장들에 대한 경고(2:1~9)
      1. 경고의 말씀(2:1~4)

    2. 제사장들의 정도(2:5~9)

Ⅳ. 셋째 계시: 하나님의 계약 백성으로서 진실하라(2:10~16)

  A. 불성실에 대한 책망(2:10)
  B. 첫째 증거: 불법한 결혼(2:11~12)
    1. 죄의 내용(2:11)
    2. 결과(2:12)
  C. 둘째 증거: 이혼(2:13~16상)
    1. 결과(2:13)
    2. 죄의 내용(2:14~16상)
  D. 성실을 촉구하심(2:16하)

Ⅴ. 넷째 계시: 하나님을 소망하라(2:17~3:6)

  A. 낙망의 말을 책망하심(2:17상)
  B. 이스라엘의 반문(2:17중)

The Bible Knowledge Commentary

    C. 책망의 내용: 하나님의 공의를 바라지 않음(2:17하)
    D. 하나님의 경고(3:1~5)
        1. 준비를 위해 사자가 임함(3:1상)
        2. 심판 가운데 여호와께서 임하심(3:1하~5)
    E. 하나님에 대한 소망의 근거(3:6)

Ⅵ. 다섯째 계시: 하나님을 순종하라(3:7~12)

    A. 불순종을 책망함(3:7상)
    B. 이스라엘의 반문(3:7하)
    C. 책망의 내용: 도둑질(3:8상)
    D. 이스라엘의 반복적인 질문(3:8중)
    E. 책망의 증명(3:8하~9)
        1. 죄의 내용: 십일조와 제물을 바치지 않음(3:8하)
        2. 저주(3:9)
    F. 축복의 약속(3:10~12)

Ⅶ. 여섯째 계시: 하나님을 경외하라(3:13~4:3)

    A. 완악한 말을 책망하심(3:13상)
    B. 이스라엘의 반문(3:13하)
    C. 책망의 증명: 악을 정당시함(3:14~15)
    D. 믿는 자들의 반응(3:16)
    E. 하나님의 경고와 약속(3:17~4:3)

Ⅷ. 결론: 하나님의 오심을 준비하라(4:4~6)

    A. 현재적 준비(4:4)
    B. 미래적 준비(4:5~6)

בְּיַד מַלְאָכִי אָהַבְתִּי אֶתְכֶם אָמַר יְהוָה וַאֲמַרְתֶּם וָאֶת־עֵשָׂו
נְאֻם־יְהוָה וָאֹהַב אֶת־יַעֲקֹב מַשָּׂא דְבַר־יְהוָה אֶל־יִשְׂרָאֵל
בַּמָּה אֲהַבְתָּנוּ הֲלוֹא־אָח עֵשָׂו לְיַעֲקֹב

The Bible Knowledge Commentary 18

Malachi 주해

주해

I. 서론: 말라기의 계시(1:1)

1:1 이 책은 '맛사'(משׂא)라는 말로 시작하는데, 이 말은 장중한 분위기를 나타낸다('맛사'란 '무거운 짐'이라는 뜻으로, 여기서 '계시', '경고'라는 말로 발전했다). 예언서에서 '맛사'라는 말은 경고적인 메시지를 27회나 소개했다(참조, 사 13:1; 14:28; 15:1; 나 1:1; 합 1:1; 슥 9:1; 12:1. 참조, 슥 9:1~8의 '맛사'에 관한 주석). 말라기의 서두에 기록된 '맛사'라는 말은 이 선지자의 책에 근심과 예감을 불어넣어 준다.

'여호와의 말씀'이라는 구절은(개역개정에는 '여호와께서…말씀하신'으로 번역됨) 예언의 서두에 나타나서 하나님의 권위를 지닌, 하나님의 계시임을 증거한다. '여호와'는 시내 광야에서 이스라엘과 맺으신 언약에 자신을 연루시키시는 하나님의 이름을 나타낸다. 이 말씀은 이스라엘에게 전해진 것이므로, 이 계시의 경고는 하나님과 이스라엘 사이의 계약 관계를 취급한다. 또한 여호와께서는 진실하시고, 성실하시고, 계약을 지키시는 하나님이기에, 계약 관계에 있어 문제는 이스라엘의 불성실 때문에 발생한다.

　여호와로부터 이 경고의 말씀이 말라기를 통해 계시된 것은 원래 독자들의 마음속에 즉각적인 책망의 느낌을 주었음이 틀림없다. 제사장들은 '여호와의 사자'로 간주되었다(참조, 2:7). 그러나 이제 그들은 그 이름이 '나의 사자'를 의미하는 사람, 즉 말라기에게 청종해야 했다.

II. 첫째 계시: 하나님의 사랑에 응답하라(1:2~5)

오늘날 이 구절들을 읽는 사람들은 조금은 불쾌하고, 조금은 흥미를 느낄 것이다. 마치 오랫동안 서로를 알았던 두 당사자 사이에 친밀한 대화를 듣는 사람처럼 말이다. 자신의 예언을 '경고의 말씀'이라고 소개함으로, 말라기는 그의 독자들로 하여금 비난과 책망을 예감하도록 준비시켰다. 그런데 첫째 계시는 그릇 행한 것을 책망하는 것으로 시작하지 않고, 하나님의 대가를 바라지 않는 사랑에 대한 주장으로 출발하고 있다.

A. 이스라엘에 대한 하나님의 사랑(1:2상)

1:2상 "내가 너희를 사랑하였노라"라는 말씀은 모든 백성을 향한 하나님의 사랑의 일반적인 진술이 아니다. 바로 이스라엘의 하나님이 말씀하신 것이다. 그분은 이스라엘을 존재하게 하신 분이요, 이스라엘을 통치하시고 구원하신 분이다(참조, 1:6). 그분은 이스라엘과의 계약에 기초해서 천년 이상 역사하셨다. 그리고 이스라엘은 하나님의 사랑의 대상이었다(2절).

"내가 너희를 사랑하였노라"라는 말에는 상당한 정감이 들어 있다. 이는 여호와께서 처음 하신 말씀은 아니다. 우리는 호세아 11장 1, 3~4, 8~9절과 이사야 43장 4절에 기록된 하나님의 부드러운 말씀을 기억할 수 있다. 그러나 이스라엘을 향한 하나님의 사랑은 이스라엘이 있기 전보다 더 오래되었다. 하나님은 주권적으로, 은혜스럽게도 이스라엘을 택해 자기 소유물을 삼으심으로 그 사랑을 드러내셨다. 이 사실은 하나님이 언약을 맺으시던 때에 분명히 계시되었다(신 4:37; 5:10; 7:6~9). 사랑이 계약 관계의 핵심이었다. 이 사실은 하나님의 사랑의 선언에 뒤따르는 권면으로 보아 분명하다(신 4:39~40; 7:9~15). 이스라엘은 자기 자신을 향한 하나님의 사랑을 인식하고, 하나님의 계명에 순종하고, 하나님을 사랑함으로 응답했어야 했다(신 6:4~9).

B. 사랑을 의심하는 이스라엘(1:2중)

1:2중 이스라엘은 하나님께 반문했다: "주께서 어떻게 우리를 사랑하셨나이까"(참조, 이스라엘의 유사한 질문: 1:6~7; 2:17; 3:7~8, 13). 하나님의 주장에 반문함으로, 이스라엘은 하나님을 불신하고, 그분의 말씀에 대한 신뢰를 결여했다. 말라기의 말에 대해 신뢰하지 않았을 뿐 아니라(1:2상), 하나님의 언약에 대한 그분의 신실하심을 불신하는 죄를 범했다. 이스라엘은 하나님의 말씀을 믿지 않음으로 하나님을 사랑하는 데 실패했고, 하나님을 대적하게 되었다.

아마 이스라엘은 자신들의 불평이 정당하다고 생각했던 것 같다. 그런데 백성이 포로 생활에서 돌아온 지 약 100년이 지나갔다. 그러나 하나님의 선지자들에 의해 예언된 왕국은 아직 도래하지 않았다. 그 대신 백성은 여전히 외국의 총독들에 의해 지배받고 있었으며(1:8), 경제적으로 어려운 때를 겪고 있었다(2:2; 3:9, 11). 만일 그들이 신명기에 기록된 언약을 좀 더 주의 깊게 읽었더라면 그런 상황은 불순종의 원인이 아니라 결과임을 알 수 있었을 것이다.

이후에 말라기가 기록한 것처럼, 하나님을 경외하는 적은 무리가 그 때에도 존재했지만(3:16~18), 온 백성이 전체적으로 불신앙과 온 마음으로 하나님을 사랑하지 못한 죄를 회개해야 했다.

C. 하나님의 사랑을 증명하심(1:2하~5)

1. 에돔보다 이스라엘을 선택하심(1:2하~3상)

1:2하~3상 이스라엘에 대한 하나님의 사랑은 두 가지 사실에 의해 증명되었다. 첫째는 그분의 자유로운 선택에서 표현된 하나님의 사랑으로, 그분은 야곱과 그의 후손들을 선택해 약속을 유업으로 받게 하셨다(하나님을 의심하는 이 세대도 포함되었다). 이것은 장자를 선택하는 정상적인 관습과 반대였다. '에돔'이라고도 불리고, 에돔 족속의 조상인 에서는 쌍둥이 중 첫째 아들이었다. 그런데도 출생하기 전에 하나님은 야곱을 후계자로 선택하셨다(창 25:21~34; 롬 9:10~13).

'사랑하고 미워한다'라는 히브리어는 하나님의 감정을 표현하는 말이 아니고, 계약 관계를 위해서 다른 사람을 제쳐놓고 어떤 사람을 선택한다는 말이다(참조, 창 29:31~35; 신 21:15, 17; 눅 14:26). 어떤 사람을 미워한다는 것은 그를 거절하고, 그와 더불어 나누는 사랑의 관계를 포기하는 것을 의미한다(참조, 시 139:21). 이 말은 그 자체로, 야곱과 에서의 영원한 운명을 지적하는 것이 결코 아니다. 그 동사(사랑하고 미워한다)는 두 형제에게서 유래한 두 나라를 향한 하나님의 역사를 가리킨다.

2. 에돔을 심판하심(1:3하~5)

1:3하~4상 '내가 사랑했고', '미워했다'라는 동사는 완료시제로서, 이스라엘과 에돔을 향한 하나님의 과거의 관계성을 표현할 뿐 아니라, 이 백성과 그분의 역사적이고 현재적인(말라기의 시대를 말함) 활동을 표현한 것이다. 이것은 하나님의 주장의 두 번째 요소를 생각하게 해 준다. 이스라엘은 만일 자신들이 에돔처럼 여호와와의 계약 관계에 의해 선택되지 않았더라면 그들의 운명이 어떠했을지 생각해 볼 필요가 있었다. 이스라엘과 에돔은 BC 6세기에 바벨론의 손에 의해 하나님의 심판을 받았다(렘 27:2~8). 그러나 하나님은 계속해서 이스라엘을 회복시키실 것을 약속하셨다(계약 때문에, 신 4:29~31; 30:1~10). 그러나 하나님은 에돔을 저주해 철저히 멸망당하고, 결코 다시 회복될 수 없게 하셨다(렘 49:7~22; 겔 35장).

이처럼 여호와께서는 에돔의 산들을 황폐하게 만드셨고, 광야의 이리들만이 그 땅을 차지하게 하셨다. 그 폐허를 재건하려는 에돔의 큰 노력도 만군의 여호와에 의해 좌절될 것이다('만군의 여호와'라는 말은 짧은 말라기서에 24회나 사용되었다). BC 5세기에 아랍 족인 나바티안 족은 에돔 땅(유대의 남동쪽에 위치)을 차지했고, 후에 이두메로 알려진 서쪽 광야 지대로 에돔 족속을 몰아냈다. BC 4세기에 나바티안 족은 이두메조차도 정복했다.

1:4하~5 '악한 지역'은 '거룩한 땅'(슥 2:12)과 대조된다. 이스라엘 지역은 축복의 지역이었다. 한쪽에는 하나님이 사랑하시고 계약의 축복을 위해 따로 구별해 두신 이스라엘이 있다('거룩하다'라는 말은 '따로 구별했다'라는 뜻이다). 다른 쪽에는 하나님이 선택하지 않으셨던 에돔이 있다. 에돔은 하나님의 진노 중에 멸망될 것이다(참조, 에돔의 사악함, 옵 8:14). 이스라엘은 에돔을 다루시는 하나님의 주권을 눈으로 보고, 이스라엘에 대한 하나님의 사랑뿐만 아니라, 세상에서 하나님의 위대하심을 더 깊이 이해하게 될 것이다: "여호와께서는 이스라엘 지역 밖에서도 크시다 하리라."

Ⅲ. 둘째 계시: 하나님을 공경하라(1:6~2:9)

첫째 계시는 이스라엘 안과 밖에서 위대하신 하나님에 관한 진술로 끝을 맺었다. 그것과 몹시 비교되어 둘째 계시는 하나님을 적절히 경배하지 못한 이스라엘의 패배를 언급하고 있다. 이스라엘은 전심으로 하나님을 사랑하고(신 6:5) 하나님을 경배해야 했기에(신 6:3) 그들이 당면한 조건은 심각하고 분명한 것이었다.

A. 불경죄를 책망하심(1:6상)

1:6상 말라기는 이스라엘이 당연히 주장했을 사회 속의 적절한 관계에 대해 말했다: "아들은 그 아버지를, 종은 그 주인을 공경하나니." 그리고 이 중 어떤 관계가 이스라엘과 하나님의 관계에 비교될 수 있겠는가를 물었다.

어떤 이스라엘 사람들은 하나님은 이스라엘에게 아버지와 같다고 주장할 것이다. 왜냐하면 이런 비유는 전에도 사용되었기 때문이다(출 4:22; 사 63:16; 64:8; 호 11:1). 십계명의 제5계명은 자녀들에게 "부모를 공경하라"라고 말한다(출 20:12; 신 5:16). 이 계명을 거역해 불순종하는 자녀들은 돌에 맞아 죽도록 규정되었다(신 21:18~21). 그런데 자신을 여호와의 자녀라고 간주하는 백성이 덜 순종할 수 있겠는가? 그래서 하나님의 질문이 매우 날카롭게 제시되었다: "내가 아버지일진대 나를 공경함이 어디 있느냐"(참조, 사 1:2). '공경'의 히브리어 까보드

(כָּבֵד)는 '영광'을 의미하기도 한다. 하나님의 영광은 성경 전체를 통해 자주 언급된다(그분은 '영광의 왕'으로 불리시기도 한다. 시 24:7~10). 그리고 그분께 영광과 존귀를 돌리는 것은 논란의 여지가 없다.

어떤 이스라엘 사람들은 여호와를 이스라엘의 주인이라고 간주했을 것이다. 분명히 성경에서는 이스라엘을 여호와의 종으로 제시한다(사 44:1~2). 그런데 여호와의 종 된 백성이 어떻게 그분을 공경하지 않을 수 있겠는가? 여호와의 둘째 질문은 불길하기조차 하다: "내가 주인일진대 나를 두려워함이 어디 있느냐." '두려워한다'라는 말은 '존경한다'라는 뜻으로 번역될 수 있다. 첫째 계시에 나타난 하나님을 사랑하라는 교훈과(1:2~5), 그분을 두려워하라는 교훈 사이에는 상충됨이 없다. 모두 계약 속에 나타나 있다(참조, 신 6:5, 13). 하나님을 두려워하라는 말은 하나님을 무서워하는 것을 의미하지 않는다. 그 말은 하나님에 대한 적절한 존경과 공경, 즉 예배와 순종으로 인도하는 공경심을 의미한다.

"내 이름을 멸시하는 제사장들아"라는 비난은 더욱더 슬프다. 왜냐하면 포로 생활에서 돌아온 후에 제사장들은 백성에게 하나님의 계약을 가르치고, 그들의 마음을 하나님께로 돌아오게 하는 일을 책임지고 있었기 때문이다(느 9:38~10:39. 참조, 스 6:16~22; 7:10). 만일 제사장들이 하나님을 공경하지 못한다면 백성에게 무엇을 기대할 수 있을까? '내 이름'이라는 말은 하나님 자신을 상징한다(말라기에는 하나님의 이름에 대한 언급이 10회나 나타난다. 참조, 1:6[2회], 11[3회], 14; 2:2, 5; 3:16; 4:2). 그들은 만군의 여호와 하나님을 멸시했다.

B. 이스라엘의 반문(1:6하)

1:6하 말라기는 제사장들이 하나님께 반문하는 역할을 맡도록 했다: "우리가 어떻게 주의 이름을 멸시하였나이까." 뒤따르는 책망의 특별한 성격에 비추어 보아(1:7~14) 제사장들은 그들의 죄에 대해 지극히 무감각했으며, 놀랍게도 자신들이 하나님을 멸시했다는 것을 알지 못했다.

C. 하나님의 책망에 대한 증거(1:7~14)

1:7 '더러운 떡'에 대한 여호와의 말씀은 제사장들이 회개하기에 충분했다. 그들은 부정한 제사에 대한 상세한 규정을 알고 있었다(레 22:17~30). 제사장들은 하나님의 이름을 모욕하고 더럽히지 않도록 그러한 제사를 드리는 일에 대해 경고를 받았다(레 22:2, 32). 그런데 제사장들은 바로 그 죄로 인해 정죄를 받았다. 더러운 떡을 드림으로 하나님의 이름을 멸시했다(1:6).

그런데 왜 말라기는 희생 제사를 '음식'(떡)이라고 불렀을까? 왜냐하면 모든 제물은 '하나님의 음식'(레 21:6)으로 불렸기 때문이다.

제사장들은 질문했다: "우리가 어떻게 주를 더럽게 하였나이까." 그들은 자신들이 주를 더럽게 하지 않았다고 답하지 않았다. 왜냐하면 율

법을 모른다고 변명할 수 없었기 때문이다. 그래서 그들은 자신들이 어떻게 주를 더럽게 했는지를 물었다. 그들이 부적절한 제물을 하나님에 대한 멸시로 보았다는 것은 그들이 레위기 22장 2, 32절을 잘 알고 있다는 사실을 의미했다. 분명히 그들은 너무도 완고해졌고, 자신들의 죄를 너무나 합리화했기 때문에, 말라기는 그들이 감히 하나님께 자신들의 죄를 드러내 보이시라고 요구한 것으로 묘사했다.

말라기는 그들이 "여호와의 상(개역개정에는 '식탁'으로 번역됨)은 경멸히 여길 것이라"라고 말하기 때문에 하나님을 멸시한 것이라고 대답했다. 말라기 1장 7, 12절은 '여호와의 상'이라는 표현이 사용된 구약성경의 유일한 두 구절이다. 그것은 진설병이 놓인 상을 가리키지는 않을 것이다(출 25:23~30; 왕상 7:48; 대하 13:10~11). 아마 그것은 번제단을 가리키는 것 같다(참조, 출 38:1; 40:6). 그 까닭은 이미 말라기가 그 말을 사용했고(1:7), 동물의 희생 제사에 대해 언급했기 때문이다(1:8). 그렇지 않으면 그 상은 제단 위에서 희생 제사로 드려진 모든 제물을 은유적으로 가리키는 것일 수도 있다(참조, 겔 44:15~16).

제사장들이 여호와의 상을 경멸히 여겼다는 책망은 그들의 행동에 의해 구체적으로 드러났다(1:8). 그들은 제단에 놓일 희생 제물의 종류에 관한 하나님의 요구 사항을 무시함으로 경멸히 여겼다. 이 일은 그들을 정죄했으며, 사형에 합당한 행위였다(레 22:9). 또한 그들이 용납될 수 없는 희생 제물을 먹음으로 그들의 멸시는 더 깊어 갔다(제사장들은 제물로부터 식물을 얻었다, 레 24:5~9).

1:8~10 말라기는 제사장들이 눈먼 짐승과 저는 것, 병든 것을 희생 제물로 바친 것을 지적했다(참조, 1:13). 그는 그런 일이 그른지 물었

다. 그들은 레위기 22장 18~25절과 신명기 15장 21절에 의하면, 그렇다고 대답할 수밖에 없었다. 이런 죄악이 그들에게 지적되어야 한다는 것은 그들에게 부끄러움이 될 수밖에 없었다.

우스꽝스럽게도, 말라기는 이제 그것을 "너희 총독에게 드려 보라"라고 제안했다. 총독의 '상'은 풍성하게 차려진 주연상으로(참조, 느 5:17), 백성의 헌물도 드려졌다. 분명히 총독(페하흐[פֶּחָה]: 바사[페르시아]의 칭호)도 눈멀고, 절고, 병든 고기를 기뻐하지 않을 것이다. 사실은 그런 고기는 용납조차 하지 않을 것이다. 그런 제물로 만군의 여호와의 은총을 기대하다니 얼마나 어리석은 일인가!(참조, 1:4) 그분은 그런 제물을 용납하지 않으실 뿐 아니라, 제사장들까지 용납하지 않으셨다(1:8~9). 이 점을 강조하기 위해 말라기는 차라리 모든 성전의 예배가 중지되었으면(개역개정에는 '성전 문을 닫을 자가 있었으면'으로 번역됨) 좋을 것이라고 말했다. 번제의 제단을 불사르는 것도 소용이 없다. 하나님은 기뻐하지 않으시며 그들로부터 제물을 받지도 않으실 것이기 때문이다.

1:11 히브리 본문에서는 이 구절이 키([כִּי]: 왜냐하면)로 시작되지만, 우리말 성경에는 번역되지 않았다. 이 말이 사용된 까닭은 뒤따르는 말이 여호와께서 제사장들의 제물을 받지 않으시는 이유를 가리키기 때문이다(1:10).

학자들에 따라 히브리어 수동분사 형태 무가스(מֻגָּשׁ)가 '드려질 것이다'(Will be brought, 미래형)로 번역될 것인지에 대해서 의견이 분분하다. 만약 그 구절을 현재형으로 번역한다면, 말라기는 그 당시의 행습을 언급한 것이다. 그럴 경우 첫째로 그 제물들은 여전히 열방 중에 흩어진 유대인들이 가져온 제물을 가리키거나, 둘째로, 이방인들이 가져온 제물을 가리키는 것이 될 것이다. 첫째 가능성은 배제된다. 왜냐하면 '해 뜨는 곳에서부터 해 지는 곳'과 '각처에서'라는 구절이 흩어진 유대인들의 범위보다 더 큰 세계적인 행사를 가리키기 때문이다. 또한 흩어진 유대인들에 의해 드려진 희생 제사는 순전한 제물이라 불릴 수가 없었는데, 그 까닭은 그 제물들은 단지 예루살렘에서만 준비될 수 있었기 때문이다(더욱이 흩어진 유대인들이 제물을 드렸다는 증거는 없다).

무가스(מֻגָּשׁ) 동사를 현재형으로 받아들이는 사람들은 앞서 기술된 둘째 의미를 받아들인다. 이런 견해에서는 하나님이 이방의 예배를 인정하시는 셈이 된다. 그러나 이 견해는 몇 가지 이유에서 배척하지 않으면 안 된다. 만약 그런 예배를 용납한다면 그 말은 성경 전체에서 이방의 예배를 합법적으로 용납하는 유일한 구절이 될 것이다. 그러나 이것은 그런 예배를 정죄하는 수많은 성경 구절과 상충되고 만다(참조, 출 23:24, 32~33; 신 13:6~11; 29:17; 왕상 18:19~46; 시 96:5; 사 48:5; 66:3; 합 2:18~20). 알지 못하는 신에게 드리는 아덴 사람들의 제사에 대한 바울의 언급조차도(행 17:22~31) 이방인들이 순수한 제물로 하나님의 이름을 경배한다는 이 해석을 지지하지 않는다. 또한 그런 해석은 말라기의 다른 부분과도 조화되지 않는다. 그는 모세 계약을 엄격히 준수할 것을 강조했다.

무가스(מֻגָּשׁ)를 미래형으로 취하는 것은("깨끗한 제물을 드리리니") 구약성경의 예언과 말라기서 자체와도 일치한다. 예언자들은 이방인들이 참 빛을 보고 여호와를 섬기게 될 때를 예언했다(사 45:22~25; 49:5~7; 59:19). 메시아는 온 땅의 왕이 되실 것이다. 모든 나라의 신자들이 그분을 경배할 것이다(사 11:3~4, 9; 단 7:13~14, 27~28; 습

2:11; 3:8~11; 슥 14:9, 16). 말라기도 여호와께서 돌아오셔서 이스라엘에 참된 예배를 회복시키실 미래의 날이 도래할 것을 말했다(3:1~4). '순수한'(개역개정에는 '깨끗한'으로 번역됨) 이방인의 제사를 이스라엘의 순수한 예배와 일치시키는 것이 바람직할 것이다.

그러나 그 왕국 내의 이방인들이 '각처에서' 제물을 드릴 것인가? 아니다. 이 문제는 '각처' 앞에 붙어 있는 전치사 브([ㅂ], 보통 '안에'라는 뜻을 갖는다)가 이사야 21장 1절에서처럼 '…에서'(from)의 뜻을 가진다면 쉽게 풀릴 것이다.

1:12~13 장차 왕국에서의 순전한 제사에 대해 말한 후에(1:11), 말라기는 그 당시 제사장들의 상태를 언급했다. 그는 제사장들이 하나님의 이름을 더럽혔다는 책망을 반복했다. 앞서 1장 7~8절에서 제사장들의 행위가 정죄받았다. 그런데 여기서는 그들의 자세가 정죄받는다. 그들의 태도는 경멸하는 태도였다. 분명히 제사장들은 이 제사 행위가 불법인 것을 알았다. 왜냐하면 그들은 "여호와의 식탁('상'. 참조, 1:7)은 더러워졌고 그 위에 있는 과일 곧 먹을 것은 경멸히 여길 것이라"라고 말했기 때문이다.

그러나 그들은 이 잘못된 일을 바로잡고자 하는 수고를 하지 않았다. 희생 제물을 바치는 일에 관련된 것이 그들에게는 짐이 되었다(개역개정에는 '번거롭다'로 번역됨). 그런 태도는 일종의 경멸이었다(참조, 약 4:17). 제사장들이 드릴 수 없는 제물을 바쳤다는 것은 말라기 1장 13절(참조, 1:8)에서 반복되었고, 하나님이 그것을 받지 않으셨다는 것이 1장 8~10절에서 반복되었다.

1:14 여기서 말라기는 제사에 관한 화제에서 서약을 갚는 것으로 주제를 옮겼다. 여호와께 서약을 하는 것은 강요된 일이 아니지만, 일단 서약을 하게 되면 그것을 갚아야 한다(신 23:21~23). 모세는(레 22:17~25) 서약을 갚는 데 용납되는 제물의 종류에 관해 제사장들에게 상세하게 가르쳤다. 용납되는 제물을 바칠 것을 서약하고는 흠 있는 제물을 가져오는 것은 잘못이다. 분명히 어떤 사람도 왕이나 총독을 속이려 하지 않을 것이다. 그들에게 징계나 형벌을 받는 것을 두려워하기 때문이다. 또한 어느 누구도 그 이름이 만방에서 경외받아 마땅한 위대한 왕을 속여서는 안 될 것이다. 말라기 1장은 하나님의 비할 데 없는 권위를 강조함으로 끝맺는다.

D. 제사장들에 대한 경고(2:1~9)

1. 경고의 말씀(2:1~4)

2:1~2 제사장들의 허물과 구체적인 행위를 드러낸 후, 말라기는 그들에게 계명을 부여했다. 그들은 하나님을 공경해야 했다('내 이름'은 하나님 자신을 가리킨다). 그들이 어떻게 하나님을 공경해야 하는지는 그들이 실패한 예(1:6~14)와 참된 제사장의 묘사(2:7)에 분명히 나타나 있다. 하나님 경외하기를 실패할 때 저주(고난)를 경험하게 될 것이다. 모세의 율법에는 율법을 불순종하는 자들에 대한 저주가 들어 있다(신 27:15~26; 28:15~68). 이 저주들은 백성의 육체적, 정신적, 물질적 번

영에 관련된 것이다. 말라기가 언급한 저주는 제사장들의 복, 즉 그들 자신의 복과(백성의 십일조와 헌물로 인한 수입에서와 같이), 그들이 백성에게 선포하는 복에 영향을 끼칠 것이다(민 6:22~27). 그들의 마음의 상태 때문에 그 저주는 이미 효력을 발생하고 있었다.

2:3~4 제사장들은 그들의 자손들(seed, 씨)에게 임할 책망으로 경고를 받았다. '씨'는 곡식을 가리키거나, 또는 육체적 자손들을 가리킨다. 제사장들을 그 직위에서 제거시키시겠다는 경고는 다음과 같은 해석을 가능하게 한다. 어떤 사람은 '씨'라는 말 대신, 그 본문을 제로아(זְרֹעַ)로 읽어야 한다고 주장한다. 제로아는 '팔'을 의미한다. 어떤 사람의 팔을 책망하는 것은 그 사람을 무력하게 만든다는 은유적 표현이다(삼상 2:31의 '팔'은 힘을 상징한다). 이것은 바로 그 저주가 제사장들에 의해 백성을 향해 선포되는 복과 관련된다는 해석과 서로 일치될 것이다(참조, 2:1~2).

여호와께서는 그들의 얼굴에 공교롭게도 절기의 희생 제물의 똥을 바르겠다고 하셨다. '바른다'라는 말은 자라(זָרָה)에서 온 것으로, 하나님의 책망의 대상이었던(3절) '씨'를 뜻하는 제라(זֶרַע)의 '말의 유희'라고 할 수 있다. 제사장들은 쓰레기처럼 부정해질 것이다. 쓰레기가 버림당하는 것처럼, 제사장들은 그 자리에서 제하여 버림을 당할 것이다. 다른 말로, 그들은 봉사의 직분에서 쫓겨날 것이다.

그때 그들은 여호와께서 그들에게 계속 말씀하고 계셨음을 깨달을 것이다. 그들을 훈계하시는 하나님의 목적은 제사장의 직분을 청결하게 해 레위 족속과의 언약 관계를 지속시키시는 것이었다.

2. 제사장들의 정도(2:5~9)

2:5~6 레위와 세우신 계약(2:4)이 여기서 더욱 상세히 논의되고 있다. 레위는 제사장 계급을 구성하고 있는 레위 족속을 의미한다. 여기서 언급된 계약은 소위 '응식의 계약'(covenant of grant)을 언급하는 것으로(민 18:7~8, 19~21), 수혜자가 행한 봉사로 인해 어떤 개인(어떤 경우는 그의 후손들)과 맺은 계약을 가리킨다. 하나님은 유사한 계약을 비느하스와 맺으셨다(민 25:10~13). '생명과 평강의 언약'이라는 말은 여호와를 향한 비느하스의 열정이 어떻게 백성을 향한 하나님의 진노를 돌이켰는지를 회상하게 해 준다(참조, 민 25:11; 말 2:6, 그는 많은 사람을 돌이켜 죄악에서 떠나게 했다). 가장 중요한 것은 그가 하나님을 경외했는데(5절), 그것은 이 계시의 교훈의 요점이라 할 수 있다. 더욱이 레위의 교훈은 진실했고, 그의 행위도 의로웠다.

2:7~9 제사장들은 율법을 가르쳐야 했다(신 33:10). 교사로서 모든 제사장은 사자(말라크[מלאך])가 되어야 했다. 그러나 그들은 참된 교훈을 전하지 않았기 때문에, 공교롭게도 그 이름이 '나의 사자'(말라기)인 선지자에 의해 책망을 받았다. 그들의 교훈 때문에 많은 사람이 실족하게 되었는데, 그 까닭은 그들이 그 길에서 떠나 살았기 때문이다.

부정한 제물이 열납된다고 말하는 것은 레위와 맺은 하나님의 계약을 깨뜨리는 것이었다(참조, 민 18:19, 21). 그래서 제사장들은 모든 사람 앞에서 멸시와 천대를 당하게 되었다. 사실 이러한 형벌은 가벼운 것이었다. 그 까닭은 제사장들의 그러한 행위는 마땅히 죽음에 해당되는 것이었기 때문이다(민 18:32).

Ⅳ. 셋째 계시: 하나님의 계약 백성으로서 진실하라 (2:10~16)

A. 불성실에 대한 책망(2:10)

2:10 셋째 계시의 문체는 다른 것들과 다르다. 무지를 가정해 질문한 후에 책망의 말이 따랐던 것과 달리, 이 계시는 선지자가 묻는 3가지 질문으로 시작한다. 그런데 다른 계시들의 서두에서와 마찬가지로, 그 요점은 서두에 나타나 있다. 한 아버지에 대한 언급은 한 하나님과 병행을 이루는데, '아버지'는 '하나님'을 가리키는 것이지(참조, 1:6), 어떤 사람들이 제시하는 대로 아브라함을 가리키는 것이 아니다. 이스라엘은 하나님의 장자와도 같았다(출 4:22; 호 11:1). 하나님이 이스라엘을 지상에서 구별된 백성으로 만드셨다는 사실은(참조, 암 3:2) 지금 말라기가 제시하는 문제의 배경이 된다(2:10~16).

'언약을 욕되게 한다'라는 말(참조, 2:11, 14~16)은 바가드(בָּגַד)라는 동사를 사용했는데, 그 뜻은 '과거의 언약이나 계약에 대해 불성실하게 행동한다'라는 뜻이다. 이 단어는 종종 '패역하게 행하다'라는 말로 번역되었다. 이 계시의 관심은 백성이 서로의 관계 속에서 불성실하게 행동하고 있다는 것이다. 이런 행위는 계약이 멸시당하는 또 다른 방법이었다.

B. 첫째 증거: 불법한 결혼(2:11~12)

1. 죄의 내용(2:11)

2:11 질문의 형태로 책망을 받았던 것(2:10)이 사실로써 진술되고 설명되었다. 말라기가 염두에 두었던 그들의 불성실한 행위는 '가증한 일'로 불리는데, 그것은 하나님께 혐오스러운 것을 가리킨다. 더욱이 이 가증한 불성실에는 거룩함을 모욕하는 행위도 포함된다. '성결'이라는 말(코데시[קדש]: 분리, 성별)은 성소, 계약 백성, 또는 단순히 성결 그 자체를 가리키기도 한다. 이 계시의 관심은 그 백성의 독특성과 유대에 있으므로("우리는…한 하나님께서 지으신 바가 아니냐"[2:10]), 여기서 성결은 하나님이 이스라엘에게 원하셨던 분리와 성별을 가리킨다고 할 수 있다.

이스라엘의 성결을 모독했던 가증한 불성실은 이방인과의 혼혈이었다. '이방 신의 딸'은 우상을 섬긴 이방 여인을 가리킨다(만일 코데시[קדש]가 '성소'를 가리킨다면, 성결을 모욕한 행위는 이 여인들이 성전 예배에 참석하는 것을 가리킨다). 그런 결혼은 일찍이 분명하게 금지되었다. 그 이유는 그들이 백성으로 하여금 우상 숭배에 빠지게 하기 때문이었다(출 34:11~16; 신 7:3~4; 수 23:12~13). 유대인들은 그들 백성 중에서 결혼을 해야 했다. 이 일에 실패하는 것은 하나님뿐만 아니라, 그들 가운데서도 가증한 행위였다. 그런 행위는 유대 국가의 연합적 성격을 무시한 것이고, 하나님에 대한 불순종을 함축하고 있었다.

2. 결과(2:12)

선지자는 이방인과 결혼한 자나 결혼하고자 하는 모든 유대인에게 저주를 선포했다. '야곱의 장막 가운데에서 끊어 버린다'라는 것은 그 사람이 죽거나, 또는 그의 가계가 끊기고, 그가 이스라엘 내에서 후손을 갖지 못하리라는 것을 의미한다. 에르 웨오내(עֵר וְעֹנֶה)는 번역하기 어려운 구절이다(역자 주: 개역개정에는 '깨는 자나 응답하는 자는 물론이요'로 번역됨). NIV에는 문자적으로, '깨는 자나 응답하는 모든 자'(everyone who awakes and answers)로, KJV에는 '주인이나 학자'(the master and the scholar)로 되어 있다. 아마 이 구절은 격언과도 같은 표현으로, 그 의미가 오늘날 분명하지 않다.

'만군의 여호와께 제사를 드리는 자도'라는 말은 이방인과 결혼한 죄를 범한 자들의 가증스럽고 무감각한 태도를 강조한다. 우리는 그런 사람이 자신이 범한 가증한 죄에도 불구하고 여호와의 은총을 얻기 위해 여전히 제물을 가져온다는 사실에 충격을 금하지 못한다.

C. 둘째 증거: 이혼(2:13~16상)

1. 결과(2:13)

2:13 이 계시에서 증거는 교차적으로 배열되어서, 앞선 구절(2:12)의 죄-결과의 구조가 여기서 뒤바뀐다. 죄의 결과, 또는 현상이 먼저 제시되고(13절), 나중에 죄가 언급된다(2:14~16상). 말라기는 어떤 사람들

이 여호와의 제단을 눈물로 채운다고 말했다. 이것은 누구의 눈물을 가리키는가? 어떤 이들은 이 눈물이 하나님으로부터 공의를 구하는 이혼당한 아내들의 눈물이라고 제안했다. 그러나 13절 하반 절은 (이방 여인과 결혼하기 위해 이스라엘 여인과 이혼한 후에) 여호와께서 더 이상 그들의 제물을 열납하지 않으시는 것을 깨달은 남자들의 눈물이라고 지적한다. 이것은 12절과도 조화가 이루어진다.

2. 죄의 내용(2:14~16상)

2:14 다시금 말라기는 이스라엘의 영적인 무감각을 강조했다. 놀랍게도 그들은 문제의 원인을 알 수가 없었기 때문에("너희는 이르기를 어찌 됨이니이까 하는도다"), 예언자는 그것을 자세히 설명해 주어야 했다. 여호와께서는 그런 남자와 그 남자가 언약을 저버린 아내 사이에서 증인으로 활동하고 계셨다(참조, 2:10~11, 15~16). 여기서 '언약을 저버린다'라는 것은(개역개정에는 '거짓을 행하였도다'로 번역됨) 이혼한 것을 의미한다.

여기서 '증인'이란 법률적인 의미든, 일반적인 의미든, 이미 언급한 계약에 의존한 것이다. 그것을 법률적인 의미로 본다면, 여호와께서는 법률적인 언약에 있어 증인과 심판자로 불리신다. 그런 일은 종종 고대인들에게 있었다(참조, 창 31:50, 53). 만약 베리테카(בְּרִיתֶךָ)가 결혼 서약을 의미한다면, 여호와의 증거는 법률적인 것이었을 것이다. 그분은 남자와 여자 사이의 결혼 서약의 증인이시다.

그러나 베리테카(בְּרִיתֶךָ, 문자적으로, '너의 서약')는 하나님과 이스라엘 사이의 언약을 가리킨다(참조, 2:10). 그런 경우 여호와께서는 일반적인 의미에서 증인으로서, 그분은 모든 일을 아신다.

'너와 서약한 아내'는 그 여자가 계약 백성 중에 선택되었다는 사실을 가리킨다. 앞서의 문맥은 이 둘째 해석을 지지하는 것처럼 보이지만, '그는 네 짝이요'라는 언급은 결혼 관계 그 자체를 강조하는 것처럼 보인다(참조, 잠 2:17). 가장 설득력 있는 것은 '계약'(서약)이라는 말이 하나님과 이스라엘 사이의 국가적인 계약과 아울러 각 개인들의 결혼 서약을 가리킨다는 것이다.

2:15 이 구절은 말라기에서 가장 번역하기 힘든 구절이다(개역개정에는 '[여호와는] 오직 하나를 만들지 아니하셨느냐'로 번역됨): "한 분(One)이 그들을 짓지 아니하셨느냐", 또는 "그분(여호와)이 하나를 짓지 아니하셨느냐." 첫째 번역은 한 하나님의 창조적이고 주권적인 사역을 강조한다(2:10). 둘째 번역은 몇 가지 해석이 가능하다. 그것은 한 아내, 아브라함의 한 아들(이삭), 한 육체(남자와 여자는 결혼으로 한 육체가 된다), 또는 한 계약 백성을 가리킬 수 있다.

15절의 둘째 문장은 더욱더 난해하다. 문자적 의미로는, '그에게 성령의 여분'(a remnant of the spirit to him)이라는 뜻이다. NIV에는 많은 주석의 의견을 따라서, '여분' 대신 '육체'(flesh)로 번역했다. 그런데 이 구절의 첫째 동기는 첫째 구절이 창세기 2장 24절을 의미한다는 견해다. 그것은 한 남자와 한 여자가 결혼으로 하나가 된다는 것이다. 이런 견해가 가능한 것은 말라기 2장 10~16절에서 결혼이 논의되었기 때문이다.

그런데 더 나은 견해는 말라기가 이스라엘에 대한 여호와의 성실성과 이스라엘 각 개인들의 결혼의 불성실성을 대조시키고 있다는 것이다. 이런 대조는 앞서 2장 10절에서 이미 나타났고, 혼혈의 죄를 취급할 때도 개입되어 있었다(2:11). 이런 견해에서 볼 때 첫 문장에서 '하나'는 '한 백성으로서의 이스라엘'을 가리킨다. 하나 됨에 대한 강조는 포로 후기 시대에 있어 특별한 의미를 지닐 것이다. 그 까닭은 이스라엘과 유다 사이의 이전의 구분이 없어졌기 때문이다(2:11에서는 '유다'와 '이스라엘'이 서로 교차되어 사용되었다). 그러므로 첫째 문장은 의도적으로 두 가지 의미를 가질 수 있다: "그분이 한 백성을 짓지 않으셨느냐", "그분이 백성을 하나로 만드시지 않았느냐?"

둘째 구절은 "그들을 그의 영적인 남은 자로 만드셨다"라고 해석할 수 있다. 그들은 단지 하나님이 그들을 그분의 영으로 채우시기 때문에 영적인 남은 자가 될 수 있다. 비록 유다와 이스라엘은 말라기 시대에 연합되어 있었지만, 남은 자들에게 성령을 부여하시는 일은 여전히 미래의 일이었다(겔 37장). 그러나 하나님의 견지에서는 그 일이 벌써 일어난 것처럼 기술되었다.

왜 하나님은 그분의 백성의 하나 됨에 관심을 가지시는가?: "어찌하여 하나만 만드셨느냐." 하나님은 경건한 자손을 찾고 계셨다(문자적으로, '하나님의 씨'). '씨'란 하나님의 계약의 상속자로서 그 백성을 집합적으로 가리키며(참조, 창 17:7), '영적인 남은 자'와 동일한 것이다.

말라기의 명령, "네 심령을 삼가 지키라"(NIV에는 "너의 심령으로 네 자신을 지키라"라고 되어 있음)라는 말은 성령이 추구하시는 계약상의 연합에 대한 동일한 소원을 품으라는 뜻이다. 그것은 결혼 서약을 파기하지 말라는 것이다. 백성은 하나이기 때문에 말라기는 어떤 남편도 아내와 이혼함으로 어려서 맞이한 아내에게 거짓을 행하지 말라고 했다(2:10~11, 14, 16).

2:16상 말라기는 이혼에 대한 하나님의 불쾌한 감정을 강조하기 위해서 강한 언어를 사용했다: "나는 이혼하는 것을 미워하노라." '미워하다'라는 것은 혐오한다는 뜻이다(이 말은 1:3에서 사용된 '미워하다'라는 히브리어와 다르다). 이 점을 강조하기 위해 말라기는 이 선언이 이스라엘의 하나님 여호와께로부터 온 것임을 언급했다. 이것은 여호와께서 주권적인 입법자(Law-giver)이시요, 이스라엘의 심판자이시라는 사실을 회상시킨다. 만약 하나님이 어떤 행실을 싫어하시면 단연코 그런 일을 행하지 말아야 한다.

'자신의 옷으로 가린다'라는 것은 결혼을 상징한다(참조, 룻 3:9; 겔 16:8). 그러나 '학대로 자신을 가리는 것'(개역개정에는 '옷으로 학대를 가리는 것'으로 번역됨)은 결혼 관계를 파기하는 것을 의미한다. 즉 이혼을 가리킨다. 이것이 여호와의 견해라는 사실이 계속해서 강조되었다: "만군의 여호와의 말이니라."

이 구절은 이혼에 대한 하나님의 감정을 표현함에 있어 구약성경에서 가장 명백한 진술이다. 성경에는 이혼이 허용되었으나, 그 본문에서의 교훈(신 24:1~4)은 실제적으로, 만일 이혼이 발생할 경우 아내를 보호하기 위해 주어진 것이었다. 예수께서도 모세의 율법에 이혼을 허용한 것은 사람의 마음의 완악함 때문에 주어진 것이라고 강조하셨다(마 19:7~9). 그런데 어떤 성경학자들은 이런 이상적인 교훈에 예외가 되는 것을 발견했다(참조, 마 5:31~32; 19:1~12; 막 10:1~12; 고전 7:10~24).

D. 성실을 촉구하심(2:16하)

2:16하 15절 하반 절의 책망이 16절 하반 절에서 반복되었다: "그러므로 너희 심령을 삼가 지켜 거짓을 행하지 말지니라"(참조, 2:10~11, 14). 이스라엘 사람들은 유대의 아내들과 이혼하고 이방인과 혼혈함으로 언약을 저버려서는 안 되었다(20:11). 그런 행위는 하나님이 이스라엘에게 주신 계약을 모욕하는 것이었다. 그들의 심령을 지킴으로 하나님의 목적을 따라 행하고, 개인적 결혼 관계뿐 아니라, 국민의 유대성을 지켜 나가야 했다.

V. 넷째 계시: 하나님을 소망하라(2:17~3:6)

A. 낙망의 말을 책망하심(2:17상)

2:17상 이 계시는 첫째 구절과 마지막 구절 사이에 놀라운 대조를 이룬다. 비록 백성은 하나님의 공의에 대한 그들의 견해를 바꾸었지만(17절), 하나님 자신은 변하지 않으신다(3:6). 그분이 바뀌지 않으시기 때문에 그분의 계약의 약속도 바뀌지 않는다. 그러므로 이스라엘의 믿음과 소망은 흔들릴 수가 없는 것이다.

그런데 그들은 마치 그들이 믿거나 소망할 하나님을 가지지 않은 것처럼 행동하고 말했다. 그러므로 공교롭게도, 믿음의 사람들에게 하나님의 말씀은 그분이 변하지 않으시고, 약해지지 않으신다는(참조, 사 40:28) 것이었으나, 이제는 백성의 믿음 없고, 소망 없는 말 때문에 하나님은 마음이 상했다고 말씀하셨다(참조, 사 43:24).

B. 이스라엘의 반문(2:17중)

2:17중 또다시 백성은 그들의 죄를 잊고 있는 것으로 묘사되었다(참조, 1:6~7; 2:14): "우리가 어떻게 여호와를 괴롭혀 드렸나이까"(참조, 사 44:24).

C. 책망의 내용: 하나님의 공의를 바라지 않음(2:17하)

2:17하 악한 자들이 뻔질나게 잘되는 것("모든 악을 행하는 자는 여호와의 눈에 좋게 보이며")과 의인들의 고난은 옛날부터 문제가 되었다. 구약성경에서는 그런 문제가 오늘날보다 더 심각했다. 그 이유는 하나님이 이스라엘이 그분의 율법에 순종하는 데 대한 대가로 물질적 번영을 약속하셨기 때문이다(신 28장). 그런데 이러한 약속들의 많은 부분은 전체 백성을 향해 주어진 것으로, 악인과 의인이 섞여 사는 사회에서는 개개의 경우에 있어서 혼동과 오해의 때가 있었던 것이다.

더욱이 하나님은 그분의 섭리 속에서 그분 자신에 대한 증거를 위해 의인뿐만 아니라 악인도 축복하시는 분이다(마 5:45; 행 14:17). 악인뿐만 아니라 의인도 타락으로 말미암아 고난을 당한다(창 3:16~19; 전 2:17~23). 욥기는 인간이 겪는 고난의 신비 속에 사탄을 다루시는 하나님의 섭리가 깃들어 있음을 설명해 준다. 한 개인의 삶 속에 드러난 죄의 문제를 떠나서 '왜 의인이 고통을 받는가'를 결정하는 것은 난해한 문제다.

악인이 번성하는 것은 마찬가지로 이해하기 힘든 문제로, 적어도 5명의 성경 기자에 의해 논의되었다(욥 21:7~26; 24:1~17; 시 73:1~14; 전 8:14; 렘 12:1~4; 합 1장). 이 문제에 대한 해답이 이 구절들 속에 주어지지는 않았지만, 각각의 경우 하나님의 공의에 대한 질문은 미래적 섭리와 조망에 의해 제거되었다. 하나님은 심판 중에 임하시어 악인을 벌하시고(욥 24:22~24; 27:13~23; 시 73:16~20; 전

8:12~13; 렘 12:7~17; 합 2:3; 3:2~19) 그분의 나라에서 의인을 영원히 세워 주실 것이다.

말라기 시대의 유대인들은 성경으로부터 그런 소망을 배우는 데 실패했다. "하나님은 악인을 기뻐하신다"라고 말함으로 하나님의 공의를 의심했고, "정의의 하나님이 어디 계시냐"라고 물었다. 그런데 그들도 죄 많은 인생들이었다. 그들은 하나님께 불신실한 족속이었다. 여기서도 하나님은 장차 다가오는 심판을 언급하심으로 응답하셨다(3:1~5). 그런데 앞서 언급한 의로운 성경 기자들의 응답과 달리, 말라기가 언급하는 심판은 위선적인 질문들에 대항한 것이었다.

D. 하나님의 경고(3:1~5)

1. 준비를 위해 사자가 임함(3:1상)

3:1상 말라기는 소망 없고 믿음 없는 질문자들의 주의를 미래로 향하게 했다(2:17). 어떤 사람들은 '내 사자'가 말라기나 천사라고 해석하지만, 장차 나타날 선지자로 보는 것이 합당할 것이다. 예수님은 이 사람이 세례 요한이라고 분명히 단정하셨다(마 11:7~10). 이 사자가 예수님의 길을 평탄하게 하리라는 사실은 이사야 40장 3절과 조화를 이룬다(참조, 요 1:23). 이 사자가 임하는 것은 두 가지 종말적 사건의 첫째 항목이 된다. 둘째 단계는 주님이 그날에 오심을 의미한다.

2. 심판 가운데 여호와께서 임하심(3:1하~5)

3:1하 하나님의 사자에 의해 준비가 끝난 뒤에, 갑자기 주께서 그전에 임하실 것이다. 주님이 그날에 오신다는 것은 선지자들에 의해 무척이나 많이 예언되었다. 스가랴는 주님이 시온에 돌아오사 그곳에 거하신다고 말했다(슥 8:3). 에스겔은 여호와의 영광이 성전에 다시 임할 것을 예언했다(겔 43:1~5).

말라기의 앞선 두 가지 계시는 성전 예배에 있어 심각한 문제들을 드러냈다. 그래서 주께서 성전으로 돌아오시는 것은 그분의 정의에 대한 의혹에 대해 응답이 될 것이고(2:17), 제사장들에게는 불길한 사건이 될 것이다.

'언약의 사자'라는 명칭은 성경에서 이곳에만 나타난다. 이 사람은 '내 사자'와 동일하지 않다. 그 까닭은 언약의 사자가 앞서의 사자가 온 후에 임하기 때문이다. 여기서 말하는 언약의 사자는 주님 자신과 동일시되어야 마땅하다. '사자'(messenger)라는 단어는 '천사', '여호와의 사자'로 번역될 수 있고, 하나님 자신의 현현은 이스라엘의 초기 역사에서 매우 활동적이었다(참조, 창 16:10; 22:15~18; 출 3:2; 33:14; 사 63:9; 삿 13:21~22).

병행 구절인 '너희가 구하고', '너희가 사모하는 주'는 많은 다른 선지자에 의해 예언되었던 주님의 오심에 대한 기대를 반영한다. 그러나 이 구절은 빈정거리는 말투를 담고 있다. 이스라엘의 소망이 아득하다는 것이 그들의 질문에 담겨 있다(2:17). 그러나 그들의 소망이 희미한 것이라 하더라도 그분은 오시고야 말 것이다.

3:2~4 여호와의 날은 온 세상에 대한 심판의 날, 재난과 죽음의 날이 될 것이다(사 2:12; 욜 3:11~16; 암 5:18~21; 슥 1:14~18). 나중에는 이날이 악을 행하는 자들을 사르는 불과 같이 온다고 말했다(4:1). 그래서 다음 질문에 대한 응답은("그가 임하시는 날을 누가 능히 당하며 그가 나타나는 때에 누가 능히 서리요") 악한 자는 누구도 감당할 수 없음을 의미한다. 여호와의 임하심은 악한 자들을 정화시킴으로 이스라엘을 깨끗하게 할 것이다.

종종 선지자들은 여호와의 날을 열방에 쏟아질 심판과 이스라엘의 구원에 관계된 심판과 관련해 말해 왔다. 그런데 말라기는 다른 나라들에 대해서는 아무 언급을 하지 않았다. 그는 이스라엘과, 특별히 그들의 지도자와 교사인 레위 자손에 대한 심판의 날로서 여호와의 날을 강조했다. '연단하는 자의 불'(광석에서 찌꺼기를 태워 없앰)의 비유와 '표백하는 자의 잿물'의 비유는 하나님이 그 나라를 영적으로 정화하시는 효력을 강조한다(참조, 사 1:25; 렘 6:29~30; 겔 22:17~22). 그 결과 레위 족속이 순결해질 것이다. 금, 은같이 깨끗해진 그들은 지나간 시대처럼 공의로운 제물을 가져올 것이다.

이것은 말라기가 언급했던 이스라엘의 부적절한 제물과 대조된다(2:12~13). 주님의 재림과 이스라엘의 심판 후에 그 나라에서 제물이 드려질 것이다(참조, 사 56:7; 66:20~23; 렘 33:18; 겔 40:38~43; 43:13~27; 슥 14:16~21).

3:5 이스라엘의 심판은 레위 족속에게만 제한되지 않을 것이다. 그 심판은 온 백성을 포함한다(참조, 겔 20:34~38). 하나님은 심판하러 이스라엘에게 임하실 것이다. 그분은 점치는 자(참조, 미 5:12), 간음하는

자, 거짓 맹세하는 자, 품꾼의 삯에 대해 억울하게 하는 자, 과부와 고아를 압제하는 자, 나그네를 억울하게 하는 자, 하나님을 경외하지 않는 자들을 정화시키실 것이다. 이 모든 죄악은 모세의 법에서 금해진 것들이다. 하나님이 이스라엘로부터 이런 죄인들을 제거하시는 것은 하나님의 정의에 대한 백성의 의혹에 대한 대답이라 할 수 있다.

E. 하나님에 대한 소망의 근거(3:6)

3:6 그러면 이 심판이 이스라엘의 종말을 가져올 것인가? 백성은 연단하는 불에 의해 소멸될 것인가? 아니다. 왜냐하면 다른 예언자들이 예언한 대로, 말라기는 이스라엘이 여호와의 날에 구원받을 것임을 말하기 때문이다: "야곱의 자손들아 너희가 소멸되지 아니하느니라."

이것은 하나님의 계약의 언약 때문이다. 약속이란 그것을 약속한 사람만큼 효과가 있다. 하나님은 이스라엘 백성에게 그분의 약속을 지키실 것이다. 그 약속은 변하지 않을 것이다. 왜냐하면 그분의 말씀은 그분 자신처럼 바뀌지 않기 때문이다. 이것이 바로 이스라엘의 소망의 근거다(참조, 신 4:31; 겔 36:22~32). 마찬가지로 사도 바울은 동일한 이유에 근거해 이스라엘의 미래를 기대했다(롬 3:3~4; 9:6; 11:1~5, 25~29).

VI. 다섯째 계시: 하나님을 순종하라(3:7~12)

A. 불순종을 책망함(3:7상)

3:7상 말라기의 다섯째 계시는 이스라엘의 역사를 통해 하나님의 규례를 순종하지 않은 데 대한 전면적인 정죄로 시작한다(이것은 앞서 3:6에서 결론적으로 언급된 하나님의 변하지 않는 진실하심이라는 긍정적인 지적과 대조된다). 이것은 시내 광야에서 이스라엘의 완고함에 대해 하나님이 지적하신 내용을 회상하게 한다. 이스라엘이 가나안 땅에 들어가기까지 모세는 반복해서 이스라엘의 완고함을 지적했다(신 9:6~8, 13, 23~24; 31:27~29). 확실히 그날부터 말라기의 시대까지 이스라엘의 역사는 선지자의 책망의 구체적인 실례가 되었다.

그때 말라기는 하나님의 호소와 약속을 강조했다. 만일 이스라엘이 믿음과 순종 안에서 하나님께 돌아오면 하나님이 그들에게 반응하시며 돌아오실 것이다. 이 약속은 하나님이 이스라엘과 맺으신 언약에 기초한다(참조, 신 4:30~31; 30:1~10).

B. 이스라엘의 반문(3:7하)

3:7하 또다시 말라기는 이스라엘이 하나님의 책망을 반문하는 역할을

하고 있음을 보여 주었다: "우리가 어떻게 하여야 돌아가리이까." 오직 자신이 걸어온 길을 아는 자만이 되돌아갈 수 있다. 그러나 이스라엘은 그들의 고집을 모르는 체했다.

C. 책망의 내용: 도둑질(3:8상)

3:8상 이스라엘은 도둑으로 비난받았다. 사람의 물건을 훔치는 것도 나쁘지만, 바보만이 주의 것을 도둑질하려고 할 것이다. 그런데 이런 행위로 이스라엘은 비난을 받았다.

D. 이스라엘의 반복적인 질문(3:8중)

3:8중 다섯째 계시는 두 가지 질문과 병행을 이룬다: "우리가 어떻게 하여야 돌아가리이까", "우리가 어떻게 주의 것을 도둑질하였나이까." 이러한 문학적인 방법은 비난의 일방적이고도 특별한 성격을 드러낸다.

E. 책망의 증명(3:8하~9)

1. 죄의 내용: 십일조와 제물을 바치지 않음(3:8하)

3:8하 또다시 백성의 죄는 제물과 관계되었다. 둘째 계시는(1:6~2:9) 제물을 부정하게 하는(1:7~14) 불경한 자세를 취급했다(1:6). 앞에서는 제물의 질이 문제시되었다. 여기서는 양이 문제시되고 있다(참조, '온전한 십일조', 3:10). 하나님의 대답에 의하면, 백성이 십일조와 제물을 가져오지 않음으로, 하나님의 것을 도둑질한다는 것이었다.

'십일조'란 문자적으로, '모든 생산물과 백성이 소유하고 있는 가축의 10분의 1'을 말한다(레 27:30, 32). 십일조는 레위인들에게 주어져야 했고, 레위인들은 십일조 중에서 십일조를 제사장들에게 바쳐야 했다(민 18:21~32). 이스라엘 백성은 모든 산물과 동물의 십일조를 가져와서 예배의 한 행위로서 예루살렘에 있는 주님 앞에서 레위인들과 함께 그것을 먹어야 했다(신 12:5~18; 14:22~26). 그리고 3년마다 레위인들과 이방인들, 과부와 고아를 위해 성읍에 십일조를 쌓아 놓아야 했다(신 14:27~29).

'제물'이라는 단어는 일반적으로 모든 제물을 가리키지만, 여기서는 제사장들을 위해서 정해진 제물을 가리키는 것 같다. 만일 레위인들과 제사장들이 십일조와 헌물을 받지 않게 되면 그들은 자신들의 생계를 위해서 다른 수단에 호소하지 않으면 안 되었다. 그 결과 성전 예배는 피해를 보게 되었다.

2. 저주(3:9)

3:9 성전은 하나님의 집이므로(3:10), 그 사역을 지원하지 않는 행위는 하나님의 것을 도둑질하는 것으로 간주되었다(참조, 신 28:38~40).

F. 축복의 약속(3:10~12)

3:10~12 이 약속은 모세의 율법에 명시된 순종 - 축복의 관계를 재확인해 주고 있다(신 28:1~14). 백성이 경험하고 있는 것은 그 계약에 역시 명시된 불순종 - 저주의 결과였다(신 28:15~68). 이 계약은 이스라엘을 위한 은혜로운 섭리였다. 어떤 백성도 하나님으로부터 그런 약속을 받지 못했다. 하나님의 말씀은 확실하므로, 하나님의 계약 조건은 가차없이 실행에 옮겨질 것이다. 이스라엘은 십일조에 관한 하나님의 법을 불순종한 대가로 분명한 저주를 경험하고 있었기 때문에, 이 내용을 잘 알고 있었다.

그러자 여호와께서는 이스라엘이 온전한 십일조를 창고에 들여놓을 것을 촉구하심으로 그분의 계약에 순종할 것을 요구하셨고, 그로 인해 제사장들에게 충분한 음식이 있도록 하셨다. '창고'는 십일조로 드려진 곡식을 보관하기 위한 성전 내의 방을 가리킨다(참조, 왕상 7:51; 느 10:38; 13:12). 이렇게 함으로, 이스라엘 백성은 하나님이 하늘 문을 열고 그들에게 복을 부어 주시는 것을 보게 될 것이다. 이 축복은 곡식의 축복(메뚜기의 피해를 입지 않은 좋은 수확과 피해를 입지 않은 포도나무 열매 수확[11절])과 열방 중에 아름다운 소문을 포함한다(12절). 이런 축복들은 그들의 순종을 기다리고 있었다.

우리는 이런 축복들을 오늘날 신자들에게 적용할 때 신중해야 한다. 순종을 조건으로 물질적 축복을 약속한 모세의 계약은 더 이상 강제적 구속력이 없다(엡 2:14~15; 롬 10:4; 히 8:13). 그런데 신약성경은 관대함과 구제에 대해 가르친다. 오늘날은 신자들의 십일조를 요구하지 않지만, 신약성경은 교회의 필요와 말씀 사역을 담당하는 사람들에게 풍성히 바치는 사람들에게 주어지는 하나님의 축복을 언급하고 있다(행 4:31~35; 고후 9:6~12; 갈 6:6; 빌 4:14~19).

Ⅷ. 여섯째 계시: 하나님을 경외하라(3:13~4:3)

A. 완악한 말을 책망하심(3:13상)

3:13상 여호와께서 이스라엘에게 선포하신 축복과 대조되어(3:12), 여섯째 계시는 백성이 완악한 말로 하나님을 대적한 것을 책망한다. 이것은 어조에 있어서 대조 이상의 것을 의미한다. 그 까닭은 백성의 완악한 말이 앞서 3장 10~12절에서 확정된 약속과 상충하기 때문이다.

B. 이스라엘의 반문(3:13하)

3:13하 또다시 말라기 문체의 전형적인 표현으로, 영적으로 무감각한 백성이 죄를 깨닫지 못한 것으로 묘사되어 있다. 그들은 하나님께 물었다: "우리가 무슨 말로 주를 대적하였나이까."

C. 책망의 증명: 악을 정당시함(3:14~15)

여섯째 계시는 여러 가지 면에서 넷째 계시와 병행을 이룬다(2:17~

3:6). 하나님의 정의에 대한 질문이 절정에 이르렀는데, 그 사연은 분명히 의로운 자가 고통을 받고, 행악자가 번성하기 때문이었다(참조, 2:17).

3:14 백성은 "하나님을 섬기는 것이 헛되니"라고 말했다. '헛되다'(샤웨[שׁוא])라는 말은 '공허하다', '비어 있다'라는 뜻으로 번역할 수 있다. 우습게도, 백성은 어떤 의미에서 자신들을 변호했다. 그 내용인즉, 그들이 여호와께 경배하고 봉사하는 일이 공허하고, 소용없고, 결실이 없다는 것이었다. 그래서 그들은 그분을 섬기는 것이 아무 유익이 없다고 느꼈다. 그들은 물었다: "무엇이 유익하리요."

그들은 자신들이 지금까지 하나님께 신실했으며, 그분의 명령을 지켰다고 착각했다. 그리고 자신들이 스스로의 잘못을 회개하고 만군의 여호와 앞에 슬프게 행했다고 생각했다. 그들은 이제 남은 것은 하나님이 자신의 역할을 수행해 자신들을 축복하시는 것이라고 생각했다. 그들은 하나님이 그분의 약속들을 지키지 않고 계신다면서 교묘하게 불평했다.

물론 문제는 하나님 편에 있지 않았다. 말라기는 하나님은 계약에 따라 그들에게 응답하신다고 이미 말한 바 있다. 그러나 하나님의 반응은 그들이 원하는 축복의 형태가 아니었다. 두 가지 이유가 이것을 설명한다: (1) 백성의 마음이 하나님 앞에 의롭지 못했다. 그들은 불순종했다. (2) 불평했던 어떤 사람들은(3:14) 마침내 AD 1세기 유대인의 분리주의로 흘러갔던 근시안적인 율법주의 때문에 정죄를 받았다. 율법주의는 어떤 엄격한 행동을 수행하는 데 비중을 두며 그들 자신을 하나님 앞에서 변명할 수단으로서, 다른 일들을 행하는 데는 인색하다. 그러나 이것은 하나님이 요구하시는 내적인 의의 충만한 표현을 실제적으로 질식시키고 만다(마 5:20~48; 23:1~36). 그래서 순종은 자기 자신의 의를 변명하는 것이 아니라, 하나님의 의를 드러내는 것이다.

오늘날의 신자들은 구약시대의 성도들보다 훨씬 나은 입장에 있다. 그 까닭은 그리스도의 몸 안에 있는 사람들은 영원히 내주하시는 성령을 모시고 있는데, 그는 육신을 극복하고 하나님의 의를 드러낼 수 있기 때문이다.

3:15 이스라엘은 죄인들이 형벌을 받지 않는 사실 때문에 불평했다. 교만한 자가 복되고, 악을 행하는 자가 창성하며, 하나님을 시험하는 자가 화를 면한다는 것이다. 그러나 말라기가 뒤에서 지적하는 바와 같이, 거만한 자와 악을 행하는 자는 심판을 받을 것이다(참조, 행악자가 번성하는 문제, 2:17하의 주해).

D. 믿는 자들의 반응(3:16)

3:16 '그때'(아즈[אָז])라는 말은 강조하는 표현으로, 이 구절에서 묘사되는 행동이 앞서의 불순종 행위의 결과라는 것이다. 여호와를 경외하는 남은 자들이 앞서의 질문자(3:13~15)와 다른지, 같은지, 또는 그들 중의 일부인지는 단정하기 곤란하다. 여호와를 경외하는 자들과 질문자들이 어떤 방식으로든 동일 인물이라면, 의로운 자들이 그들의 거친 말을 회개하고 믿음 안에서 새 힘을 얻은 것이다. 그러나 그들이 서로

무관한 사람들이라면, 그들의 태도와 말은 3장 13~15절의 질문자들과 대조된다.

그들이 서로에게 말한 내용은 알려지지 않았지만, 그것은 이 문제에 대한 다른 유사한 논쟁에서처럼 하나님의 신실하심에 관한 것이었으리라(참조, 시 73편; 전 12:13~14). 그들이 하나님을 경외하는 것은 이 계시를 통해 하나님이 그들에게 원하신 반응이었다. '기념책'은 그들의 진실하고 경외하는 반응이 하늘에 영원토록 기억된다는 것을 의미한다. 이것은 하나님이 각 개인을 다루실 때 그들의 헌신을 잊지 않으신다는 확증을 제공해 준다.

E. 하나님의 경고와 약속(3:17~4:3)

3:17~18 여호와를 경외하는 자들은(3:16) 여호와의 날에 그분의 것이 될 것이며, 그분의 특별한 소유가 될 것이다. '그날'이란(3:2; 4:1에도 언급됨) 여호와의 날을 가리킨다. 그날은 악인의 심판과 의인의 구원의 날이 될 것이다: "내가 그들을 아끼리니." 과거에도 이스라엘은 하나님이 심판과 구원에 결정적으로 개입하시는 것을 보아 왔다(출애굽, 포로 생활과 귀환). 그런 사건들은 의인과 악인의 구분을 지적해 준다.

그런데 장차 여호와의 날에 악한 자들에게는 훨씬 더 무거운 심판이 부과될 것이고, 의인들은 육체적 구원과 몸의 부활을 통해 하나님의 '특별한 소유'가 되어 이스라엘을 향한 하나님의 원래의 계획을 성취하게 될 것이다(예, 출 19:5~6; 신 7:6; 14:2; 26:18; 시 135:4). 이러한 소망은 의인들을 새롭게 하고, 하나님에 대한 경외심을 새롭게 한다.

4:1 말라기는 여기서 여호와의 날을 자세히 기록했다. 3장 2~3절에서처럼 그날의 심판은 불의 심판으로 묘사된다. 그 불이 용광로처럼 사른다는 사실은 그 강렬함을 묘사할 뿐 아니라, 하나님의 심판의 목적을 강조한 것이다. 그것은 절제를 벗어난 불이 아니다. 3장 2~3절과 달리(그곳에서는 이스라엘의 정화를 강조했는데[특별히 레위 족속]), 이 문단에서는 악한 자들의 멸망을 강조한다(참조, 사 66:15; 습 1:18; 3:8). 그 심판은 너무나 완전해 악한 자들(교만한 자와 악을 행하는 자. 참조, 3:15)은 그루터기와 달리 뿌리와 가지가 남아 있지 않을 것이다. 이것은 존재가 정지한다는 의미에서 멸절을 의미하지 않는다(악한 자들도 부활할 것이다. 단 12:2). 그 의미는 하나님의 나라에서 악한 자들이 완전히 쫓겨남을 뜻한다(참조, 마 25:46).

4:2 여호와의 날은 악한 자들에게는 불과 같이 임하지만, 하나님의 백성에게는 햇볕과 같을 것이다. '공의로운 해'라는 표현은 여기서만 나타난다. 많은 주석가가 이 말이 그리스도를 가리킨다고 해석하지만, 이 구절은 일반적으로 여호와의 날을 가리키는 것처럼 보인다. 그 나라에서 의는 태양처럼 스며들 것이다. '치료(마르페[מַרְפֵּא]: 건강 또는 회복)하는 날개(또는 광선)'는 의의 '치료하는 힘'을 가리킨다. 그것은 태양의 건전한 빛과 같다. 하나님의 백성은 영적으로 회복되고 새롭게 될 것이다.

의로운 자들은 '내 이름을 경외하는 너희'로 묘사되었다(참조, 1:6 "내 이름"의 주해). '경외하다'라는 말은 3장 5절과 16절의 '경외하다'라는 말과 1장 14절의 '두려워하다'라는 말과 동일한 히브리어 번역이다. 하나님을 경외하는 것은 3장 13절의 하나님을 대적하는 것과 비교된다. 악한 자보다 의로운 자가 언급된 것은 의로운 자를 향한 하나님의 사랑만큼이나 악한 자들에 대한 그분의 경멸이 크다는 것을 가리킨다.

외양간에서 나온 송아지가 초장에서 뛰노는 비유는 장차 의인들의 만족과 기쁨을 표현한 것이다(참조, 사 65:17~25; 호 14:4~7; 암 9:13~15; 습 3:19~20).

4:3 의인들은 악인들을 밟을 것이다. 악인들은 의인들의 발바닥 밑에 재와 같을 것이다. 이 말은 악한 자들에 대한 최종적 심판을 가리킬 뿐 아니라, 불신실한 이스라엘 사람들이 물었던 냉소적인 질문들에 대한 대답이기도 하다: "만군의 여호와 앞에서 그 명령을 지키며 슬프게 행하는 것이 무엇이 유익하리요"(3:14).

Ⅷ. 결론: 하나님의 오심을 준비하라(4:4~6)

A. 현재적 준비(4:4)

4:4 모세의 계약과 백성이 계약에 충실할 것과 순종을 촉구하는 말라기의 모든 증거에 비추어 보아, 이 결론적인 권면은 적절하게도 직설적이고 요점적이다. '기억하라'(자카르[זָכַר])라는 동사는 이 계약의 율법을 준수할 것을 이스라엘에게 촉구하는 신명기에서 14회나 사용되었다. 이 명령은 (a) 정신적으로 기억하고 주목하라는 뜻, (b) 외적인 행동과 연합된 정신 자세(다른 말로, 상기와 순종), (c) 어떤 것을 입술로 암송하고 반복하는 것을 의미할 수 있다. '순종'을 강조하는 말라기의 논조에 비추어 볼 때 (b)가 적절한 뜻으로 보인다: "그것을 상기하고, 그것을 행하라."

'내 종 모세'에 대한 언급은 모세의 신실함을 가리킬 뿐 아니라(히 3:5), 독자들에게 만군의 여호와(4:3)께서는 출애굽 시대에 그분의 심판과 구원을 강력하게 나타내신 동일한 하나님이심을 회상시킨다. 그분은 또한 호렙 산에서 십계명을 부여한 살아 계신 하나님이시다('호렙 산'은 시내 산의 고대 이름이다. 출 3:1; 신 5:2; 시 106:19). 그분은 모든 율법을 부여하시는 데 있어 중재적 선지자로서 모세의 기능을 은혜롭게 받아들이셨다(신 5:23~31).

말라기 시대의 백성은 하나님을 새롭게 경외함을 배워야 했다. 그들은 회개하고 하나님의 계약에 충실할 필요가 있었다. 그런 회개는 여호와 재림의 때에 그들에게 고통이 아니라 유익을 가져다줄 것이다.

B. 미래적 준비(4:5~6)

4:5~6 하나님은 말라기를 통해 선지자 엘리야가 와서 여호와의 날에 앞서 사역(준비)하리라고 약속하셨다(요엘서의 서론에서 "주요한 해석상의 문제"를 참조하라). 이것은 엘리야의 미래적 사역에 대해 말하는, 선지서에서의 유일한 구절이다. 많은 주석가는 이 예언과 여호와의 오심을 위해 길을 준비하는 사자에 대해 언급하는 3장 1절을 연관시킨다. 그런데 마태(마 11:7~10)는 세례 요한이 주님의 길을 예비하는 사자였음을 구체적으로 언급했다.

그런데 세례 요한이 엘리야에 대한 예언의 성취로 간주되어야 할 것인가? 세례 요한이 태어나기 전에 주님은 이렇게 예언하셨다: "그가 또 엘리야의 심령과 능력으로 주 앞에 먼저 와서 아버지의 마음을 자식에게, 거스르는 자를 의인의 슬기에 돌아오게 하고 주를 위하여 세운 백성을 준비하리라"(눅 1:17). 이것은 두 가지 예언을 종합하고(3:1; 4:5~6), 세례 요한이 두 가지 모두를 성취한 것으로 본다.

그런데 세례 요한은 주님을 위해 길을 예비하는 자임을 인정했지만(사 40:3; 말 3:1) 자신이 엘리야임은 분명히 부정했다(요 1:21~23). 예수님도 요한을 '오리라 한 엘리야'라고 하셨지만 '만일 너희가 즐겨 받을진대'라는 구절을 조건으로 첨부하셨다(마 11:14).

이 문제에 대한 해답이 마태복음 17장에서 주어지는 것처럼 보인다.

변화 산에서 엘리야가 나타난 후에, 제자들은 엘리야의 장차 오심에 대해 물었다. 요한의 죽음 뒤에(참조, 마 14:1~2) 예수님은 분명히 "엘리야가 과연 먼저 와서 모든 일을 회복하리라"(마 17:11)라고 말씀하셨다. 이 장래의 기대는 말라기 4장 5~6절이 요한의 사역 속에서 모두 완성된 것이 아님을 지적한다. 이스라엘은 세례 요한을 만물을 회복하는 엘리야로 받아들이지 않았고, 그렇기 때문에 엘리야와 같은 선구자가 여호와의 날 이전에 나타날 것이다.

그런데 예수님은 계속해서 말씀하시기를 "엘리야가 이미 왔으되 사람들이 알지 못하고"(마 17:12)라고 하셨다. 그래서 제자들은 예수님이 세례 요한에 대해 말씀하시는 것으로 이해했다(마 17:13). 이 문제에 대한 해답은 비록 요한이 말라기 4장 5~6절을 성취하지는 못했으나(왜냐하면 엘리야가 아직 오지 않았기 때문에), 4장 5~6절의 엘리야와 3장 1절의 사자(요한) 사이에 상당한 분량의 유사성이 있다는 점에서, 엘리야가 요한의 모형이 되고 있다는 것이다.

'오리라 한 엘리야'가 엘리야 자신인지(마 17:11에 지적된 대로), 또는 엘리야의 심령과 능력을 보유한 어떤 사람인지에 대해 단정하는 것은 쉽지 않다(마 17:12에서 그리스도께서는 요한을 가리켜 단순히 '엘리야'라고 하셨다). 후자의 경우가 더 합당할 것 같다.

미래의 엘리야와 같은 사람의 사역에 대한 가장 그럴듯한 신약성경의 언급은 요한계시록 11장 1~13절이다. 그곳에서는 환란기의 두 증인에 대해 언급하고 있다. 아마 사도 요한은 엘리야에 대한 기대를 엘리야-엘리사 사역으로 확장시킨 것 같다(참조, 계 11:3~6의 주석). 두 증인의 사역의 결과로, 많은 사람이 회개해 아버지의 마음과 자녀의 마음을 연합시킬 것이다. 이 회개는 그들이 여호와의 날에 하나님의 심판을 경험하지 않으리라는 것을 의미한다.

 구약성경의 가장 마지막 단어들은 여호와의 크고 두려운 날에 대한 말라기의 불길한 예상을 말하고 있다. 이 심판의 사건은 역사상 가장 결정적인 사건으로, 예언자들의 주요 주제였다. 말라기서의 경고와 호소의 힘은 계약에 기초한 은혜의 제공에서뿐만 아니라, 도래하는 심판의 확실성에 기초해서 부여된다. 요한계시록은 신약성경의 마지막에서 심판과 회개에 대한 동일한 기대를 부여한다(계 22:12~17).

참고문헌

- Baldwin, Joyce G. *Haggai, Zechariah, Malachi*. The Tyndale Old Testament Commentaries. Downers Grove, Ill.: InterVaristy Press, 1972.
- Feinberg, Charles L. *The Minor Prophets*. Chicago: Moody Press, 1976.
- Freeman, Hobart E. *Introduction to the Old Testament Prophets*. Chicago: Moody Press, 1968.
- Isbell, Charles D. *Malachi: A study Guide Commentary*. Grand Rapids: Zondervan Puglishing House, 1980.
- Kaiser, Walter C., Jr. *Malachi: God's Unchanging Love*. Grand Rapids: Baker Book House, 1984.
- Keil, C. F. "Minor Prophets." In *Commentary on the Old Testament in Ten Volumes*. Vol. 10. Reprint (25 vols. In 10). Grand Rapids: Wm. B. Eerdmans Publishing Co., 1982.
- Oswalt, John. *Where Are You, God?* Wheaton, Ill.: SP Publications, Victor Books, 1982.
- Smith, J. M. P. *A Critical and Exegetical Commentary on the Book of Malachi*. The International Critical Commentary. New York: Charles Scribner, 1912.
- Tatford, Frederick A. *The Minor Prophets*. Vol. 3. Reprint (3 vols.). Minneapolis: Klock & Klock Christian Publishers, 1982.
- Wolf, Herbert. *Haggai and Malachi*. Chicago: Moody Press, 1976.